# IT-Fachabkürzungen
# GE-PACKT

Matthias Günter

# IT-Fachabkürzungen
# GE-PACKT

**Bibliografische Information Der Deutschen Bibliothek**

Die Deutsche Bibliothek verzeichnet diese Publikation
in der Deutschen Nationalbibliografie;
detaillierte bibliografische Daten sind im
Internet über http://dnb.ddb.de abrufbar.

ISBN 3-8266-0941-7
1. Auflage 2003

Alle Rechte, auch die der Übersetzung, vorbehalten. Kein Teil des Werkes darf in irgendeiner Form (Druck, Kopie, Mikrofilm oder einem anderen Verfahren) ohne schriftliche Genehmigung des Verlages reproduziert oder unter Verwendung elektronischer Systeme verarbeitet, vervielfältigt oder verbreitet werden. Der Verlag übernimmt keine Gewähr für die Funktion einzelner Programme oder von Teilen derselben. Insbesondere übernimmt er keinerlei Haftung für eventuelle, aus dem Gebrauch resultierende Folgeschäden.

Die Wiedergabe von Gebrauchsnamen, Handelsnamen, Warenbezeichnungen usw. in diesem Werk berechtigt auch ohne besondere Kennzeichnung nicht zu der Annahme, dass solche Namen im Sinne der Warenzeichen- und Markenschutz-Gesetzgebung als frei zu betrachten wären und daher von jedermann benutzt werden dürften.

Printed in Germany

© Copyright 2003 by mitp-Verlag/ Bonn,
ein Geschäftsbereich der verlag moderne industrie Buch AG & Co. KG/ Landsberg

Lektorat: Sabine Schulz
Sprachkorrektorat: Petra Heubach-Erdmann
Satz und Layout: mediaService, Siegen
Druck: Kösel, Kempten

# Inhaltsverzeichnis

| | |
|---|---|
| **Einleitung** | 7 |
| Abkürzung vs. Akronym | 7 |
| Idee | 8 |
| Und los geht's ... | 8 |
| **Zahlen** | 9 |
| **A** | 13 |
| **B** | 61 |
| **C** | 81 |
| **D** | 127 |
| **E** | 157 |
| **F** | 177 |
| **G** | 193 |
| **H** | 207 |
| **I** | 219 |
| **J** | 245 |
| **K** | 251 |

## Inhaltsverzeichnis

| | |
|---|---|
| L | 257 |
| M | 271 |
| N | 299 |
| O | 313 |
| P | 321 |
| Q | 349 |
| R | 353 |
| S | 369 |
| T | 403 |
| U | 423 |
| V | 435 |
| W | 451 |
| X | 465 |
| Y | 469 |
| Z | 471 |

# Einleitung

Herzl. Willk. z. Buch IT-Fachabk. ;-))

Nichts prägt die IT-Welt so wie ihre Abkürzungen und Akronyme. Nur in wenigen anderen Fachgebieten ist eine derart »platz- und zeitsparende« Kommunikation möglich.

Was den Insidern einfach nur bequem erscheint, ist aber genau das, was andere abschreckt. Spätestens nach der dritten unbekannten Abkürzung innerhalb eines Satzes schaltet der Zuhörer ab, der Sinn wird sich ihm sowieso nicht mehr erschließen.

Genau dieses Manko soll das vorliegende Buch beheben helfen. Es verzeichnet über 2.600 Abkürzungen aus den Bereichen Informationstechnologie, Telekommunikation, Wirtschaftsinformatik und Elektronik. Hinzu kommt jeweils eine knappe Erläuterung, die auf jeden Fall eine grobe Orientierung erlaubt.

## Abkürzung vs. Akronym

Ist das nun exakt dasselbe? Gleich vorweg: Nein. Aber so groß ist der Unterschied nun auch wieder nicht.

Akronyme werden aus den Anfangsbuchstaben der einzelnen Wörter gebildet und auch als Wort gesprochen. Abkürzungen dagegen werden aus mehr oder weniger beliebigen Wortbestandteilen aufgebaut und meist nicht als Wort gesprochen, sondern buchstabiert.

Sie sehen, ein Unterschied ist zwar streng genommen da, aber es wird auch ersichtlich, warum nur selten zwischen Abkürzung und Akronym unterschieden wird.

**Einleitung**

# Idee

Die Idee zu einem solchen Nachschlagewerk kam mir erstmals 1997 während meiner Tätigkeit als Ausbilder für Informatikkaufleute, das Ergebnis entstand als Webseiten. Doch wie bei so vielen Webseiten, auch diese waren ständig »under construction« und irgendwann passierte einfach nichts mehr, die erste Variante kam nicht über 500 Begriffe hinaus. Anfang 2002 entdeckte der mitp-Verlag diese angestaubten Reste in einer weit, weit entfernten Galaxie des Internets und die Idee zum Buch war geboren.

Dieses kompakte Buch soll nicht den wesentlich umfassenderen Lexika auf diesem Gebiet Paroli bieten, sondern kurz und knapp zu einer Abkürzung informieren. In den meisten Fällen reicht dies bereits, um so den Sinn oder Unsinn von Sätzen zu verstehen.

# Und los geht's ...

Aber Abkürzungen gibt es natürlich nicht nur im IT-Bereich. Wie sagte doch gleich Robin Williams alias Adrian Cronauer im Film »Good Morning Vietnam«: Da der Ex-VP so ein VIP ist, machen wir die PK wegen der PR im WC statt im TV ...

Selbstverständlich kann auch dieses Buch niemals alle Abkürzungen des IT-Bereichs enthalten, täglich kommen unzählige neue hinzu. Ich würde mich daher über fehlende Begriffe, Anregungen und Kritik freuen, die dann in einer Neuauflage einfließen werden. Schreiben Sie mir unter *abkuerzungen@mguenter.de*.

In diesem Sinne fröhliches Nachschlagen und: NTARS (Never touch a running system).

CU!

# Zahlen

### 100VG
100 Voice Grade

Maßgeblich von Hewlett-Packard entwickelte Ethernet-Variante mit 100 Mbit/s. Der Vorläufer vom heutigen FastEthernet ist genormt nach IEEE 802.12 und verwendet mit »Demand Priority« ein anderes Zugriffsverfahren.

### 1284
siehe IEEE 1284

### 1394
siehe IEEE 1394

### 1NF
1. Normalform

Wird bei der Normalisierung von Datenbanken gebildet. Tabellen, die in der ersten Normalform vorliegen, dürfen in einem Kreuzungspunkt von Zeile und Spalte (= Zelle) nur einen einzigen, atomaren Wert enthalten, da sonst keine Eindeutigkeit gegeben ist.

### 1TR6
1. technische Richtlinie Nr. 6

Protokoll für die Steuerleitung (D-Kanal) von ISDN im Bereich der Deutschen Telekom, das durch das Euro-ISDN-Protokoll DSS1 abgelöst wird.

## 2NF
2. Normalform

Wird bei der Normalisierung von Datenbanken gebildet. Voraussetzung für das Bilden der 2. Normalform ist, dass alle Tabellen bereits in der ersten Normalform (1NF) vorliegen. Bei der zweiten Normalform wird geprüft, ob die einem zusammengesetzten Schlüssel zugehörigen Attribute alle vom gesamten oder nur von einem Teil des Schlüssels abhängig sind. Letztere werden dann in separate Tabellen ausgelagert.

## 3D
3-dimensional

Bezeichnung für dreidimensionale Darstellung, z.B. im CAD-Bereich oder spezielle Fähigkeiten von Grafikkarten, um Objekte plastisch darstellen zu können.

## 3GL
3rd Generation Language

Kategorie von Programmiersprachen, z.B. Pascal. Bei der dritten Generation handelt es sich um prozedurale Sprachen, die den genauen Weg der Problemlösung beschreiben.

## 3NF
3. Normalform

Wird bei der Normalisierung von Datenbanken gebildet. Voraussetzung für das Bilden der 3. Normalform ist, dass alle Tabellen bereits in der zweiten Normalform (2NF) vorliegen. Bei der dritten Normalform wird geprüft, ob es innerhalb der einem Schlüsselbegriff zugeordneten Attribute noch Abhängigkeiten gibt. Ist dies der Fall, werden diese Daten in separate Tabellen ausgelagert. Liegen alle Tabellen in der dritten Normalform vor, so ist die Datenbank »normalisiert« und lässt sich mit Hilfe einer relationalen Datenbank abbilden.

## 4GL
4<sup>th</sup> Generation Language

Kategorie von Programmiersprachen. Die Sprachen der 4. Generation sind so genannte deskriptive Sprachen. Sie beschreiben im Gegensatz zu den prozeduralen Sprachen der 3. Generation nicht den Weg der Problemlösung (das »Wie«), sondern das Aussehen der Ergebnismenge (»Was«). Beispiel für eine Sprache der 4. Generation ist SQL, die Abfragesprache für Datenbanken.

**802.1x**
siehe IEEE 802.1x.

**802.3**
siehe IEEE 802.3.

**802.5**
siehe IEEE 802.5.

**802.11a**
siehe IEEE 802.11a.

**802.11b**
siehe IEEE 802.11b.

**802.11g**
siehe IEEE 802.11g.

**802.12**
siehe IEEE 802.12.

**802.1p**
siehe IEEE 802.1p.

**802.3ab**
siehe IEEE 802.3ab.

**802.3ae**
siehe IEEE 802.3ae.

**802.3i**
siehe IEEE 802.3i.

**802.3j**
siehe IEEE 802.3j.

**802.3z**
siehe IEEE 802.3z.

**8514/A**
Grafikstandard von IBM, der bei 1.024 x 768 Bildpunkten 256 Farben darstellen kann.

**9660**
siehe ISO 9660.

## A
Batterietyp mit einer Nennspannung von 1,5 Volt, im deutschsprachigen Raum auch als Babyzelle bekannt. Abmessungen: Durchmesser 25,5 mm x Höhe 50 mm.

## A
Ampere

Maßeinheit für die elektrische Stromstärke (I), benannt nach dem französischen Physiker André Marie Ampère (1775–1836).

## A+
Von der CompTIA zertifizierte Prüfung für PC-Techniker, die umfassende Kenntnisse in den Bereichen PC-Hardware und Betriebssysteme erfordert.

## ‹a…›
anchor

HTML-Tag, mit dem Querverweise auf andere Webseiten oder Sprungmarken innerhalb derselben Seite angelegt werden. Der zusätzliche Parameter »href=....« gibt dann die genaue Adresse des Verweises an.

## A/UX
Apple Unix

Unix-Derivat der Firma Apple.

## A2DP
Advanced Audio Distribution Profile

Bluetooth-Profil zur drahtlosen Übertragung von Stereo-Tonsignalen.

## AA
Auto Answer

Ein Modem, das im Auto-Answer-Modus betrieben wird, ist in der Lage, ankommende Anrufe automatisch entgegenzunehmen.

## AA
Batterietyp mit einer Nennspannung von 1,5 Volt, im deutschsprachigen Raum auch als Mignonzelle bekannt. Abmessungen: Durchmesser 14 mm x Höhe 50 mm.

## AAA
Authentication, Authorisation and Accounting

Von der »IETF Working Group AAA« entwickelte Vorschläge für eine überarbeitete Architektur zur Benutzerauthentifizierung und -autorisierung.

## AAA
Batterietyp mit einer Nennspannung von 1,5 Volt, im deutschsprachigen Raum auch als Mikrozelle bekannt. Abmessungen: Durchmesser 10 mm x Höhe 44 mm.

## AAAI
American Association for Artificial Intelligence

1979 gegründete US-amerikanische Gemeinschaft mit Sitz in Menlo Park, Kalifornien. Die AAAI forscht auf dem Gebiet der künstlichen Intelligenz und organisiert Workshops, Konferenzen und Ähnliches zu diesem Themengebiet.

## AAC
Advanced Audio Coding

Zu MPEG-4 gehörendes, platzsparendes Format für Audio-Daten, das auch gut für Streaming-Audio verwendbar ist.

## AAC
Authorization and Access Control

Vorschlag der IETF zur einheitlichen, plattformübergreifenden Definition von Zugriffsrechten. Dazu entwickelt die AAC Working Group ein entsprechendes API.

## AAD
Authorized AutoCAD Dealer

Von der Firma Autodesk autorisierter Händler, der die CAD-Lösung »AutoCAD« vertreiben darf.

## AADN
American Association of Domain Names

Organisation amerikanischer Domain-Besitzer. Die AADN berät ihre Mitglieder vor allem in rechtlichen Fragen, beispielsweise bei der Blockierung von Domains durch Dritte.

## AAE
Allgemeine Anschalt-Erlaubnis

Erlaubnis, Telekommunikationsgeräte wie Telefone, Faxgeräte und andere selbst an das öffentliche Telefonnetz anzuschließen. Der Übergabepunkt des Netzbetreibers darf dabei allerdings in keinem Fall vom Endbenutzer verändert oder geöffnet werden.

## AAF
Advanced Authoring Format

Dateiformat für Multimedia-Authoring-Lösungen. Das AAF-Format soll den Austausch zwischen verschiedenen Plattformen und Programmen wesentlich erleichtern.

## AAL
ATM Adaption Layer

Standard im Netzwerkbereich, der Datenpakete in ATM-Pakete zerlegt und auf der Gegenseite wieder zusammenfügt. Je nach Art der zu übertragenden Daten werden verschiedene Verpackungs-Schemata verwendet.

## AAM
Automatic Acoustic Management

Technik bei Festplatten von IBM und Fujitsu, die der Geräuschminderung durch Reduzierung der Drehzahl dient. Der User kann mittels eines Software-Tools zwischen maximaler Leistung der Platte und minimaler Lautstärke wählen.

## AAPI
ATM Application Programming Interface

Software-Schnittstelle für die Steuerung des Asynchronous Transfer Mode (ATM).

## AAR
Automatic Alternate Routing

Routingverfahren, bei dem automatisch alternative Datenübertragungswege gesucht werden, wenn die ursprüngliche Route nicht funktioniert.

## AARNet
Australian Academic and Research Network

Rechnerverbund australischer Universitäten und Forschungseinrichtungen.

## AARP
AppleTalk Address Resolution Protocol

Protokoll innerhalb von AppleTalk, das Adressen der Sicherungsschicht (Layer 2) auf höheren Schichten abbildet. Entspricht bei TCP/IP dem ARP.

## ABAP/4
Advanced Business Application Programming/4

Innerhalb der R/3- bzw. mySAP-Software der SAP AG verwendete prozedurale Programmiersprache, die zum Teil Elemente aus COBOL und SQL enthält.

## <abbr>
abbreviation

HTML-Tag zur logischen Auszeichnung von Abkürzungen.

## ABCD
Altavista Business Card Directory

Dienstleistung des Suchmaschinenbetreibers Altavista. Das ABCD soll Geschäftskunden die bequeme Suche nach Kontaktinformationen anderer Firmen erleichtern.

## ABEL
Advanced Boolean Expression Language

Beschreibungssprache für programmierbare Logikbausteine.

## ABEND
Abnormal End

Unerwarteter Abbruch eines Programms.

## ABI
Application Binary Interface

Software-Schnittstelle, die es Rechnern ermöglichen soll, Programme, die ursprünglich für andere Systeme entwickelt wurden, direkt auszuführen.

## ABIOS
Advanced Basic Input Output System

Bereich des PC-BIOS-Setups, in dem erweiterte Funktionen aktiviert oder beeinflusst werden können.

## ABIST
Automatic Built in Self-Test

In IT-Geräte integriertes Programm, das die autonome Durchführung eines Tests der grundlegenden Gerätefunktionen steuert.

## ABR
Automatic Baud Rate (Detection)

Verfahren zur automatischen Abstimmung der höchstmöglichen Übertragungsgeschwindigkeit zwischen zwei Modems.

## ABR
Available Bit Rate

ATM-Verbindung, die bei der Datenübertragung eine variable Datenrate verwendet.

## ABR
Automatic Beacon Removal

Funktion innerhalb von Netzwerken, die ein ausgesandtes Datenpaket zur Fehleranzeige (das Beacon-Signal), z.B. bei Leitungsunterbrechungen, automatisch wieder entfernt, so dass es nicht ständig weitertransportiert wird.

## ABT
Abort

Englisch für »Abbruch«.

## ABUI
Association of Banyan Users International

Zusammenschluss von Nutzern der Netzwerkkomponenten der Firma Banyan.

## AC
Alternating Current

Englisch für »Wechselstrom«.

## AC
Access Control

Englisch für »Zugriffskontrolle«.

## AC
Area Code

Amerikanische Bezeichnung für die Ortsvorwahl einer Telefonnummer.

## AC3
Audio Compression-3

Von den Dolby Laboratories entwickeltes digitales Tonformat. Wird auch als »Dolby Digital« bezeichnet und dient unter anderem der Kompression von Tonspuren auf DVDs.

## AC97
Audio Codec 97

Spezifikation von Intel, die die Soundwiedergabe teilweise auf den Mikroprozessor verlagert. Eine separate Soundkarte ist in AC97-Systemen also nicht erforderlich, allerdings wird der Prozessor zusätzlich belastet.

## ACAD
AutoCAD

Gängige Kurzbezeichnung für die CAD-Software »AutoCAD« der Firma Autodesk.

## ACB
Access (Method) Control Block

Datenblock zur Steuerung der Zugriffsmethode innerhalb von Netzwerken.

## ACB
Automatic Call-back

Funktion von Modems oder Routern, die nach einem Anruf automatisch eine Wählverbindung zu einer vorher festgelegten Rufnummer aufbauen. Dies geschieht aus Sicherheitsgründen, um die Authentizität des Anrufers z.B. bei der Fernwartung eines Systems durch den Administrator festzustellen.

## ACC
Accumulator

Funktionseinheit innerhalb eines Mikroprozessors.

## ACCM
Asynchronous Character Control Map

Tabelle für die Übersetzung von Steuerzeichen bei asynchronen Verbindungen mittels PPP. Mit Hilfe der Tabelle können beispielsweise unerwünschte Steuerzeichen bei der Übertragung ausgeblendet werden.

## ACD
Automatic Call Distribution

Funktion von Telekommunikationsanlagen, die eingehende Anrufe automatisch je nach Auslastung auf freie Mitarbeiter z.B. eines Callcenters verteilen. Dies geschieht computergestützt mittels entsprechender Software, die auf dem System installiert ist.

## ACE
Access Control Entry

Eintrag in der Access Control List (ACL).

## ACE
ASCII Compatible Encoding

Vorgabe der IETF zur Codierung von E-Mail-Adressen.

## ACK
Acknowledge

Englisch für »Bestätigung«. Bei Netzprotokollen oder in der DFÜ verwendetes Signal, um den Empfang von Daten zu bestätigen.

## ACL
Access Control List

Englisch für »Zugriffssteuerungsliste«. Die ACL ermöglicht eine verbesserte Verwaltung von Berechtigungen für Dateien und Verzeichnisse. ACLs werden vom Netzwerkbetriebssystem angelegt und vom Administrator verwaltet.

## ACL
Access Compatibility Layer

Sammlung von Bibliotheken, die den Zugriff auf MS-Access-Datenbanken über die Jet-Schnittstelle von Microsoft erlaubt.

## ACM
Association for Computing Machinery

1947 gegründeter amerikanischer Informatikerverband mit Sitz in New York. Die ACM hat inzwischen weltweit über 80.000 Mitglieder.

## ACOPS
Automatic CPU Overheating Prevention System

Von der Firma Gigabyte entwickelte Technik zur Überwachung der CPU-Temperatur direkt auf dem Mainboard.

## ACPI
Advanced Configuration and Power Interface

Konzept zur Integration von Stromsparmechanismen und einer vereinfachten Konfiguration von PCs in das BIOS bzw. Betriebssystem. Eine Funktion ist beispielsweise das Aktivieren eines Rechners über das Netzwerk (»Wake on LAN«).

## ACR
Anonymous Call Rejection

Funktion bei Telefonverbindungen, die eine Annahme von Gesprächen verweigert, wenn der Anrufer die Übermittlung seiner Rufnummer unterdrückt. Der Anrufer gilt damit als anonym, sein Anruf wird abgewiesen, ohne dass das Telefon des Angerufenen klingelt.

## ACR
Audio Communications Riser

Spezieller Steckplatz auf ATX-Mainboards, der eine Steckkarte mit kombiniertem Sound- und Modemteil aufnehmen kann.

## ACS
Automatic Contrast Selection

Funktion zur automatischen Anpassung des Kontrastes bei Faxgeräten, damit die zu übermittelnden Dokumente in optimaler Qualität übermittelt werden können.

## ACSNET
Australian Computer Science Network

Rechnernetz australischer Universitäten. Seit 1990 ersetzt durch das AARNet.

## ACT
Activitiy

Häufig anzutreffende Beschriftung bei Modems, Routern und anderen Geräten. Die zugehörige Signalleuchte zeigt an, ob Daten übertragen werden, die Leitung also aktiv ist.

## ACU
Automatic Client Update

Zusatzfunktion des Windows-9x-Clients von Novell »NetWare«, der bei der Netzwerkanmeldung auf Wunsch eine automatische Aktualisierung vornehmen kann.

## .ad
Andorra

Top-Level-Domain für Andorra.

## AD
Analog-Digital

Umwandlung analoger Signale in digitale.

## AD
Active Directory

Kurzbezeichnung für »Active Directory Services« (ADS).

## ADA
Americans with Disabilities Act

1990 in Kraft getretenes US-Gesetz, das die Diskriminierung behinderter Menschen in den Bereichen Transport, Arbeit, Telekommunikation und Ausstattung öffentlicher Einrichtungen untersagt.

## ADAT
Alesis Digital Audio Tape

Standardschnittstelle für die Übertragung von bis zu acht Tonkanälen über ein Kabel. ADAT wurde von der Firma Alesis entwickelt und ist inzwischen auf einigen Soundkarten zu finden.

## ADB
Apple Desktop Bus

Herstellerspezifische Anschlussbuchse für Macintosh-Rechner, an der z.B. Tastatur, Maus und andere Eingabegeräte angeschlossen werden.

## ADC
Apple Display Connector

Display- bzw. Monitoranschluss bei Rechnern der Firma Apple.

## ADC
Analog-Digital-Converter

Elektronischer Baustein, der analoge Signale in für den Computer verständliche digitale Impulse umwandelt.

## ADD
Adapter Device Driver

Allgemeine Bezeichnung für Treiberprogramme, die spezielle Hardware-Komponenten in das Betriebssystem einbinden und somit für den Anwender bzw. auch für Anwendungsprogramme verfügbar machen.

## ADE
Aufforderung zur Dateneingabe

Eingabeaufforderung an den Nutzer innerhalb des Btx-Systems.

## ADF
Automatic Document Feeder

Automatischer Einzelblatteinzug. Dieser kommt häufig bei professionellen Scannern zum Einsatz und dient der effizienten Stapelverarbeitung, z.B. für die schnelle Archivierung von Schriftstücken mittels eines Dokumentenmanagementsystems.

## ADI
Autodesk Device Interface

Software-Schnittstelle der Firma Autodesk, die es erlaubt, verschiedene Zusatzgeräte (z.B. Grafiktabletts, Plotter usw.) in deren Programme einzubinden.

## ADJ
adjacent

Englisch für »nahe bei«. Boolescher Operator bei Suchmaschinen, der Suchbegriffe auch findet, wenn sie nicht unmittelbar aufeinander folgen.

## .ADM
Administration

Dateiformat, das der MS Policy Editor für seine Richtlinien-Profile verwendet.

## Admin-C
Administrative Contact

Besitzer einer Domain, der auch beim jeweiligen Registrar (z.B. DeNIC) eingetragen wird. Der Admin-C ist für die rechtlich-inhaltliche Betreuung der Domain verantwortlich. Sämtliche Verwaltungsvorgänge, die mit der Domain zusammenhängen, kann nur der Admin-C bewirken, z.B. eine Löschung, Weitergabe usw.

## ADMT
Active Directory Migration Tool

Systemtool der Firma Microsoft, um Netzwerkadministratoren beim Umstieg vom Domänenkonzept (Windows NT) auf den Verzeichnisdienst »Active Directory« (ab Windows 2000) zu unterstützen.

## ADO
ActiveX Data Objects

Auf der ActiveX-Technologie basierende Schnittstelle für Datenbankzugriffe von Microsoft. ADO ersetzt das alte DAO-Konzept und ermöglicht via ODBC auch den Zugriff auf Datenbanksysteme von Drittherstellern.

## ADPCM
Adaptive Delta Pulse Code Modulation

Häufig bei Audio-Dateien eingesetzter Kompressionsalgorithmus, der nur Wertänderungen (Delta) aufzeichnet. Der Wertebereich kann dynamisch verändert werden.

## ADR
Advanced Digital Recording

Von der Firma Philips entwickeltes Streamerformat mit einer maximalen Kapazität von zurzeit 60 GB (unkomprimiert). Bei ADR werden acht Datenspuren parallel gelesen bzw. geschrieben.

## ADS
Active Directory Services

Mit Windows 2000 eingeführter Verzeichnisdienst, der die alte Domänenstruktur von Windows NT ablöst. ADS ist an den X.500-Standard angelehnt und verwaltet eine zentrale Benutzer- und Ressourcen-Datenbank.

## ADSI
Active Directory Services Interface

Allgemeine Software-Schnittstelle von Microsoft, die den Zugriff auf verschiedene Verzeichnisdienste (z.B. Novell NDS, LDAP) ermöglicht. Die konkrete Umsetzung für den tatsächlichen Verzeichnisdienst übernimmt ein ADSI-Provider.

## ADSL
Asymmetric Digital Subscriber Line

Digitale Datenübertragungstechnik für Kupferkabel, die eine niedrigeren Upstream, dafür aber einen höheren Downstream bietet. ADSL nutzt einen anderen Frequenzbereich und kann daher die vorhandene Telefonleitung mitnutzen. Für die einwandfreie Funktion darf die Entfernung des Teilnehmers zur nächsten Vermittlungsstelle nicht zu groß sein.

## ADSP
Advanced Digital Signal Processor

Bezeichnung für einen Digital Signal Processor (DSP) mit erweiterten Fähigkeiten.

## ADSP
AppleTalk Data Stream Protocol

Verbindungsorientiertes Streaming-Protokoll innerhalb der Apple-Talk-Welt.

## ADSR
Attack, Decay, Sustain, Release

Im Audio-Bereich verwendete Parameter zur Beschreibung eines Tonverlaufs (Hüllkurve).

## ADSU
ATM Data Service Unit

Anschlusseinheit, die Komponenten an ein ATM-Netzwerk anschließt und die Datenpakete entsprechend aufbereitet.

## ADT
Access Developer's Toolkit

Zusatzsoftware von Microsoft für das Programm Access, um durch Runtime-Bibliotheken die damit erstellten Datenbanken auch für Nutzer zugänglich zu machen, die keine Vollversion von Access installiert haben.

## ADV
Automatisierte Datenverarbeitung

Selten verwendeter Begriff, der synonym zu EDV benutzt wird.

## .ae
Arab Emirates

Top-Level-Domain für die Vereinigten Arabischen Emirate.

## AE
Apple Events

Bezeichnung für Ereignisse in der Skriptsprache »AppleScript«, z.B. das Senden von Nachrichten an andere Prozesse.

## AE
Auto Exposure

Automatische Belichtungseinstellung bei Digitalkameras. Die meisten Kameras arbeiten mit mehreren über das Bild verteilten Messfeldern (Matrixmessung), vielfach ist aber auch eine punktgenaue Spotmessung möglich.

## AEB
Auto Exposure Bracketing

Automatisches Erzeugen einer Belichtungsreihe mittels einer (Digital-)Kamera. Dabei wird die optimale Belichtung von der Kamera gemessen und ausgelöst. Zusätzlich wird dieses Bild noch zwei weitere Male, jeweils leicht über- bzw. unterbelichtet, aufgenommen, um so später das beste Resultat aussuchen zu können.

## AEC
Advanced Error Correction

Bei Daten-CDs zusätzlich zu den reinen Nutzdaten enthaltene Informationen zur Fehlerkorrektur.

## AEIMP
Apple Event Interprocess Messaging Protocol

Protokoll zur Kommunikation zwischen verschiedenen Prozessen bei AppleScript-Programmen.

## AES
Advanced Encryption Standard

Nachfolger des Verschlüsselungsstandards DES, der ebenfalls auf einem symmetrischen Schlüssel aufbaut.

## .af
Afghanistan

Top-Level-Domain für Afghanistan.

## AF
Auxiliary carry flag

Hilfsregister innerhalb der CPU, das einen Übertrag beispielsweise bei Berechnungen mit langen Binärzahlen anzeigt.

## AF
Autofocus

Automatisches Scharfstellen bei Digitalkameras. Das scharf zu stellende Objekt wird meist innerhalb eines Messfensters anhand des Kontrasts erkannt. Bei kontrastarmen Objekten bzw. in der Dunkelheit wird entweder ein in die Kamera integriertes Hilfslicht benötigt oder es muss manuell fokussiert werden.

## AFAIC
As Far As I'm Concerned

Englisch für »Soweit ich betroffen bin«, häufig in Chats und Newsgroups verwendetes Kürzel.

## AFAIK
As Far As I Know

Englisch für »Soweit ich weiß«, häufig in Chats und Newsgroups verwendetes Kürzel.

## AFC
Antiferromagnetically Coupled Media

Spezieller Aufbau von Festplatten, bestehend aus drei Schichten. Diese Herstellungstechnik von IBM verbessert die magnetische Stabilität der Daten und ermöglicht eine höhere Datendichte.

## AFD
Automatic File Distribution

Verfahren zur automatisierten Verteilung von Dateien innerhalb eines Netzwerks.

## AFE
Apple File Exchange

Funktion des Mac-OS-Betriebssystems von Apple, die es ermöglicht, auf Windows-Rechnern erstellte Ordner und Dateien auch auf dem Mac mit der jeweils passenden Anwendung zu öffnen.

## AFIS
Automatisiertes Fingerabdruck-Informationssystem

Spezielle Datenbank innerhalb des polizeilichen INPOL-Systems zur Identifikation von Fingerabdrücken.

## AFS
Andrew File System

Auf mehrere Rechner verteiltes Dateisystem. Im Gegensatz zu NFS bietet AFS eine höhere Sicherheit und bietet erweiterte Funktionen wie Replikation.

## AFT
Authenticated Firewall Traversal

Arbeitsgruppe der IETF, die ein Authentifizierungsverfahren entwickelt, mit dem auch das Arbeiten durch eine Firewall hindurch möglich ist. Die Grundlage der Entwicklung bildet das SOCKS-Protokoll.

## .ag
Antigua

Top-Level-Domain für Antigua.

## AGA
Advanced Graphics Adapter

Von Commodore in deren IBM-kompatiblen PCs eingeführter Grafikstandard.

## AGND
Analog Ground

Bezeichnung der Kabelbelegung für eine analoge, geerdete Leitung (Masse).

## AGNS
AT&T Global Network Services

Bezeichnung für die Bündelung aller globalen Netzwerkdienstleistungen des US-amerikanischen AT&T-Konzerns.

## AGNUS
Kunstwort aus: Address und Generator

Chip beim Commodore Amiga, der Bilddaten aufbereitet und die komplette Speicherverwaltung übernimmt.

## AGP
Accelerated Graphics Port

Von Intel eingeführter Bus-Standard, der ausschließlich für Grafikkarten vorgesehen ist und mit 66 MHz getaktet ist. Vorteil des AGP ist, dass er Teile des Hauptspeichers beispielsweise für Texturen benutzen kann.

## AGP-Pro
Accelerated Graphics Port – Pro

Weiterentwicklung des AGP.

## .ai
Anguilla

Top-Level-Domain für Anguilla.

## .AI
Adobe Illustrator

Von Adobe Illustrator (AI) verwendetes Dateiformat.

## AI
Artificial Intelligence

Englisch für »Künstliche Intelligenz«. Deutsche Kurzbezeichnung: KI.

## AI
Adobe Illustrator

Leistungsstarkes Vektorgrafikprogramm des Herstellers Adobe, das sowohl für Apple-Rechner als auch für PCs erhältlich ist.

## .AIF
Audio Interchange Format

Typische Dateiendung für Daten im Format AIFF.

## AIFF
Audio Interchange File Format

Ursprünglich von Apple entwickeltes Dateiformat für den Austausch von Audiodaten zwischen verschiedenen Rechnerplattformen.

## AIM
AOL Instant Messenger

Instant Messaging Programm der Firma AOL, das den Nutzern eine direkte Kommunikation via Internet ermöglicht. Dazu meldet sich die Software bei einem entsprechenden Messaging-Server an, der als Schaltzentrale dient, und signalisiert Empfangsbereitschaft. Im Gegensatz zu E-Mails können Nachrichten hier nahezu in Echtzeit übermittelt werden.

## AIM
Advanced Invar Mask

Bezeichnung für die temperaturbeständige Keramikbeschichtung einer Bildschirm-Lochmaske, die ihr zusätzliche Stabilität verleiht.

## AIMS
Apple Internet Mail Server

Mailserver-Programm der Firma Apple, ursprünglich basierend auf dem Programm MailShare, die Weiterentwicklung hat inzwischen die Firma Eudora übernommen.

## AIN
Auto Insert Notification

Nachricht des Betriebssystems, dass ein neuer Datenträger in ein CD-Laufwerk eingelegt wurde. Dies führt je nach Einstellung des Betriebssystems unter Umständen zum automatischen Start von bestimmten Programmen auf dem Datenträger.

## AIO
Asynchronous Input/Output

Allgemeine Bezeichnung für eine Schnittstelle, die in ein- bzw. ausgehender Richtung mit unterschiedlichen Übertragungsraten, also asynchron, arbeitet.

## AIP
Association of Internet Professionals

US-amerikanische Organisation von Internetfirmen, -spezialisten und Bildungseinrichtungen.

## AIR
Automatic Image Refinement

Markenbezeichnung der Firma Canon für ein bei Laserdruckern verwendetes Kantenglättungsverfahren, das für eine bessere Druckqualität sorgt. Siehe auch KIR und RET.

## AIS
Arbeitgeber Informations-Service

Dienstleistung des Arbeitsamts an Unternehmen, die über diesen Service neue Mitarbeiter oder Auszubildende suchen bzw. offene Stellen anbieten können. Die AIS-Datenbank ist inzwischen auch über das Internet abfragbar.

## AIT
Advanced Intelligent Tape

Streamertechnologie der Firma Sony. Das Inhaltsverzeichnis eines AIT-Bands wird dabei auf einem an der Kassette angebrachten Chip gespeichert.

## AIX
Advanced Interactive Executive

Unix-Derivat von IBM.

## AKEP
Arbeitskreis Elektronisches Publizieren

Ableger des Börsenvereins, der den Erfahrungsaustausch im Bereich Elektronisches Publizieren zum Ziel hat.

## AKS
Amplitude Key Shifting

Modulationsverfahren.

## .al
Albania

Top-Level-Domain für Albanien.

## AL
Artificial Life

Erforschung von biologischen Grundlagen des Lebens mit Computerhilfe.

## ALAP
AppleTalk Link Access Protocol

Zusammenfassende Bezeichnung für die Protokolle der Sicherungsschicht innerhalb von AppleTalk-Netzwerken.

## ALDC
Adaptive Lossless Data Compression

Von der ECMA genormter, verlustfreier Datenkompressionsalgorithmus (ECMA-222).

## ALE
Application Link Enabling

Einheitliche Schnittstelle zur Kopplung von SAP R/3-Systemen, beispielsweise bei verteilten Unternehmensstandorten. Aufgrund der Erweiterungsfähigkeit lassen sich auch fremde Produkte integrieren.

## ALINK
Active Link

Signal für eine aktive Verbindung zwischen zwei Geräten.

## ‹...alink=...›
active link

Option innerhalb des <body>-Tags von HTML-Dokumenten, mit der die Farbe eines aktivierten Links festgelegt wird.

## ALS
Alternate Line Service

Dienst, der die Nutzung von zwei Telefonnummern (z.B. dienstlich und privat) über einen Anschluss ermöglicht.

## ALSA
Advanced Linux Sound Architecture

Projekt, das sich mit der Ansteuerung von MIDI- und Soundkarten unter dem Betriebssystem Linux befasst.

## Alt
Alternate

Englisch für »wechseln«. Die Alt-Taste verleiht Tasten »alternative« Funktionen, teilweise programmabhängig.

## ALU
Algorithmic Logic(al) Unit

Wichtige Funktionseinheit der CPU, in der sämtliche Operationen/Berechnungen durchgeführt werden.

## .am
Armenia

Top-Level-Domain für Armenien.

## AM
Asynchronous Mode

Datenübertragungsmodus zwischen zwei Geräten, bei dem in beiden Richtungen mit einer unterschiedlichen Geschwindigkeit gearbeitet wird. Aktuelles Beispiel ist hier die ADSL-Technik mit schnellem Downstream, aber wesentlich langsamerem Upstream.

## AM
Active Matrix

Bauform von TFT-Panels für Bildschirme.

## AMCD
Active Matrix Colour Display

Bauform von farbigen TFT-Panels für Bildschirme.

## AMD
Advanced Micro Devices

Der amerikanische Halbleiterhersteller Advanced Micro Devices ist direkter Konkurrent von Intel. Die aktuellen Prozessorlinien umfassen den Duron und den Athlon sowie in Kürze den 64-bittigen Opteron (Codename »Clawhammer«).

## AME
Advanced Metal Evaporation

Beschichtungsverfahren für Streamer-Bänder, bei dem speziell beschichtete Kobalt-Partikel direkt auf ein Kunststoffband aufgebracht werden.

## AME
Advanced Modeling Extension

Zusatzmodul für das CAD-Programm »AutoCAD« der Firma Autodesk zur Modellierung dreidimensionaler Objekte.

## AMI
Alternate Mark Inversion-Code

Verfahren zur Codierung von Daten, die über ISDN übertragen werden.

## AMI
American Megatrends Incorporated

Amerikanischer BIOS-Hersteller für PCs.

## AMOK
A Modular Operating Kernel

Betriebssystem für Supercomputer der Firma Cray Research.

## &amp;
Ampersand

HTML-Codierung für das kaufmännische Und-Symbol »&«. Als alternative ISO-8859-1-konforme Codierung ist auch »&#38;« möglich.

## AMP
Amplifier

Allgemeine englische Bezeichnung für einen Verstärker, z.B. im Audiobereich.

### AMP
Attached Media Processor

Direkt mit einem Mikroprozessor verbundener Chip, der speziell für die Verarbeitung von Multimediadaten zuständig ist.

### AMPS
Advanced Mobile Phone Service

Analoger Übertragungsstandard für Mobiltelefone in den USA.

### AMR
Audio Modem Riser Card

Spezielle Zusatzkarte für PCs, die die Funktionen eines Modems und einer Soundkarte bietet. Die Hauptlast trägt dabei der Prozessor des Computers, was einen recht einfachen und damit kostengünstigen Aufbau dieser Karten ermöglicht.

### AMT
Apple Media Tool

Authoring-Software der Firma Apple, mit der interaktive Multimediaprojekte erstellt werden können. AMT kommt ohne Skriptsprache aus und gestattet die problemlose Integration von QuickTime-Elementen, Grafiken und Texten.

### AMTPE
Apple Media Tool Programming Environment

Erweiterung und Ergänzung des Apple Media Tool (AMT) um eine Entwicklungsumgebung mit integrierter, objektorientierter Programmiersprache.

### .an
Antilles

Top-Level-Domain für Niederländisch-Antillen.

## AN
Access Node

Der Access Node bildet einen Knotenpunkt innerhalb eines Netzwerks, an den die einzelnen Benutzer angebunden sind.

## ANIS
Analoger Anschluss am ISDN

Die von der Telekom angebotenen ANIS-Merkmale ermöglichen Teilnehmern mit analogem Anschluss die Nutzung von ISDN-typischen Merkmalen, wie z.B. Dreierkonferenz.

## ANR
Automatic Network Routing

Routing-Protokoll.

## ANS
Advanced Networks and Services

Von Worldcom aufgekaufter Geschäftsbereich von AOL, der vorwiegend für die Bereitstellung des kompletten Netzwerks und die Betreuung der Einwahlknoten verantwortlich war.

## ANS
American National Standard

Bezeichnung für US-amerikanische Normen, vergleichbar den deutschen DIN-Vorschriften.

## ANSC
American National Standards Committee

Abteilung des American National Standards Institute (ANSI).

## ANSI
American National Standards Institute

Amerikanisches Normungsgremium mit Sitz in New York, vergleichbar mit dem deutschen DIN-Institut.

## ANSI C
American National Standards Institute C

Vom ANSI genormte Version der Programmiersprache C.

## .ao
Angola

Top-Level-Domain für Angola.

## AOAC
Always on, always connected

Beschreibung einer Netzwerkverbindung, die dauerhaft geschaltet ist (always on) und bei der die Verbindung zwischen den Kontenpunkten permanent gehalten wird (always connected).

## AOC
ADSL Overhead Control Channel

Kanal bei der Datenübertragung mittels ADSL-Technik, der zur Überwachung der Qualität der einzelnen Subchannels dient.

## AOC-D
Advice of charge – During Call

Übermittlung von Gebühreninformationen bereits während des Gesprächs (ISDN).

## AOC-E
Advice of charge – End of call

Übermittlung von Gebühreninformationen am Ende des Gesprächs (ISDN).

## AOD
Advanced Optical Disk

Von NEC und Toshiba entwickelter Nachfolger des DVD-Standards, der vom DVD-Forum favorisiert wird. AOD verwendet einen blauen Laser mit einer Wellenlänge von 405 nm und kann auf einer zweischichtigen Disk bis zu 40 GB speichern.

## AOD
Audio on Demand

Übertragung von Audiodateien, z.B. Musiktiteln über ein öffentliches Netz wie das Internet auf konkrete Anforderung des einzelnen Nutzers hin. Wie bei Video on Demand hat der Nutzer dann – gegen Gebühr – jederzeit Zugriff auf eine riesige Auswahl von Titeln, die direkt im Anschluss einmalig übertragen werden.

## AO/DI
Always on/Dynamic ISDN

Nutzung des schmalbandigen ISDN-D-Kanals zum Aufbau einer zwar langsamen, aber kostengünstigen, ständigen Netzwerkverbindung, beispielsweise zum Internet.

## AOL
America Online

Weltweit größter Online-Dienst mit Sitz in Amerika. Der einst vollkommen proprietäre Dienst hat sich inzwischen immer mehr dem Internet geöffnet.

## AON
All Optical Network

Netzwerk, das Daten ausschließlich optisch per Glasfaser überträgt und auch entsprechende Netzwerkkomponenten voraussetzt. Vorteil ist die schnelle, abhörsichere Datenübertragung, nachteilig die höheren Kosten und die aufwendigere Installation.

## AOS
Algebraic Operating System

Betriebssystem, z.B. auch für Taschenrechner, das im Gegensatz zur Umgekehrten Polnischen Notation (UPN) die Eingabe einer Rechnung in einer algebraischen Form erlaubt, also beispielsweise »3+4-5=«.

## AP
Access Point

Knotenpunkt innerhalb von drahtlosen Netzwerken (WLANs). Der Access Point ist mit einem Router bzw. weiteren Access Points verbunden, um die Reichweite zu erhöhen. Die im Rechner eingebaute drahtlose Netzwerkkarte verbindet sich mit dem nächstgelegenen Access Point.

## APB
Advanced PCI Bridge

Von der Firma Sun entwickelter Chip speziell zur Anbindung eines PCI-Busses an einen UltraSparc-Prozessor.

## APB
Advanced Peripheral Bus

Bussystem zur Ankopplung langsamer Peripherie-Komponenten.

## APC
Asynchronous Procedure Call

Aufruf einer externen Prozedur, die parallel zum weiteren Programmverlauf abgearbeitet werden kann.

## APC
Arbeitsplatz-Computer

Häufige Bezeichnung für einen PC innerhalb von Unternehmen.

## APC
American Power Conversion

US-amerikanischer Hersteller von unterbrechungsfreien Stromversorgungen.

## APDPR
Advanced PDF Password Recovery

Programm der russischen Firma ELCOMSOFT zum Aufheben des Passwortschutzes bei entsprechend gesicherten PDF-Dokumenten.

## APF
Automatic Photo Feeder

Für HP-Scanner erhältlicher separater Dokumenteneinzug, speziell für die Fotoformate 9 x 13 cm und 10 x 15 cm.

## API
Application Programming Interface

Wörtlich für »Applikations-Programmier-Schnittstelle«. Software-Schnittstelle, die es dem Programmierer erlaubt, bestimmte Funktionen z.B. des Betriebssystems zu verwenden, ohne die Hardware direkt anzusprechen.

## APIC
Advanced Programmable Interrupt Controller

Erweiterte Version des in PCs verwendeten Programmable Interrupt Controller (PIC), der mehr als 32 Interrupt Requests verwalten kann.

## APL
A Programming Language

Problemorientierte Programmiersprache aus den 60er Jahren.

## APM
Advanced Power Management

Stromsparmechanismen bei PCs, die zwingend vom BIOS unterstützt werden müssen. Nachfolger ist das vom Betriebssystem steuerbare ACPI.

## APN
Access Point Name

Name eines externen Rechnersystems, zu dem eine Verbindung innerhalb von GPRS-Netzen aufgebaut werden darf.

## APNIC
Asian Pacific Network Information Center

Internet-Registrar, zuständig für den asiatisch-pazifischen Raum. Sitz der Organisation ist Milton in Australien.

## APO
Apochromatic

Speziell berechnete Linsen für (digitale) Kameras, die optisch so korrigiert sind, dass die Farben Rot, Grün und Blau trotz unterschiedlicher Wellenlänge genau übereinander liegend auf den Film bzw. den CCD-Sensor treffen.

## APOP
Authenticated Post Office Protocol

Erweiterung des POP-Protokolls, das im Gegensatz zu diesem eine Authentifizierung des Benutzer verlangt.

## APPC
Advanced Program to Program Communication

Protokoll im Rahmen von IBMs SNA zum Datenaustausch zwischen Programmen.

## APTC
Advanced Processor Temperature Control

Vom Mainboard-Hersteller Chaintech verwendetes Verfahren zur Überwachung der CPU-Temperatur.

## APU
Audio Processing Unit

In den Chipsatz integrierte Soundkarte der Firma nVidia.

## .aq
Antarctica

Top-Level-Domain für die Antarktis.

## .ar
Argentina

Top-Level-Domain für Argentinien.

## ARAG
AntiReflection AntiGlare

Spezielle Beschichtung von Bildröhren, um Reflexe und Spiegelungen auf der Oberfläche zu vermeiden. Durch diese Maßnahmen wird die Ergonomie von Bildschirmen wesentlich verbessert.

## .ARC
Archive

Archiv-Datenformat des Packprogramms ARC.

## ARCNET
Attached Resource Computer Network

Sternförmig verkabeltes Netzwerk, bei dem die Kommunikation über einen zentralen Rechner erfolgt. Aufgrund der Konstellation fehleranfällig und heute nicht mehr anzutreffen.

## ARLL
Advanced Run Length Limited

Verbesserte Variante der RLL-Kompression.

## ARM
Advanced RISC Machine

Englische Chipschmiede, die insbesondere RISC-Prozessoren entwickelt. Die Lizenzen zur Produktion werden dann an Mikroprozessorhersteller vergeben.

## ARMS
Architecture for Reliable Managed Storage

Konzept der Firma Computer Associates (CA) zur dauerhaften, sicheren Archivierung von Datensicherungen, unter anderem bestehend aus entsprechenden Backup-Programmen.

## ARP
Address Resolution Protocol

Das ARP wandelt IP-Adressen in Ethernet-Adressen um.

## .arpa
Old Style ARPANET

Top-Level-Domain für Seiten des ehemaligen ARPANET.

## ARPANET
Advanced Research Project Agency Net

1969 von der DARPA in Betrieb genommenes militärisches Datennetz, aus dem das heutige Internet hervorgegangen ist.

## ARRA
Announced Retransmission Random Access

Zugriffsverfahren für satellitengestützte Kommunikation, das die wesentlich längeren Laufzeiten der Informationen berücksichtigt und Rückkanäle für die eventuell erforderliche erneute Übertragung reservieren kann.

## ART
Advanced Resolution Technology

Verfahren von Minolta zur Erhöhung der Auflösung von Laserdruckern durch Platzieren unterschiedlich großer Druckpunkte, vergleichbar mit den entsprechenden Technologien anderer Hersteller (z.B. HPs Ret oder Kyocera-Mitas KIR).

## .as
American Samoa

Top-Level-Domain für Samoa.

## AS
Advanced Server

Zusatzbezeichnung für eine spezielle Variante des Betriebssystems Windows 2000 von Microsoft, die auch das Clustering und Lastverteilungsmechanismen unterstützt.

## AS/400
Application System/400

Weit verbreitetes Midrange-Computersystem von IBM.

## asap
as soon as possible

In Chats gern verwendete Kurzform aus dem englischen für »so schnell wie möglich«.

## ASC
Accredited Standards Committee

Amerikanisches Gremium, das den Netzwerkstandard FDDI entworfen hat.

## ASCC
Automated Sequence Controlled Calculator

IBM-Bezeichnung für den Großcomputer »Mark I«, der im Auftrag von Howard Aiken entwickelt wurde. Der »Mark I« wurde 1944 in Harvard in Betrieb genommen.

## ASCII
American Standard Code for Information Interchange

Genormter Zeichensatz, der häufig auch IBM-PC-Zeichensatz genannt wird. Ursprünglich verwendete der ASCII-Zeichensatz sieben Bit zur Codierung und ermöglichte so die Darstellung von $2^7=128$ Zeichen. Heute wird meist der 8-bittige erweiterte ASCII-Zeichensatz benutzt, der $2^8=256$ Zeichen aufweist.

## ASE
Application Service Element

Teil der Anwendungsschicht innerhalb des OSI-Modells.

## .ASF
Advanced Streaming Format

Von Microsoft entwickeltes Multimedia-Datenformat, das insbesondere die Übermittlung von Streaming-Audio bzw. -Video im Internet ermöglicht.

## ASF
Apache Software Foundation

Hersteller der weit verbreiteten Webserver-Software Apache, die vor allem im Unix/Linux-Umfeld verbreitet ist. Inzwischen sind auch Versionen für andere Plattformen, u.a. Windows erhältlich.

## aSi
Amorphous Silicon

Besonders haltbare, harte Beschichtung der Bildtrommel bei Laserdruckern der Firma Kyocera-Mita. Aufgrund der Materialeigenschaften muss die Bildtrommel während der vom Hersteller angegebenen Lebensdauer des Geräts nicht mehr ausgewechselt werden.

## ASIC
Application-specific Integrated Circuit

Integrierter Schaltkreis (IC), der für einen bestimmten Anwendungszweck entwickelt wurde.

## ASL
Adaptive Speed Leveling

In Modems des Herstellers US Robotics integriertes Verfahren zur permanenten Anpassung der Datenübertragungsgeschwindigkeit an die aktuelle Qualität der Verbindung, um so einen optimalen Datendurchsatz zu erreichen.

## .ASM
Assembler

Allgemein übliche Dateiendung für Assembler-Quellcodes.

## ASP
Assocation of Shareware Professionals

Zusammenschluss von Shareware-Autoren.

## ASP
Active Server Pages

In HTML eingebettete Erweiterung von Microsoft für dynamische Internetseiten, z.B. Datenbankanbindungen. Der ASP-Code wird dabei vom MS Internet Information Server interpretiert, das Ergebnis dann an den Webbrowser geschickt.

## ASP
Application Service Provider

Dienstleister, der seinen Kunden die Nutzung bestimmter Software anbietet. Die Programme laufen dabei auf Rechnern des ASP, der Kunde verwendet einen einfachen Client, z.B. einen Webbrowser, und greift per WAN-Verbindung auf die Ressourcen des ASP zu.

## ASP
AppleTalk Session Protocol

In AppleTalk-Netzwerken verwendetes Kommunikationsprotokoll.

## ASPI
Advanced SCSI Programming Interface

Software-Schnittstelle für das SCSI-Interface.

## .ASPX
Active Server Pages Extended

Dateinamenerweiterung von dynamischen ASP-Seiten, die .NET-Funktionen von Microsoft nutzen.

## ASR
Automatic Server Restart

(Software-)Mechanismus zum automatischen Neustart eines Servers im Falle eines Systemabsturzes.

## ASVD
Analog Simultaneous Voice and Data

In einigen Modems integrierte Technik zur parallelen Übertragung von Daten und Sprache über eine analoge Telefonleitung. Beide Informationsarten werden dazu in voneinander getrennten Kanälen übertragen.

## .at
Austria

Top-Level-Domain für Österreich.

## AT
Advanced Technology

Nachfolger des ursprünglichen IBM-PC mit »verbesserter Technologie«. Im AT wurde erstmals der Intel 80286 als Mikroprozessor eingesetzt.

## AT
Attention

Englisch für »Achtung«. Einleitender Modembefehl, entwickelt von der Firma Hayes.

## ATA
AT-Attachement

Wörtlich »AT-Anschluss«, alternative Bezeichnung für den IDE-Anschluss.

## ATAPI
AT Attachment Protocol Interface

Software-Protokoll zum Anschluss von ATA-Komponenten.

## ATC
Authorized Training Center

Schulungsunternehmen, die von Hard-/Software-Herstellern autorisiert sind und Seminare sowie Prüfungen zu entsprechenden Produkten durchführen dürfen.

## ATC
Address Translation Cache

Funktionseinheit innerhalb einer CPU, die virtuelle Adressen in physische übersetzt und puffert. Auch als Translation Look-aside-Buffer (TLB) bezeichnet.

## ATCA
Advanced Telecom Computing Architecture

Von Intel spezifizierter Formfaktor für Telekommunikationsanwendungs-Server, die in 19"-Racks montiert werden können.

## ATDP
Attention Dial Pulse

Befehl, der ein Modem anweist, mit Pulswahl (IWV) zu wählen.

## ATDT
Attention Dial Tone

Befehl, der ein Modem anweist, mit Tonwahl (MFV) zu wählen.

## ATEC
Authorized Training and Education Center

Von Microsoft zertifizierte Schulungsunternehmen, die festgelegte Qualitätskriterien erfüllen müssen.

## ATF
Automatic Track Finding

Informationen auf DDS-Magnetbändern, die eine präzise Ausrichtung des Schreib-/Lesekopfes über der Datenspur ermöglichen.

## ATI
ATI Technologies Inc.

Kanadischer Hersteller von Grafikchips und Grafikkarten.

## ATIP
Absolute Time In Pregroove

Auf (wieder-)beschreibbaren CDs vorhandene Spur, die unter anderem Informationen zur Länge des Mediums, dem Verwendungszweck, der maximalen Schreibgeschwindigkeit sowie der Unterscheidung zwischen CD-R und CD-RW enthält.

## ATL
Active Template Library

Sammlung von C++-Klassen von Microsoft, die die Programmierung von ActiveX- und COM-Komponenten unterstützt.

## ATM
Automatic Teller Machine

Englische Bezeichnung für »Geldautomat«.

## ATM
Adobe Type Manager

Software von Adobe, die eine gegenüber dem Betriebssystem wesentlich erweiterte Verwaltung von PostScript- und TrueType-Schriften anbietet.

## ATM
Asynchronous Transfer Mode

Spezielles leistungsstarkes Netzwerkprotokoll, das häufig bei Backbones für WAN-Verbindungen verwendet wird.

## ATOMM
Advanced Thin-layered and high Metal Media

Von Fujifilm entwickelte, hochwertige Beschichtungstechnik für magnetische Datenträger wie Magnetbänder.

## ATP
AppleTalk Transaction Protocol

Transportprotokoll in AppleTalk-Netzwerken, das der OSI-Schicht 4 entspricht.

## ATPS
AppleTalk Printing Services

Zentrale Druckdienste innerhalb von AppleTalk-Netzwerken.

## ATRAC
Adaptive Transform Acoustic Coding

Von Sony entwickeltes Verfahren zur verlustbehafteten Kompression von Audiodaten, das z.B. bei der MiniDisc eingesetzt wird. Unter anderem werden hierbei nicht hörbare Bereiche aus dem Frequenzspektrum entfernt, um Platz zu sparen.

## ATSUI
Apple Type Services for Unicode Imaging

Software-Engine zum Rendern von Schriften.

## ATX
Advanced Technology Extended

Bezeichnung für ein spezielles, 1999 eingeführtes Mainboard-Layout bei PCs. Vorteil ist die wesentlich verbesserte Anordnung der Komponenten und Steckplätze sowie die Unterstützung von Powermanagement-Funktionen über ein ATX-konformes Netzteil. ATX-Mainboards benötigen ein dazu passendes Gehäuse.

## .au
Australia

Top-Level-Domain von Australien.

## AU
Access Unit

Funktionseinheit für den Zugriff auf Kommunikationsdienste innerhalb eines LANs, z.B. Faxdienste.

## AUI
Attachment Unit Interface

Heute nicht mehr anzutreffender Anschluss auf Netzwerkkarten trapezförmigem SUB-D-Stecker.

## AutoLISP
Autodesk List Processing (Language)

In die Produkte der Firma Autodesk integrierte Makroprograsprache zum Erstellen von automatisierten Abläufen oder Befweiterungen.

## AUX
Auxiliary (Device)

Englisch für »Hilfsgerät«. Auf PCs wird mit »AUX« die seriellstelle COM1 angesprochen.

## AU/X
Apple Unix

Unix-Derivat der Firma Apple.

## Av
Aperture Value

Englisch für »Blendenwert«. Betriebsart von (digitalen) Kameras, bei der die Blende vom Fotografen vorgewählt wird. Die Kamera ermittelt dann automatisch die für eine korrekte Belichtung erforderliche Schlusszeit.

## ?T
?irus Emergency Response Team

?nbekämpfung spezialisierte Abteilung der Firma Network ?s, die unter anderem Hersteller des bekannten McAfee-Virus ist.

Interleave

?r Videos, das Audio- und Videoinformationen ineinander ?telt (»interleaved«) speichert, um so eine gleich bleibende ?nd Bildqualität zu gewährleisten. Das AVI-Format ?n gewünschter Qualität mit unterschiedlichen CO-

?tor Pointer

?m UDF-Format beschriebenen CD, der einen ?s Dateisystems beinhaltet.

## AVR
Automatic Voltage Regulation

Funktion zur automatischen Spannungsanpassung bei einer unterbrechungsfreien Stromversorgung (USV).

## .aw
Aruba

Top-Level-Domain für Aruba.

## AWADO
Automatische Wechselanschlussdose

Von der Telekom angebotener automatischer Wechselschalter, der den Anschluss von zwei analogen Endgeräten gestattet. Sobald ein Gerät den Ruf annimmt, wird das andere temporär abgeschaltet.

## AWB
Automatic White Balance

Funktion von Digitalkameras, die je nach Lichtverhältnissen einen automatischen Weißabgleich vornimmt und so Farbstiche vermeiden soll.

## awk
Aho, Weinberger, Kerningham

Unix-Befehl, mit dem umfangreiche Datenmanipulationen vorgenommen werden können. Neben Sortierungen können auch Listen erzeugt werden oder auch neue Dateien gebildet werden.

## AWT
Abstract Windowing Toolkit

Rechnerunabhängige Klassenbibliothek für die Gestaltung grafischer Oberflächen. Ein Java-Programm verwendet dabei Bestandteile des AWT, die tatsächliche Darstellung des Elementes (z.B. Button) übernimmt dann das jeweilige Betriebssystem.

## .az
Azerbaidschan

Top-Level-Domain für Aserbaidschan.

# B

**b**
bit
siehe Bit

**B**
Byte

Zusammenfassung von 8 Bit. Ein Byte bildet die kleinste adressierbare Einheit bei Computern.

**‹b›**
bold

Englisch für »fett«. HTML-Tag für die Darstellung fetter Schrift.

**B2B**
Business to (2) Business

Geschäftsprozess, der ausschließlich zwischen zwei Geschäftskunden stattfindet.

**B2C**
Business to (2) Consumer

Geschäftsprozess zwischen Hersteller bzw. Händler und dem Endkunden.

**.ba**
Bosnia-Herzegowina

Top-Level-Domain für Bosnien-Herzegowina.

## .BAK
Backup

Übliche Dateiendung für Sicherungskopien von Dateien.

## BALUN
Balanced-Unbalanced

Adapter zwischen Koaxial- und Twisted-Pair-Kabel mit entsprechender elektrischer Anpassung.

## BAP
Bandwidth Allocation Protocol

Protokoll, das je nach zu übertragender Datenmenge zusätzliche Bandbreite durch Hinzuschalten von Leitungskapazitäten anfordern kann.

## BAPCo
Business Application Performance Corporation

Amerikanische Gesellschaft, die den gleichnamigen Benchmark entwickelt hat. Der BAPCo ermittelt die Geschwindigkeit eines Rechners, indem die Zeit für einen (automatisierten) Arbeitsablauf in Standardapplikationen gemessen wird.

## BAPI
Borland API

Von der Firma Borland entwickelte Software-Schnittstelle, die in deren Compilern verwendet wird.

## BAPI
Business Application Programming Interface

Definierte Schnittstellen der betriebswirtschaftlichen Software SAP, die zur Kommunikation mit anderen, auch fremden, Modulen bzw. Programmen genutzt werden können.

## .BAS
Basic

Dateiendung für einen in der Programmiersprache BASIC verfassten Quellcode.

## BAS
Bild-Austast- und Synchronsignal

Übertragung von Helligkeitsinformationen und Synchronisationssignalen, die ein (monochromes) Bild auf einem Bildschirm erzeugen.

## BAS
Borland AppServer

Software, die die Entwicklung, Verteilung und Verwaltung von webbasierten Mehrbenutzerapplikationen ermöglicht. Hierbei werden intensiv Java-Technologien wie Servlets, Java Server Pages und Enterprise JavaBeans verwendet.

## bash
bourne again shell

Textorientierte Benutzerschnittstelle unter Unix/Linux mit integrierter Programmiersprache. Der Name ist ein Wortspiel mit dem Vorgänger, der Bourne-Shell.

## BASIC
Beginners All Purpose Symbolic Instruction Code

1964 von Thomas Kurtz und John Kemeny eingeführte Programmiersprache, die insbesondere Einsteiger anspricht. BASIC ist schnell erlernbar, kennt aber – je nach Dialekt – nicht immer alle Konstrukte der strukturierten Programmierung (Stichwort: »GOTO«).

## .BAT
Batch

Englisch für »Stapel«. Dateiendung für eine so genannte Stapeldatei. Diese enthält Betriebssystemanweisungen, die nacheinander ausgeführt werden.

## BAT
Baby Advanced Technology

Bezeichnung für eine Baugröße (ca. 22 cm x 15 cm) von Mainboards, inzwischen vom ATX-Standard verdrängt.

## .bb
Barbados

Top-Level-Domain für Barbados.

## BBC
Broadband Bearer Capability

Klassifikation bei ATM-Übertragungen, beispielsweise zur Kennzeichnung der Reservierung bestimmter Bandbreiten.

## BBS
Bulletin Board System

Englische Bezeichnung für ein Mailbox-System.

## BCC
Blind Carbon Copy

So viel wie »Blinddurchschlag«. Im Gegensatz zu den direkten Empfängern bzw. den Empfängern unter »CC« einer E-Mail sind Empfänger, die unter »BCC« aufgelistet sind, für alle anderen Empfänger nicht sichtbar, d.h., diese wissen nicht, dass es weitere »Mitleser« gibt.

## BCC
Block Check Character

Blockweise gebildete Prüfsumme zur Sicherstellung der Integrität eines Datenblocks.

## BCD
Binary Coded Decimal

Zahlendarstellung, bei der Dezimalzahlen ziffernweise binär mittels einer Tetrade (4 Bit) codiert werden.

## BCNF
Boyce-Codd-Normalform

Erweiterung der Anforderungen der dritten Normalform bei relationalen Datenbanken.

## BCP
Bézier Control Point

Punkte einer Bézierkurve, die den Linienverlauf beeinflussen.

## BCPL
Basic Combined Programming Language

Programmiersprache aus den 60er Jahren, Vorläufer der Sprache C.

## .bd
Bangladesh

Top-Level-Domain für Bangladesch.

## Bd
Baud

Maßeinheit für die Schrittgeschwindigkeit, benannt nach dem Franzosen Émile Baudot. Wird im Bereich DFÜ verwendet.

## BDB
Berkeley Databases

Datenbankunabhängige Open-Source-Bibliothek zur Speicherung von Daten in Tabellen, die z.B. von MySQL benutzt werden können.

## BDC
Backup Domain Controller

Unter Windows-NT/2000-Server ein Rechner, der eine Kopie der Domänenstruktur verwaltet und beim Ausfall des Primary Domain Controllers (PDC) dessen Aufgaben übernimmt.

## BDE
Betriebsdatenerfassung

Elektronische Erfassung sämtlicher Daten, die während eines Geschäfts- oder Produktionsprozesses anfallen. Daten aus der BDE dienen der Qualitätssicherung, Überwachung und Verbesserung der Prozesse.

## BDE
Borland Database Engine

Software(-schnittstelle) der Firma Borland, die aus den Borland-Programmiersprachen (z.B. Delphi) heraus den einfachen Zugriff auf Datenbanken ermöglicht.

## BDSG
Bundesdatenschutzgesetz

Deutsches Gesetz, das seit 1977 die Rechtmäßigkeit der Verarbeitung persönlicher Daten regelt.

## .be
Belgium

Top-Level-Domain von Belgien.

## BEDO
Burst Extended Data Out

Spezieller RAM-Baustein-Typ, Weiterentwicklung von EDO.

## BEN
Bestätigungsnummer

Maßnahme zur zusätzlichen Absicherung des elektronischen Zahlungsverkehrs. Eine vom Nutzer durch PIN und TAN bestätigte Transaktion wird durch die Bank durch eine jeder TAN zugeordnete Bestätigungsnummer quittiert.

## .bf
Burkina Faso

Top-Level-Domain für Burkina Faso.

## .bg
Bulgaria

Top-Level-Domain von Bulgarien.

## BGA
Ball Grid Array

Bauform von Chips, die statt Pins kleine, halbkugelförmige Kontakte auf der Unterseite besitzen.

## BGI
Borland Graphic Interface

DOS-Grafikschnittstelle der Compiler der Firma Borland (z.B. Turbo Pascal).

## BGP
Border Gateway Protocol

In RFC 1163/1164 beschriebenes Protokoll, mit dem autonome Systeme Routing-Informationen austauschen können. Via BGP tauschen Router Informationen über Verbindungswege aus.

## .bh
Bahrain

Top-Level-Domain für Bahrain.

## .BH
Blackhole

Archiv-Format.

## .bi
Burundi

Top-Level-Domain für Burundi.

## BI
Business Intelligence

Modul innerhalb von mySAP.com für das Unternehmensmanagement.

## bin
binary

Im Binärformat vorliegende Daten bzw. Standardverzeichnis unter Unix.

## BIND
Berkeley Internet Name Domain

Weit verbreitete Implementierung des DNS-Service, entwickelt von der Universität Berkeley. BIND besteht sowohl aus dem eigentlichen Server (Daemon) als auch dem Client (Resolver).

## BIOS
Basic Input Output System

Das BIOS ist ein fest im Rechner verankertes Programm, das verschiedene Tests (POST) durchführt und dann versucht, das Betriebssystem zu laden (Urlader). Das BIOS ist meist auf einem EEPROM gespeichert.

## BISDN
Broadband Integrated Services Digital Network

Verbesserte ISDN-Variante, die die Nutzung von ATM und STM über das gleiche Netzwerk ermöglicht.

## Bit
Binary Digit

So viel wie »binäre Ziffer«. Kleinste, nicht mehr teilbare Informationseinheit in der EDV, die die Zustände 0 und 1 annehmen kann. Mit Hilfe von 8 Bit (=1 Byte) können beispielsweise $2^8$=256 unterschiedliche Zeichen codiert werden. Auf elektronischer Ebene kann das Bit durch die Zustände »Strom an« bzw. »Strom aus« repräsentiert werden.

## BitBlt
Bit Block Transfer

Befehl zum Kopieren einer Grafik innerhalb des Arbeitsspeichers.

## BITKOM
Bundesverband Informationswirtschaft, Telekommunikation und Neue Medien e. V.

Der Interessenverband BITKOM vertritt 1.250 Unternehmen aus den entsprechenden Branchen. Ziel ist die aktive Mithilfe beim Übergang in das Informationszeitalter.

## BITNET
Because it's time Network

1981 aufgebautes Netzwerk zwischen der City University of New York und der Yale University im US-Bundesstaat Connecticut.

## .biz
Amerikanisch für Business

Top-Level-Domain für geschäftliche Adressen.

## .bj
Benin

Top-Level-Domain für Benin.

## BJ
Bubblejet

Druckverfahren bei Tintenstrahldruckern, bei dem die Tinte durch Erzeugen einer Gasblase aus der Düse auf das Papier befördert wird. Die Gasblase wird durch ein Heizelement erzeugt, beim Abkühlen wird durch die Kapillarwirkung neue Tinte aus dem Tintenbehälter angesaugt.

## B-Kanal
Basis-Kanal/bearer channel

Nutzdatenkanal bei ISDN mit einer Bandbreite von 64 Kbit/s. Über den B-Kanal werden Daten, Sprache und andere Informationen übertragen. Ein $S_0$-Anschluss beinhaltet immer zwei B-Kanäle.

## BLER
Block Error Rate

Messgröße für die Fehlerrate einer CD. Die Blockfehlerrate gibt an, wie viele defekte Datenblöcke innerhalb einer Sekunde gemessen werden.

## BLOB
Binary Large Object

Technik, um beliebige binäre Objekte (Dokumente, Grafiken usw.) in Datenbanken abzulegen.

## .bm
Bermudas

Top-Level-Domain für die Bermudas.

## .BMP
Bitmap

Dateiendung für Bilddateien im unter MS Windows weit verbreiteten BMP-Format.

## BMT
Biel Mean Time

Von der Firma Swatch eingeführte, weltweit identische Zeitinformation (Beats), die auch von einigen Uhren des Herstellers angezeigt wird.

## .bn
Brunei

Top-Level-Domain für Brunei.

## BNC
Bayonet Nut Coupling/Connector

Koaxialkabel-Steckverbindungssystem, bei dem der Stecker durch eine Drehung fixiert wird. Wird z.B. bei Ethernet-Netzen auf Koaxialkabel-Basis verwendet.

## BNEP
Bluetooth Network Encapsulation Protocol

Bluetooth-Protokoll für die drahtlose Übertragung von Ethernet-Datenpaketen.

## BNF
Backus-Naur-Form

Symbolische Darstellung der Syntax von Programmiersprachen, entwickelt von John Backus und Peter Naur.

## .bo
Bolivia

Top-Level-Domain für Bolivien.

## BO
Back Orifice

Von der Hackergruppe »Cult of the dead cow« entwickeltes Tool, das auch zur Systemadministration genutzt werden kann. Aufgrund der weitreichenden Spionagefunktionen wird die Software aber eher den Trojanischen Pferden zugerechnet.

## BOD
Bandwidth on Demand

Skalierbare Bandbreite z.B. bei Netzwerken, die sich am konkreten Bedarf orientiert. In Stoßzeiten kann die Bandbreite erhöht, in Zeiten geringer Auslastung verringert werden.

## BOF
Begin of file

Steuerzeichen für den Anfang einer Datei.

## BOINC
Berkeley Open Infrastructure for Network Computing

Von der Universität in Berkeley entwickelte Plattform für die Nutzung verteilter Ressourcen zur Lösung wissenschaftlicher Problemstellungen. Die Ressourcen werden von Nutzern freiwillig zur Verfügung gestellt, ein Beispiel ist das Projekt SETI@Home.

## BootP
Bootstrap Protocol

Protokoll innerhalb von TCP/IP-Netzwerken, das Geräten eine IP-Adresse zuweist, ähnlich wie DHCP.

## bot
robot

Rechner bzw. Programm, das automatisiert bestimmte wiederkehrende Aufgaben ausführt, beispielsweise das Indizieren von Internetseiten bei Suchmaschinen.

## BOT
Beginning of Tape

Digitale Markierung eines Magnetbands, die den Anfang kennzeichnet.

## BPB
BIOS Parameter Block

Speicherbereich im BIOS, in dem wichtige Parameter für den Bootvorgang abgelegt werden, z.B. Daten über die Festplatte und Ähnliches.

## BPDU
Bridge Protocol Data Units

Datenpakete, die der Kommunikation zwischen Netzwerk-Bridges dienen.

## BPEL
Business Process Execution Language

siehe BPEL4WS

## BPEL4WS
Business Process Execution Language for (4) Web Services

Gemeinsame, auf XML basierende, Programmiersprache der Firmen Microsoft, IBM und BEA zur einfacheren Nutzung und Kombination verteilter Web Services.

## BPF
Berkeley Packet Filter

Im Betriebssystem BSD Unix integrierter TCP/IP-Paketfilter.

## bpi
bit per inch

»Bit pro Zoll« (=2,54 cm). Maß für die Aufzeichnungsdichte bei magnetischen Datenträgern.

## BPI
Business Process Integration

Integration der normalen Geschäftsprozesse in die IT-Welt des Unternehmens. Basis hierfür kann eine ausgereifte ERP-Software sein.

## bpp
bit per pixel

Angabe zur Farbtiefe bei Grafiken. Bilder mit einer Farbtiefe von 24 Bit (»Truecolor«) können z.B. maximal $2^{24}$=16.777.216 verschiedene Farben verwenden.

## bps
bit per second/bit pro Sekunde

Maß für die Datenübertragungsgeschwindigkeit.

## BPU
Branch Prediction Unit

Funktionseinheit innerhalb von CPUs, die versucht, Sprungziele eines Programms vorherzusehen, um so die dann benötigten Daten möglichst im Zugriff zu haben.

## .br
Brazil

Top-Level-Domain für Brasilien.

## ‹br›
break

HTML-Tag zur Erzeugung eines Zeilenumbruchs innerhalb eines Absatzes.

## brb
be right back

In Chats verwendete Kurzform für »bin gleich zurück«.

## BRS
Big Red Switch

Ironische Bezeichnung für den – manchmal tatsächlich roten – Ein-/Aus-Schalter einer EDV-Anlage.

## .bs
Bahamas

Top-Level-Domain für die Bahamas.

## BS
Betriebssystem

Systemsoftware, die Anwendungsprogrammen den Zugriff auf die Hardware ermöglicht und somit erst die Nutzung eines Rechners gestattet.

## BS
Base Station

Andere Bezeichnung für einen Access Point bei einem Wireless LAN.

## BS2000
Betriebssystem 2000

Großrechnerbetriebssystem der Firma Siemens.

## BSA
Business Software Alliance

Zusammenschluss von Software-Herstellern, der über den Urheberschutz von Programmen aufklärt und gegen Raubkopierer vorgeht.

## BSB
Back-Side Bus

Direkter Bus zwischen Prozessor und Cache-Speicher.

## BSD
Berkeley Software Distribution

BSD-Unix ist eine von der University of California in Berkeley erstellte Unix-Distribution.

## BSI
British Standards Institute

Britische Normungsorganisation, vergleichbar mit dem deutschen DIN-Institut.

## BSI
Bundesamt für Sicherheit in der Informationstechnik

1991 eingerichtete Bundesbehörde mit Sitz in Bonn. Aufgabe ist die Überprüfung und Verbesserung der Sicherheit von IT-Systemen.

## BSMTP
Batched Simple Mail Transfer Protocol

Spezielle Übertragung per SMTP, bei der einzelne Nachrichten vorher in einer Datei zusammengefasst und erst dann verschickt werden. Auf dem Zielrechner wird die Datei dann wieder in ihre ursprünglichen Teile zerlegt.

## BSoD
Blue Screen of Death

Beim Systemabsturz eines Betriebssystems aus der Windows-Familie wird ein dunkelblauer Bildschirm angezeigt, der dem Systemadministrator eventuell Ursachen des Absturzes anzeigt. Aufgrund der Farbgebung und der Tatsache, dass das System danach neu gestartet werden muss, entstand die scherzhafte Bezeichnung »Blue Screen of Death«.

## BSS
Basic Service Set

Topologiebezeichnung für ein Wireless LAN mit einem Access Point und mehreren kabellos angebundenen Clients.

## .bt
Bhutan

Top-Level-Domain für Bhutan.

## BT
Bluetooth

Drahtlose Kommunikation zwischen PC und Peripheriegeräten oder mobilen Geräten über Funk. Im Gegensatz zu WLAN ist die von der schwedischen Firma Ericsson initiierte Technologie nur für Entfernungen bis etwa 10 Meter ausgelegt.

### BT
British Telecom

Kurzbezeichnung für den britischen Telekommunikationsdienstleister »British Telecom«.

### BTB
Branch Target Buffer

In der CPU befindlicher Pufferspeicher für die Branch Prediction Unit (BPU), der verschiedene Sprungziele kurzzeitig zwischenspeichern kann.

### BTC
Built to customer

Ein nach Kundenwunsch zusammengestelltes Computersystem.

### BTLB
Block Translation Look-aside Buffer

Funktionseinheit innerhalb der CPU, siehe ATC.

### BTO
Built to order

Ein Computersystem, das erst nach Bestelleingang des Kunden speziell für ihn zusammengesetzt wird. Um den Aufwand für den Hersteller gering zu halten, werden in jeder Kategorie meist nur einige wenige Komponenten zur Auswahl angeboten.

### btw
by the way

Im Chat verwendete Kurzform für »übrigens«.

**Btx**

Bildschirmtext

Proprietärer Online-Dienst der Deutschen Telekom. Wurde später zu Datex-J (für »Jedermann«) und dann schließlich zum heutigen T-Online. Mit Btx war erstmals Homebanking möglich.

**.bv**

Bouvet Island

Top-Level-Domain für Bouvet Island.

**BVSI**

Berufsverband Selbständige in der Informatik e. V.

Deutscher Interessenverband, der sich insbesondere an Selbstständige in der IT-Branche wendet.

**.bw**

Botswana

Top-Level-Domain für Botswana.

**BW**

Business (Data) Warehouse

IT-System bestehend aus komplexen Datenbanken und Auswertungs- und Managementtools. Informationen aus dem Business Warehouse soll die Unternehmensführung beim Treffen von Entscheidungen durch gezielte Analysen unterstützen.

**BWCC**

Borland Windows Custom Controls

In älteren Borland-Compilern verwendbare Steuerelemente, die teilweise über den Funktionsumfang der Standardkomponenten von Windows hinausgehen und teilweise auch eine deutlich andere Optik aufweisen.

## .by
Belarus

Top-Level-Domain für Weißrussland.

## Byte
Binary term

Engl. für »binärer Ausdruck«. Ein Byte ist eine Zusammenfassung von 8 Bit und stellt die kleinste adressierbare Informationsmenge bei einem Computer dar.

## .bz
Belize

Top-Level-Domain für Belize.

## BZT
Bundesamt für Zulassungen in der Telekommunikation

Dem damaligen Bundespostministerium unterstellte Einrichtung in Saarbrücken, die sich seit 1992 mit der Zulassung von Telekommunikationsgeräten befasste. Vorgänger war das ZZF.

# C

## C
Coulomb

Einheit der elektrischen Ladung. Eine Stromstärke von 1 Ampere entspricht einer Ladung von 1 Coulomb pro Sekunde.

## C
Programmiersprache

Prozedurale Programmiersprache, die in den Ball Laboratories von den Amerikanern Kernighan und Ritchie Anfang der 70er Jahre entwickelt wurde. Da C sehr systemnah ist, wird es heute sehr häufig genutzt, ebenso die daraus abgeleitete Sprache C++.

## C#
Gesprochen: C Sharp

Von Microsoft im Rahmen der .NET-Initiative entwickelte, an C angelehnte Programmiersprache.

## C++
Programmiersprache

Von C abgeleitete, objektorientierte Programmiersprache.

## C2
Sicherheitsstandard vom National Computer Security Center

Vom amerikanischen National Computer Security Center (NCSC) festgelegter Sicherheitsstandard. Sowohl Hard- als auch Software eines Systems muss diesen Richtlinien genügen, um die Anforderungen zu erfüllen. Bestandteile sind unter anderem die Nutzerauthentifizierung, Implementierung von Datenschutzmaßnahmen usw.

## C3
Intel-kompatibler Mikroprozessor von VIA Technologies (ehemals Cyrix). Aufgrund seiner geringen Leistungsaufnahme besonders für Mobilcomputer geeignet.

## .ca
Canada

Top-Level-Domain für Kanada.

## CA
Certification Authority

Vergabestelle für digitale Zertifikate.

## CA
Computer Associates

Drittgrößter unabhängiger US-amerikanischer Software-Hersteller mit Sitz in Islandia im Bundesstaat New York.

## CAA
Computer Aided Administration

Allgemeine Bezeichnung für die computergestützte Durchführung von Verwaltungsaufgaben innerhalb eines Unternehmens.

## CAAD
Computer Aided Architectural Design

Computergestütztes Entwerfen von Zeichnungen und Skizzen mit dem Schwerpunkt Architektur.

## CAC
Computer Aided Construction

Computergestütztes Entwerfen von Konstruktionszeichnungen, meist im Architekturbereich.

## CAC
Computer Aided Crime

Bezeichnung für Straftaten, die unter Zuhilfename eines Rechners verübt wurden, beispielsweise Spionage, Datenmanipulation und anderes.

## .CAB
Cabinet

Archiv-Format von Microsoft.

## CABS
Computer Aided Business Simulation

Simulation von Geschäftsprozessen mit Hilfe einer speziellen Software. Auswirkungen auch minimaler Änderungen lassen sich so bereits im Vorfeld abschätzen.

## CAC
Channel Access Code

Identifikationskennung bei Bluetooth-Geräten.

## CAD
Computer Aided Design

Rechnergestütztes Erstellen von Konstruktionszeichnungen oder Schaltplänen am Computer.

## CAE
Computer Aided Engineering

Komplett computergestützter Produktentstehungsprozess. Integriert häufig CAD und CAM.

## CAI
Computer Aided Instruction

So viel wie »computergestütztes Lehren«. Software-Hilfsmittel, die einem Dozenten eine verbesserte, teilweise automatisierte Vermittlung von Wissen ermöglichen.

## CAL
Computer Assisted Learning

Computerunterstütztes Lernen, beispielsweise mit geeigneten Lernprogrammen, Tests usw. Positiv für den Lernenden ist die freie Bestimmung des Lerntempos sowie die freie Zeiteinteilung, nachteilig die fehlende Interaktion mit anderen Lernenden (Isolation) und das Fehlen von Rückfragemöglichkeiten.

## CAL
Client Access Licence

Software-Lizenz für ein Client-Programm, das den Zugriff auf eine Serveranwendung gestattet, z.B. Lizenz für einen User für den Zugriff auf einen Datenbankserver.

## CALS
Computer-Aided Acquisition and Logistics Support-System

Software-System zur Unterstützung der Akquise und anschließender logistischer Prozesse.

## CAM
Common Access Method

Vom ANSI genormte, einheitliche Schnittstelle zwischen Programmen und SCSI-Hostadapter.

## CAM
Computer Aided Manufacturing

Computergestützte Produktion von Gegenständen durch direkte Steuerung von Werkzeugmaschinen, häufig im Zusammenhang mit CAD.

## CAP
Computer Aided Planning

Computergestützte Planung, beispielsweise mit Hilfe von Projektplanungssoftware o.Ä.

## CAPI
Common ISDN Application Programming Interface

Einheitliche Software-Schnittstelle zwischen ISDN-Karten und Anwendungssoftware bzw. Betriebssystem.

## CAPS
Capital Letters

Englisch für »Großbuchstaben«.

## CaPSL
Canon Printing System Language

Steuersprache für Seitendrucker der Firma Canon.

## CAQ
Computer Aided Quality Control/Assurance

Computergestützte Qualitätskontrolle.

## CAR
Computer Aided Retrieval

Computergestützte Recherche bzw. Suche nach Informationen.

## CAS
Column Address Strobe

Steuersignal für den Arbeitsspeicher eines Rechners, das die Spalte der zu adressierenden Zelle innerhalb der Speichermatrix übermittelt.

## CAS
Content Adressed Storage

Bezeichnung für einen plattenbasierten Speichertyp der Firma EMC, der zur Speicherung nicht veränderbarer Inhalte (Verträge, Archivierung usw.) eingesetzt werden soll. Die Datenintegrität wird mittels eines RSA-Fingerprints sichergestellt.

## CASE
Computer Aided Software Engineering

Methode der Software-Entwicklung mit Hilfe entsprechender computergestützter Tools, beispielsweise Maskengeneratoren, Struktogrammgeneratoren usw.

## CAST
Carlisle, Adams, Stafford, Tavares

Symmetrischer Verschlüsselungs-Algorithmus, benannt nach seinen Entwicklern.

## CAT
Computer Aided Testing

Testen von Konstruktionen mit Hilfe des Computers. Dies spart Kosten, da beispielsweise die Fertigung eines Modells nicht erforderlich ist. CAT kann sich auch auf das Testen von Programmen oder Programm-Modulen beziehen.

## CATV
Cable TV

Übertragung von TV-Programmen mittels Erdkabeln bis zum Haushalt des Empfängers. Die heute bestehenden Kabelnetze sollen Schritt für Schritt um Rückkanalfähigkeit erweitert werden, damit sie auch als alternatives Zugangsmedium zum Internet genutzt werden können. In

Gebieten, in denen die Verlegung von Erdkabeln zu aufwendig ist, wird meist auf die Übertragung per Satellit ausgewichen.

## CATV

Composite Analog Television

Analoge Antennenschnittstelle, die sowohl Audio- als auch Videoinformationen übermitteln kann.

## CAUCE

Coalition Against Unsolicited Commercial Email

Verband, der für ein Verbot von ungefragt zugesandten Werbemails eintritt.

## CAV

Constant Angular Velocity

Englisch für »konstante Winkelgeschwindigkeit«. Rotationsart bei CD-/DVD-Laufwerken, bei der für einen bestimmten Sektor (=Winkel) der CD immer die gleiche Zeit benötigt wird. Da die äußeren Bereiche eines Sektors länger sind und mehr Daten speichern, ist in den Außenbereichen die Datentransfergeschwindigkeit deutlich höher. Für Audio-CDs ist diese Abspielart ungeeignet.

## CBC

Cipher Block Chaining

Blockweise arbeitender Verschlüsselungsalgorithmus, der beispielsweise bei DES und RC5 verwendet wird.

## CBCP

Callback Control Protocol

Protokoll zur Abstimmung von Rückrufinformationen zwischen den Datenübertragungseinrichtungen (Modem o.Ä.), beispielsweise bei der Fernwartung eines Clients.

## CBDTPA
Consumer Broadband and Digital Television Promotion Act

US-amerikanischer Gesetzesentwurf, der den Verkauf elektronischer Geräte verbietet, sofern keine geeigneten Verfahren zum Schutz von Urheberrechten (Stichwort »Digital Rights Management«, DRM) implementiert wurden.

## CBR
Constant Bit Rate

Datenstrom, der unabhängig von der tatsächlichen Datenmenge mit konstanter Datenübertragungsrate arbeitet.

## CBT
Computer Based Training

Lernen mit Computerhilfe. CBT-Programme vermitteln dem Benutzer neue Kenntnisse und können diese mit Tests und Wiederholungen überprüfen und festigen. Vorteil von CBT ist, dass die Trainingsperson das Lerntempo individuell bestimmen und beispielsweise Lerneinheiten unterbrechen und später fortsetzen kann. Als nachteilig wird häufig die soziale Isolation angeführt.

## .cc
Cocos Islands

Top-Level-Domain für die Kokosinseln.

## CC
Carbon Copy

Englisch für »Kohlepapierdurchschlag«. Zusätzlich zum eigentlichen Adressaten einer E-Mail können weitere Empfänger unter der Rubrik »CC« eingetragen werden. Diese erhalten die E-Mail somit lediglich zur Kenntnis, um über den Sachverhalt informiert zu werden, von ihnen wird im Allgemeinen keine Reaktion erwartet.

## CC
Color Compensation/Correction

In der Bildverarbeitung häufig eingesetzter Filter, um die Sättigung und den Farbbereich (die »Farbbalance«) eines Bildes zu beeinflussen.

## CCBS
Completion of calls to busy subscriber

Funktion innerhalb des ISDN-Netzes, die den Initiator eines Telefongesprächs per Klingeln benachrichtigt, wenn die Leitung des Angerufenen wieder frei ist. Beim Abnehmen wird dann automatisch die Verbindung zum gewünschten Teilnehmer hergestellt. Die deutsche Bezeichnung hierfür lautet »Rückruf bei besetzt«.

## CCC
Chaos Computer Club e. V.

Deutscher Computerclub mit Sitz in Hamburg, der in der Vergangenheit häufig Sicherheitslücken in EDV-Systemen aufgezeigt hat.

## CCD
Charge Coupled Device

Matrix mit lichtempfindlichen Sensoren, z.B. in digitalen Foto- bzw. Videokameras.

## CCITSE
Common Criteria for Information Technology Security Evaluation

1996 entwickelte Kriterien für die sicherheitstechnische Bewertung von IT-Systemen. Das CC-System sieht acht Sicherheitsstufen von EAL 0 bis zur höchsten, EAL 7, vor. In Deutschland übernimmt das BSI die Zertifizierung von Systemen nach CCITSE.

## CCITT
Comité Consultatif Internationale Télégraphique et Téléfonique / Consultative Committee on International Telephone and Telegraphy

Internationales Normungsgremium im Telekommunikationsbereich mit Sitz in Genf, inzwischen von der ITU abgelöst.

## CCP
PPP Compression Control Protocol

In RFC 1962 beschriebenes Protokoll zur Abstimmung der Datenkompression bei der Übertragung von Daten mittels PPP.

## CCS
Common Command Set

Satz von einheitlichen Steuerkommandos beim SCSI-Protokoll.

## ccTLD
Country Code Top Level Domain

Länderkürzel für die Top-Level-Domain, z.B. ».de« für Deutschland.

## CCWS
Content Creation Winstone

Von verschiedenen PC-Zeitschriften angewendeter Benchmark.

## cd
change directory

DOS/Unix-Befehl, um innerhalb des Verzeichnisbaums die Hierarchiestufe zu wechseln. Höchste Ebene ist das Root-Verzeichnis, meist mit »/« bzw. »\« bezeichnet.

## CD
Call Deflection

Englisch für »Anrufweiterschaltung«. ISDN-Funktion, die einen Anruf nach mehrmaligem Klingeln an einen anderen, vorher hinterlegten Anschluss weiterleitet.

## CD
Compact Disc

Optischer Datenträger, der gemeinsam von Philips und Sony entwickelt wurde. Je nach Typ (CD-DA, CD-ROM) können verschiedene Arten von Daten gespeichert sein.

## CD
Carrier Detect(ed)

Erkennung des Trägersignals (»Carrier«) bei der DFÜ, d.h., die Verbindung zwischen zwei Endgeräten ist hergestellt.

## CDBE
NetWare Configuration Database Engine

In Novells Netzwerkbetriebssystem »NetWare« integrierte Datenbankanwendung, die für die Verwaltung der Konfigurationsinformationen genutzt wird.

## CDC
Cult of the dead Cow

Vor allem durch ihr Tool »Back Orifice« (BO) bekannt gewordene Hackergruppe.

## CDC
Cache DRAM Controller

Schnittstelle zwischen Arbeitsspeicher und PCI-Bus, die die Adressübergabe regelt.

## CD-DA
Compact Disc – Digital Audio

Die CD-DA ist ein optischer Datenträger für digitalisierte Audio-Daten, also z.B. Sprache oder Musik.

## CDDB
Compact Disc Database

Über das Internet abfragbare Datenbank, die das Trackverzeichnis von Musik-CDs bereitstellt. Die Abfrage erfolgt meist direkt aus Programmen heraus, die dann Informationen über die einzelnen Titel, den Interpreten usw. anzeigen.

## CDDI
Copper Distributed Data Interface

Kostengünstige Netzwerk-Alternative zu FDDI auf Basis von Kupferkabeln. CDDI arbeitet ebenfalls mit 100 Mbit/s und eignet sich auch zum Koppeln von LANs oder als schneller Backbone.

## CDF
Channel Definiton File

Dateiformat von Microsoft, das zur Definition von Channels dient. Diese Themenkanäle können dann mit einem Browser angezeigt werden.

## CDFS
Compact Disc File System

Dateisystem auf einer CD-ROM. Beispiele sind das übliche ISO-9660- oder das Joliet-Format.

## CD-I
Compact Disc – Interactive

Gemeinsam von Philips und Sony entwickelter CD-Standard. Auf einer CD-I können neben Daten auch Video- und Audioinformationen gespeichert werden.

## cd/m²
Candela pro $m^2$

Maßeinheit für die Leuchtdichte.

## CDMA
Code Division Multiple Access

Durch CDMA wird die Trennung verschiedener Teilnehmer in UMTS-Mobilfunknetzen gewährleistet.

## CD-MRW
Compact Disc – Mount Rainier Rewritable

Neuer Standard für CD-Brenner, der CD-RWs ähnlich wie eine Festplatte behandelt und auch das Kopieren einzelner Dateien ermöglicht. Diese Betriebsart muss sowohl vom Laufwerk als auch vom verwendeten Betriebssystem unterstützt werden.

## CDO
Collaboration Data Objects

Software-Schnittstelle von Microsoft für Zugriffe auf einen MS-Exchange-Server bzw. lokal installierte Mail-Clients wie Outlook. CDO soll die alte MAPI-Schnittstelle ersetzen.

## .CDR
Corel Draw

Vektor-Dateiformat des bekannten Zeichenprogramms »Corel Draw!« der kanadischen Corel Corporation.

## CD-R
Compact Disc – Recordable

Die CD-R ist ein einmal beschreibbarer Abkömmling der CD. Mittels eines Laserstrahls werden Vertiefungen (sog. »Pits«) in die im Substrat befindliche Beschichtung gebrannt. Beim Lesen arbeitet das CD-Laufwerk mit einem schwächeren Laserstrahl, der je nach Vertiefung unterschiedlich reflektiert wird.

## CD-ROM
Compact Disc – Read Only Memory

Optischer Speicher für Computerdaten. Wie die CD-DA wird sie gepresst, d.h., sie ist nicht vom Endbenutzer beschreibbar.

## CD-ROM XA
Compact Disc – Read Only Memory Extended Architecture

Erweiterung des CD-ROM-Standards.

## CD-RW
Compact Disc – Rewritable

Weiterentwicklung der CD-R, die bis zu 1.000-mal wieder beschrieben werden kann. Der Laserstrahl ändert dabei den Aggregatzustand von im Substrat befindlichen Materialien zwischen amorph und kristallin. Je nach Zustand wird beim Lesen der Laserstrahl dann unterschiedlich stark reflektiert.

## CDS
Cactus Data Shield

Von der Firma Midbar Tech entwickeltes Kopierschutzverfahren für Audio-CDs.

## CE
Comuniqué Européenne

Seit 1996 für Elektrogeräte vorgeschriebenes Prüfsiegel innerhalb der EU, das die Betriebssicherheit und elektromagnetische Verträglichkeit der Produkte anzeigt. Das CE-Siegel wird vom Hersteller angebracht, Kontrollen erfolgen allenfalls stichprobenhaft.

## CE
Compact Edition

Namenszusatz für die auf PDAs lauffähige Windows-Variante von Microsoft.

## CeBIT
Centrum für Büro- und Informations-Technik

Weltweit größte internationale EDV-Messe, die jedes Frühjahr in Hannover stattfindet.

## CEO
Chief Executive Officer

Aus dem Amerikanischen stammende Bezeichnung für einen ranghohen, leitenden Firmenmitarbeiter. Entspricht etwa dem deutschen Vorstandsvorsitzenden einer AG.

## CEPT
Conférence Européenne des administrations des Postes et des Télécommunications

Europäisches Normungsgremium, das unter anderem die Art der Zeichendarstellung im Btx festgelegt hat.

## CERDIP
Ceramic Dual In-Line Package

DIP-Baustein mit Keramikgehäuse.

## CERN
Conseil Européen pour la Recherche Nucléaire

Europäisches Kernforschungszentrum mit Sitz in Genf/Schweiz. Um Ergebnisse der Forschungen allen Mitarbeitern zur Verfügung stellen zu können, entwickelte der Mitarbeiter Tim Berners-Lee die Seitenbeschreibungssprache HTML, mit der Dokumente beliebig durch Hyperlinks verbunden werden können. Das CERN bzw. Berners-Lee gelten somit als Wiege des heutigen World Wide Web.

## CERT
Computer Emergency Response Team

Zusammenschluss von IT-Sicherheitsexperten. Aufgabe des CERT ist die Aufdeckung von Sicherheitslücken, Herausgabe von Warnmeldungen, Durchführung von Schulungen usw.

## CES
Consumer Electronics Show

Jährlich in Las Vegas stattfindende Messe für elektronische Geräte, angefangen bei Telefonen bis hin zu Computersystemen.

## CET
Central European Time

Englische Bezeichnung für die Mitteleuropäische Zeit MET.

## .cf
Central African Republic

Top-Level-Domain für Zentralafrika.

## CF
Call Forwarding

Dauerhafte, sofortige Rufumleitung bei ISDN auf eine andere Rufnummer. Diese Form der Rufumleitung kann für jede MSN vom Teilnehmer selbst gesteuert werden.

## CF
Compact Flash

Speicherkartentyp mit integriertem ATA-Controller, der zurzeit besonders in PDAs, MP3-Playern und Digitalkameras verwendet wird. Da es sich um einen elektronischen Flash-Speicher handelt, behalten CF-Karten die gespeicherten Informationen auch ohne ständige Stromzufuhr. Unterschieden werden die Typ-I-Karten und die etwas dickeren Typ-II-Karten. Mittels eines kostengünstigen Adapters lassen sich CF-Karten auch in PCMCIA/PC-Card-Steckplätzen von Notebooks lesen und beschreiben.

## CFA
Colour Filter Array

Farbfilter, der vor dem CCD-Sensor einer Digitalkamera angebracht ist, damit dieser neben den reinen Helligkeitsinformationen die Farben Rot, Grün und Blau unterscheiden kann. Weit verbreitet ist das »Bayer-Mosaik«, eine übliche Anordnung der roten, grünen und blauen Filterflächen.

## CFF
Compact Font Format

Von Adobe definiertes Format für die Codierung von Schriften. Als Besonderheit können mittels CFF auch mehrere Schriften (beispielsweise Schnitte wie fett und kursiv) innerhalb einer Definition abgelegt werden.

## CFML
Cold Fusion Markup Language

An HTML angelehnte Erweiterung der Firma Macromedia zur Erstellung dynamischer Webseiten, beispielsweise bei der Anbindung von Datenbanken. Auf dem Webserver muss die Software »Cold Fusion« installiert werden, die die Anweisungen zur Laufzeit interpretiert und für den Webserver den reinen HTML-Code generiert.

## CFS
Cryptographic File System

Unter Unix verfügbares Dateisystem des Programmierers Matt Blaze, das alle Dateien verschlüsselt auf dem Datenträger ablegt. Die Implementation verschiedener Verschlüsselungsalgorithmen ist möglich.

## .cg
Congo

Top-Level-Domain für Kongo.

## Cg
C for Graphics

Programmiersprache der Grafikchip-Firma nVidia, die die Programmierung realistischer Effekte für Computerspiele stark vereinfachen soll.

## CGA
Color Graphics Adapter

Früher Grafikstandard für PCs, der bei einer Auflösung von 640 x 200 Bildpunkten zwei und bei 320 x 200 Bildpunkten vier Farben aus einer Palette von insgesamt 16 Farben darstellen konnte.

## CGI
Common Gateway Interface

Programmier-Interface für Webserver, mit dem es beispielsweise möglich ist, Daten aus HTML-Formularen zu übernehmen und auszuwerten. Die Programmierung erfolgt häufig in der Skriptsprache PERL.

## .CGM
Computer Graphics Metafile

Vektor-Grafikformat bei PC-Programmen.

## .ch
Conföderation Helvetica

Top-Level-Domain für die Schweiz.

## CHAP
Challenge Handshake Authentication Protocol

Protokoll, das beim Verbindungsaufbau über PPP Benutzer und Passwort überprüft. Sämtliche Daten werden bei diesem Vorgang verschlüsselt übertragen.

## Char
Character

Englisch für »Zeichen«.

## CHCP
Change Code Page

MS-DOS-Befehl zur Aktivierung eines länderspezifischen Zeichensatzes.

## chown
change owner

Unix-Befehl, mit dem der Besitzer (»owner«) einer Datei geändert werden kann.

## CHR
Character

Kurzform des Begriffs »Char«.

## CHS
Cylinder/Head/Sector

Physische Beschreibung einer Festplatte, die angibt, wie viele Zylinder, Schreib-/Leseköpfe und Sektoren pro Spur der Datenträger enthält. Diese Angaben dienen unter anderem zur Kapazitätsermittlung, müssen aber auch im BIOS eines Rechners hinterlegt werden, damit die Festplatte korrekt angesprochen werden kann.

## cHTML
compact HTML

HMTL-Variante für den ursprünglich aus Japan stammenden Mobilfunkstandard i-Mode. In cHTML erstellte Webseiten können auf dem Display i-Mode-fähiger Handys dargestellt werden.

## .ci
Ivory Coast (Cote D'Ivoire)

Top-Level-Domain für die Elfenbeinküste.

## CIC
Customized Integrated Circuit

Andere Bezeichnung für einen Application Specific Integrated Circuit (ASIC).

## *up ...*

# ... up ... update

## Nutzen Sie den UPDATE-SERVICE des mitp-Teams bei vmi-Buch. Registrieren Sie sich JETZT!

Unsere Bücher sind mit großer Sorgfalt erstellt. Wir sind stets darauf bedacht, Sie mit den aktuellsten Inhalten zu versorgen, weil wir wissen, dass Sie gerade darauf großen Wert legen. Unsere Bücher geben den topaktuellen Wissens- und Praxisstand wieder.

Um Sie auch über das vorliegende Buch hinaus regelmäßig über die relevanten Entwicklungen am IT-Markt zu informieren, haben wir einen besonderen Leser-Service eingeführt.

Lassen Sie sich professionell, zuverlässig und fundiert auf den neuesten Stand bringen.
**Registrieren Sie sich jetzt auf www.mitp.de** oder **www.vmi-buch.de** und Sie erhalten zukünftig einen E-Mail-Newsletter mit Hinweisen auf Aktivitäten des Verlages wie zum Beispiel unsere aktuellen, kostenlosen Downloads.

Ihr Team von mitp

## CICS
Customer Information Control System

Transaktionsmonitor von IBM, der insbesondere in der Großrechnerwelt in Zusammenhang mit dem Betriebssystem OS/390 eingesetzt wird.

## CIE
Commission Internationale de l'Eclairage

Internationale Organisation, die das CIE L*A*B-Farbmodell entwickelt hat.

## CIF
Common Intermediate Format

Videoformat mit einer Auflösung von 352 x 288 Pixeln, das qualitativ in etwa dem VHS-Standard entspricht.

## CIFS
Common Internet File System

Früher als »Server Message Blocks« (SMB) bekanntes Protokoll aus der Microsoft-Welt. Über CIFS werden Dateisharing- und Druckdienste abgewickelt.

## CIL
Common Intermediate Language

Zwischen der Maschinensprache und einer höheren Programmiersprache angesiedelte Zwischensprache im Rahmen der .NET-Initiative von Microsoft.

## CIM
Computer Integrated Manufacturing

Durchgehend computergestützte Produktion, angefangen vom Entwurf bis zur endgültigen Herstellung. Eng verknüpft mit den Techniken CAD, CAE, CAM, CAP, CAQ und CAT.

## CIM
CompuServe Information Manager

Client-Software der Firma CompuServe, die für den Zugriff auf das proprietäre Netz erforderlich war. CompuServe gehört inzwischen zu AOL und agiert heute als Internet-Provider.

## CIP
Common ISDN Profile

Technik zur drahtlosen Nutzung von ISDN-kompatiblen Anwendungen mittels CAPI durch Bluetooth-Geräte.

## CIRC
Cross Interleaved Reed-Solomon Code

Fehlerkorrekturcode, der bei CDs zum Einsatz kommt. Mit Hilfe dieses Codes können kleinere Lesefehler kompensiert werden, da die Originaldaten mit Hilfe eines Rechenverfahrens ermittelt werden können.

## CIS
CompuServe Information Service

Einst proprietärer amerikanischer Onlinedienst, gehört inzwischen zu AOL und hat sich zunehmend dem Internet geöffnet.

## CIS
Card Information Structure

In einem festgelegten Speicherbereich einer PC-Card abgelegte Informationen, die eine automatische Konfiguration der Karte ermöglichen.

## CIS
Contact Image Sensor

Lichtempfindliche Sensoren oder Sensorzeilen, die Bildvorlagen abtasten und in Faxgeräten sowie Scannern zum Einsatz kommen.

## CISC
Complex Instruction Set Computer

Mikroprozessor, der über einen komplexen Befehlssatz verfügt. Programme kommen hier mit wenigen, dafür komplexen, Maschinen-Befehlen aus. Die Befehle benötigen bei der Verarbeitung jedoch relativ viele Taktzyklen, da sie vom Prozessor erst in viele einfache, elementare Operationen umgesetzt werden. (Gegenteil: RISC)

## CIX
Commercial Internet Exchange

Zusammenschluss von Internet-Providern, die Übergangspunkte zwischen ihren Netzen unterhalten, um kürzere Datenwege und somit höhere Geschwindigkeiten zu gewährleisten. Ein bekannter deutscher Übergabepunkt ist der DE-CIX in Frankfurt/Main.

## .ck
Cook Islands

Top-Level-Domain für die Cook Inseln.

## .cl
Chile

Top-Level-Domain für Chile.

## CL2
Cache Latency 2

Bezeichnung von Speichermodulen, die beim Zugriff auf einzelne Speicherzellen nach erfolgter Auswahl der Zeile (RAS) und Spalte (CAS) innerhalb der Zellenmatrix eine Verzögerung von zwei Taktzyklen aufweisen.

## CL3
Cache Latency 3

Bezeichnung von Speichermodulen, die beim Zugriff auf einzelne Speicherzellen nach erfolgter Auswahl der Zeile (RAS) und Spalte (CAS) innerhalb der Zellenmatrix eine Verzögerung von drei Taktzyklen aufweisen.

## CLF
Common Logfile Format

Vom W3C-Konsortium vorgeschlagenes Standardformat für Logdateien von Webservern.

## CLI
Command Line Interface

Zeichen- und zeilenorientiertes User-Interface eines Rechnerbetriebssystems ohne grafische Oberfläche.

## CLI
Common Language Infrastructure

Von Microsoft definierte und inzwischen von der ECMA standardisierte Infrastruktur für die .NET-Sprache C#.

## CLIP
Calling line identification presentation

Funktion in Telefonnetzen, die die Anzeige der Rufnummer des anrufenden Teilnehmers ermöglicht. Voraussetzung hierfür ist, dass das Endgerät CLIP unterstützt und der Anrufer die Übermittlung seiner Rufnummer hat freischalten lassen.

## CLIR
Calling line identification restriction

Funktion in Telefonnetzen, bei der die Anzeige der Rufnummer des Anrufenden bei einzelnen Anrufen gezielt unterdrückt werden kann.

## CLP
Cell Lost Priority

Teil des ATM-Headers, der zur wiederholten Sendung fehlerhaft übermittelter Daten gesetzt werden muss.

## CLR
Common Language Runtime

Laufzeitumgebung für .NET-Programme. Bestandteil der Common Language Infrastructure (CLI) von Microsoft.

## CLS
Common Language Specification

Spezifikation im Rahmen der .NET-Strategie von Microsoft und Bestandteil der Common Language Infrastructure (CLI).

## CLS
Clear Screen

Anweisung, um in verschiedenen Programmiersprachen den Bildschirm zu löschen.

## CLT
Color Lookup Table

Siehe CLUT.

## CLUT
Color Lookup Table

Tabelle, in der Grafikprogramme verwendete Farben verwalten. Die Farbtabelle kann meist auch vom Benutzer separat gespeichert werden.

## CLV
Constant Linear Velocity

Englisch für »konstante Lineargeschwindigkeit«. Rotationsart bei CD-/DVD-Laufwerken, bei der für eine bestimmte Strecke der Datenspur immer die gleiche Zeit benötigt wird. Erreicht wird dies durch ständige Veränderung des Rotationstempos. Hierdurch ergibt sich über die gesamte CD eine konstante Datentransfergeschwindigkeit. Diese Abspielart muss zwingend bei Audio-CDs angewandt werden.

## CLX
Component Library for Cross (**X**) Platform

Plattformunabhängige Klassenbibliothek für Compiler der Firma Borland.

## .cm
Camerun

Top-Level-Domain für Kamerun.

## CMC
Coded Magnetic Character

Verfahren zur automatischen Beleglesung, bei dem Zeichen mit magnetisierbarem Farbstoff erstellt werden. Anhand der magnetischen Feldstärke können die Zeichen erkannt werden. Siehe auch: CMC-7, E 13 B.

## CMC-7
Coded Magnetic Character 7

Häufig verwendeter Schrifttyp bei der Beleglesung mittels CMC.

## CMD
Command

Englisch für »Befehl«. Auch Bezeichnung für den Kommandozeileninterpreter »CMD.EXE« von Windows 2000 und Windows XP.

## CMM
Color Management Module

Gerätespezifisches Profil zum Farbabgleich zwischen verschiedenen Ausgabegeräten, das von entsprechenden Farbmanagementsystemen (CMS) verwendet wird.

## CMOS
Complementary Metal Oxide Semiconductor

IC-Herstellungstechnik. Auch Bezeichnung für einen beschreibbaren Bereich des BIOS.

## CM
Content Management

Verwaltung von Inhalten, siehe CMS.

## CMS
Content Management System

Software, mit der bestimmte Inhalte verwaltet werden, z.B. Informationen innerhalb eines Intranets oder komplexe Websites. CM-Systeme ermöglichen auch unerfahrenen Anwendern, Informationen für andere zur Verfügung zu stellen und erfordern im Allgemeinen keinerlei Programmierkenntnisse.

## CMS
Color Management System

(Software-)System zur automatischen Angleichung von Farben beim Scannen, der Bildschirmdarstellung und dem anschließenden Druck. Erreicht wird dies meist durch Profile, die die Eigenschaften der unterschiedlichen Geräte beschreiben und dem CMS so eine Angleichung ermöglichen.

## CMY(K)
Cyan/Magenta/Yellow (/Black)

Farbmodell aus dem Druckbereich, bei dem sämtliche Mischfarben aus den Grundfarben Hellblau, Magenta, Gelb (und Schwarz) zusammengesetzt werden.

## .cn
China

Top-Level-Domain für China.

## CN
Common Name

Innerhalb der Novell Directory Services verwendeter Begriff, der den aktiven Kontext, also die Position innerhalb des Verzeichnisbaums beschreibt.

## CNA
Certified NetWare Administrator

Zusatzausbildung von Novell für Netzwerkspezialisten mit Schwerpunkt Netzwerkadministration. Die Durchführung der Prüfung erfolgt bei autorisierten Testcentern.

## CNE
Certified NetWare Engineer

Zusatzausbildung von Novell für Netzwerkspezialisten mit technischem Schwerpunkt. Die Durchführung der Prüfung erfolgt bei autorisierten Testcentern.

## CNI
Certified NetWare Instructor

Zusatzausbildung von Novell für Netzwerkspezialisten, die es dem Inhaber gestattet, selbst NetWare-Schulungen durchzuführen. Die Durchführung der Prüfung erfolgt bei autorisierten Testcentern.

## CNR
Communications Network Riser Card

Spezielle Zusatzkarte für PCs, die die Funktionen eines Modems und einer Netzwerkkarte vereint. Die Hauptlast trägt dabei der Prozessor des Computers, was einen recht einfachen und damit kostengünstigen Aufbau dieser Karten ermöglicht.

## CNS
CompuServe Network Services

Ehemalige Tochter des Onlinedienstes CompuServe (CIS), verantwortlich für die Bereitstellung und Wartung des Netzwerks. Mit der Übernahme von CompuServe durch AOL ging dieser Firmenzweig zusammen mit AOLs Netztochter ANS an das amerikanische Telekommunikationsunternehmen Worldcom.

## .co
Colombia

Top-Level-Domain für Kolumbien.

## CO
Controlling

Modul der betriebswirtschaftlichen Software R/3 von SAP mit dem Schwerpunkt Controlling.

## COAST
Cache On A Stick

Von Intel mit dem Pentium eingeführtes Steckmodul für den L2-Cache-Speicher. Inzwischen ist dieser Speicher im Die der CPU integriert.

## COBOL
Common Business Oriented Language

Ende der 50er Jahre in den USA entwickelte Programmiersprache der dritten Generation (prozedural), vorwiegend zur Lösung kaufmännischer Probleme geeignet. Vorteil der immer wieder totgesagten Sprache ist die Normung durch das ANSI-Institut (ANSI-68, ANSI-74 und zuletzt im Jahr 1985 ANSI-85) und die umfangreichen Möglichkeiten zur formatierten Ausgabe von Zahlenmaterial.

## CODASYL
Conference on Data System Languages

1959 gegründete Gruppierung, die maßgeblich zur Normierung von COBOL beigetragen hat.

## CODEC
Coder/Decoder

Chip oder Software-Modul, das Informationen in einer bestimmten Art und Weise codieren und auch decodieren kann.

## COLD
Computer Output on Laser Disc

Verfahren zur Ausgabe von Computerdaten auf Bildplatten, vorwiegend zur Archivierung.

## COLP
Connected line identification presentation

Rufnummernanzeige beim Weiterleiten eines Telefongesprächs, so dass der Anrufer auch beim Verbinden die Rufnummer seines neuen Gesprächspartners sehen kann.

## COLR
Connected line identification restriction

Im Gegensatz zu COLP wird hier die Rufnummer eines neuen Gesprächspartners unterdrückt, der Anrufer sieht weiterhin die Nummer seines ersten Gesprächspartners.

## .com
Commercial

Top-Level-Domain für Unternehmen.

## .COM
Command File

Dateiendung für ausführbare Dateien auf PCs mit den Betriebssystemen DOS/Windows. COM-Dateien können maximal 64 Kbyte groß sein.

## COM
Communications Port

Kurzbezeichnung für eine serielle Schnittstelle, beispielsweise COM1 für die erste RS232-Schnittstelle bei PCs.

## COM
Computer Output on Microfilm

Verfahren zur Ausgabe von Computerdaten auf Mikrofilm (»Fiches«), vorwiegend zur Archivierung.

## COM
Component Object Model

Software-Modell, bei der geeignete Programme über festgelegte Schnittstellen gemeinsam auf so genannte COM-Objekte zugreifen und die dort codierten Funktionen nutzen können. Die Windows-Techniken OLE und ActiveX basieren auf COM.

## COMAL
Common Algorithmic Language

Programmiersprache mit mathematischem Schwerpunkt.

## COMDEX
Computer Dealer's Exposition

Jährlich in den USA stattfindende IT-Messe.

## CompTIA
Computing Technology Industry Association

Unabhängiger Zusammenschluss von Herstellern aus der gesamten IT-Industrie.

## CON
Console

Englisch für »Konsole«. Bezeichnet die Funktionseinheit Bildschirm/Tastatur, auch zulässiger Gerätename unter MS DOS.

## COO
Chief Operating Officer

Aus dem Amerikanischen stammende Bezeichnung für einen ranghohen, leitenden Firmenmitarbeiter, der für das operative Geschäft zuständig ist.

## C. O. P.
CPU Overheat Protection

System des Mainboard-Hersteller Asus zur Vermeidung einer CPU-Überhitzung. Im schlimmsten Fall wird das System abgeschaltet, um den empfindlichen Prozessor zu schützen.

## CORBA
Common Object Request Broker Architecture

Software-Architektur für Client-/Server-Anwendungen, bei der die Kommunikation über eine standardisierte Komponente, den Object Request Broker (ORB) abgewickelt wird.

## COW
Character Oriented Windows

Zeichenorientierte Oberfläche von Microsoft. Die hierfür verwendeten Routinen sind angelehnt an CUA. Genutzt wurde diese Oberfläche z.B. in den DOS-Versionen der Textverarbeitung »Word«.

## CPA
Collaboration Protocol Agreements

ebXML-Spezifikation.

## cPCI
compact PCI

Raumsparende Abwandlung des PCI-Steckplatzformats für Industrie-PCs.

## CPH
Close packing honeycomb

Spezielle, besonders enge Anordnung der wabenförmigen Sensoren bei Digitalkameras der Firma Fuji mit »SuperCCD«-Sensor.

## cpi
characters per inch

Angabe der Druckdichte, die besagt, wie viele Zeichen pro Zoll (=2,54 cm) nebeneinander gedruckt werden können.

## CP/M
Control Program/Monitor

Sehr erfolgreiches Betriebssystem für Mikrocomputer der Firma Digital Research. Basis hierfür waren Rechner mit den CPUs Z80 von Zilog bzw. 8080 von Intel.

## CPM
Critical Path Method

In der Projektplanung verwendete Methode. Im Vordergrund der Betrachtung stehen hier Prozessschritte, die den gesamten zeitlichen Verlauf des Projekts gefährden können.

## .CPP
C ++ (Plus Plus)

Übliche Dateiendung für einen in der Programmiersprache C++ verfassten Quellcode.

## CPP
Collaboration Protocol Profiles

ebXML-Spezifikation.

## cps
characters per second

Angabe der Druckgeschwindigkeit, die besagt, wie viele Zeichen pro Sekunde gedruckt werden können.

## CPU
Central Processing Unit

Englische Bezeichnung für den Mikroprozessor, also den zentralen Steuerbaustein eines Rechnersystems.

## CPUID
Central Processing Unit Identifier

Von Intel eingeführte, eindeutige Seriennummer jedes Prozessors. Ursprünglich zur Absicherung von E-Commerce-Transaktionen gedacht, ist diese Nummer von Datenschützern unter Beschuss geraten und kann inzwischen im BIOS eines PC deaktiviert werden.

## .cr
Costa Rica

Top-Level-Domain für Costa Rica.

## CR
Carriage Return

Englisch für »Wagenrücklauf« (Schreibmaschine). Erzwingt ein Positionieren der Schreibmarkierung bzw. des Druckkopfs an den Anfang einer Zeile.

## CR123A
Langlebiger Lithium-Batterie-Typ mit einer Nennspannung von 3 Volt. Abmessungen: Durchmesser 17 mm x Höhe 34 mm. In den USA lautet die Bezeichnung DL123A.

## CR2016
Lithium-Knopfzelle.

## CR2032
Lithium-Knopfzelle. Kommt auf vielen PC-Mainboards als Pufferbatterie für das CMOS-RAM zum Einsatz.

## CRC
Cyclic Redundancy Check

Rechenalgorithmus, um beispielsweise fehlerhafte Daten auf Festplatten zu erkennen. Die CRC-Prüfsumme wird dabei vom Empfänger (z.B. Computer) errechnet und mit der auf dem Datenträger bereits vorhandenen verglichen. CRC ist nicht in der Lage, gefundene Fehler auch zu korrigieren.

## C-RET
Color Resolution Enhancement Technology

Technik von HP zur Verbesserung der Qualität der hauseigenen Tintenstrahldrucker durch Verwendung unterschiedlich großer Tintentropfen.

## CRL
Certificate Revocation List

Regelmäßig veröffentlichte Liste von Zertifikats-Vergabestellen (CA), die insbesondere das Ablaufdatum aller ausgegebenen Zertifikate beinhaltet. Nach Ablauf werden die Zertifikate als nicht mehr vertrauenswürdig eingestuft.

## CRLF
Carriage Return Line Feed

Häufig verwendete Kombination der Steuerzeichen CR und LF, beispielsweise um einen Zeilendrucker dazu zu veranlassen, das Papier um eine Zeile nach vorn zu bewegen (LF) und den Druckkopf wieder an den Zeilenanfang zu positionieren (CR).

## CRM
Customer Relationship Management

Software-System, mit dem sämtliche relevanten Kundeninformationen abgebildet werden können. CRM-Systeme dienen häufig als Basis für vertriebliche Aktivitäten, aber auch Umfragen, Mailingaktionen usw.

## CRT
Cathode Ray Tube

Englisch für »Kathodenstrahlröhre«. Bezeichnung für den Röhren-Monitor eines Computersystems.

## CR-V3
Im Fotobereich verwendete Lithium-Batterie mit den Abmessungen 52 x 14 x 28 mm und einer Spannung von 3 Volt.

## CS
Code Segment

Bestandteil eines Programmcodes, der die Anweisungen beinhaltet.

## C/S
Client/Server

Kurzbezeichnung für eine Technik, bei der Anwendungen in mehrere logische Schichten geteilt werden. Die eigentliche Verarbeitung übernimmt die serverbasierte Schicht, während sich die Client-Applikation größtenteils nur um die Darstellung kümmert.

## CSA
Canadian Standards Association

Kanadische Normungsorganisation, vergleichbar dem Deutschen Institut für Normung (DIN).

## CSD
Circuit Switched Data

Datenübertragungsverfahren in Mobilfunknetzen und Vorgänger von HSCSD mit einer maximalen Datenübertragungsrate von 9,6 Kbit/s.

## CSEL
Cable Select

Signal bei IDE-Geräten zum Festlegen der Reihenfolge der zwei maximal pro Strang möglichen Komponenten. Mit Cable Select erübrigt sich das immer wieder zu Problemen führende Konfigurieren der Geräte als »Master« oder »Slave« mittels Steckbrücken (Jumpern).

## CSID
Caller Station Identification

Eindeutige Rufnummer eines Telekommunikationsgeräts (z.B. Fax), die bei der Kommunikation übermittelt und per Software ausgewertet werden kann.

## CSMA/CD
Carrier Sense Multiple Access/Collision Detection

Das Kollisionsverfahren regelt die Datenübertragung im Ethernet. Die Workstation sendet dabei ein Datenpaket zu einem anderen Rechner. Sendet zeitgleich ein anderer Rechner, kommt es zu einer Kollision, die erkannt wird. Beide Rechner werden hierüber informiert und stellen das Senden ein. Nach einer zufälligen Zeitspanne senden sie erneut. Nachteil dieses Verfahrens ist, dass die verfügbare Bandbreite mit zunehmender Anzahl Workstations stark abnimmt, da immer mehr Kollisionen auftreten.

## CSMA/PA
Carrier Sense Multiple Access/Positive Acknowledgement

Zugriffsverfahren innerhalb von Netzwerken, bei der nach dem Sendevorgang zwingend eine Empfangsbestätigung erfolgen muss. Erst danach dürfen die anderen Workstations wieder senden.

## CSNet
Computer Science Network

1981 aufgebautes logisches Netzwerk, das in den USA Universitäten und Forschungseinrichtungen verbindet. Die Grundlage des Netzes bildet das TCP/IP-Protokoll.

## CSNW
Client Service for NetWare

Dienst auf Windows-NT- und Windows-2000-Arbeitsstationen zur Integration in ein auf Novells »NetWare« basierendes Netzwerk.

## CSR
Certificate Signing Request

Anforderung eines serverspezifischen Zertifikats für SSL-Verschlüsselung bei einer autorisierten Zertifizierungsstelle.

## CSS
Content Scrambling System

Bei DVDs verwendetes System zur Verschlüsselung der gespeicherten Informationen.

## CSS (HTML)
Cascading Stylesheets

Vom W3C entwickelte Ergänzung zu HTML, die – eingebettet in den HTML-Code oder in separaten Dateien – Formatierungsinformationen aufnimmt. Ähnlich wie mit Formatvorlagen können dann Webseiten auf eine einheitliche Formatierung zurückgreifen, die auch zentral geändert werden kann.

## CSS$_1$
Cascading Stylesheets 1

Siehe CSS (HTML).

## CSS2
Cascading Stylesheets 2

Siehe CSS (HTML).

## CSV
Comma Separated Values

Häufig verwendetes Daten-Austauschformat, bei dem jeder Datensatz in einer einzelnen Zeile steht. Die einzelnen Datenfelder werden dabei jeweils durch ein Komma getrennt.

## CT
Computer Tomography oder Computertomografie

Schichtweises Röntgenverfahren. Mit Computerhilfe werden die einzelnen Aufnahmen dann zu einem dreidimensionalen Bild umgesetzt.

## CT1
Cordless Telephone 1

Übertragungsstandard für schnurlose Telefone, der heute nicht mehr verwendet wird.

## CT1 Plus
Cordless Telephone 1+

Verbesserung des CT1-Übertragungsstandards für schnurlose Telefone. CT1+-Telefone senden mit deutlich schwächeren analogen Wellen und nur dann, wenn auch wirklich telefoniert wird.

## CT2
Cordless Telephone 2

Ähnlich wie der CT1+-Standard für schnurlose Telefone. Bei CT2 werden aber digitale Wellen für die Übertragung zwischen Mobilteil und Basisstation verwendet.

## CTI
Computer Telephony Integration

Bezeichnung für die Integration von Telefon und Computer. Dies ermöglicht Funktionen wie automatisiertes Wählen, Anzeigen von Kundendaten bei Rufnummernübermittlung des Anrufers usw.

## CTL
Certificate Trust List

Liste mit vertrauenswürdigen digitalen Zertifikaten.

## CTL
Control

Englisch für »Steuerung«.

## CTO
Chief Technical Officer

Aus dem Amerikanischen stammende Bezeichnung für einen ranghohen, leitenden Firmenmitarbeiter, der insbesondere mit technischen Dingen befasst ist, also beispielsweise der Entwicklung und Produktion neuer Geräte.

## CTP
Computer to Plate

Herstellung von Druckplatten unmittelbar aus dem Computer heraus.

## CTP
Cordless Telephony Profile

Spezielles Bluetooth-Profil, das das Einbinden von Bluetooth-Endgeräten in die Welt schnurloser DECT-Telefone ermöglicht.

## CTRL
Control

Englische Beschriftung der STRG-Taste (für »Steuerung«).

## CTS
Clear to Send

Signal, das das Modem an den angeschlossenen PC sendet, um ihm mitzuteilen, dass Daten gesendet werden können.

## .cu
Cuba

Top-Level-Domain für Kuba.

## CU
(C) See you (u)

Häufig in Chats verwendete Kurzform bei der Verabschiedung für »Wir sehen uns!«.

## CUA
Common User Access

Von IBM vorgestellte Richtlinie zur einheitlichen Gestaltung von Benutzeroberflächen. CUA ist Teil von IBMs SAA.

## CUG
Closed User Group

Englisch für »geschlossene Benutzergruppe«. Nur für einen ausgewählten Personenkreis erreichbares System oder Forum.

## CUI
Character User Interface

Zeichenorientierte Benutzeroberfläche ohne grafische Elemente.

## CUPS
Common Unix Printing System

Auf dem Internet Printing Protocol (IPP) basierendes System zur vereinfachten Druckeransteuerung unter Linux.

## CURAC
Deutsche Gesellschaft für Computer- und Robotergestützte Chirurgie e. V.

Vereinigung von Medizinern und IT-Spezialisten, die sich mit der Simulation von Operationen und Möglichkeiten der Unterstützung durch Computer- und Robotersysteme befasst.

## .cv
Cap Verde

Top-Level-Domain für die Kapverdischen Inseln.

## CV
Concurrent Version

siehe CVS

## CVS
Concurrent Version System

Meist Datenbank-basierte Software, die verschiedene Versionen von Dateien archivieren, verwalten und zur Verfügung stellen kann. Insbesondere bei der Software-Entwicklung in Teams sind CV-Systeme eine große Hilfe.

## CW
Call waiting

Anklopfen-Signal bei ISDN, wenn bei einer bestehenden Telefonverbindung ein weiterer Teilnehmer anruft.

## CWIS
Campus Wide Information System

An der Universität von Minnesota entwickelter Vorläufer des Gopher-Dienstes, der Informationen zentral für Studenten und Wissenschaftler verfügbar macht.

## .cx
Christmas Islands

Top-Level-Domain für die Weihnachtsinseln.

## cx
change context

Befehl, um innerhalb der baumartigen Struktur der Novell Directory Services den Kontext zu wechseln, also in eine andere Hierarchieebene zu wechseln.

## .cy
Cyprus

Top-Level-Domain für Zypern.

## .cz
Czech Republic

Top-Level-Domain für die Tschechische Republik.

# D

## D3D
Direct 3D

Grafikschnittstelle von MS Windows, die dem Programmierer insbesondere 3D-Funktionalitäten zur Verfügung stellt.

## DA
Digital Analog

Kurzbezeichnung für die Umsetzung digitaler Signale in analoge Wellen.

## DA
Data Area

Bereich einer CD-MRW, der zur Speicherung von Daten genutzt wird.

## DAB
Digital Audio Broadcast

Ausstrahlung eines digitalen Audiosignals für Radiosendungen.

## DAC
Digital-Analog-Converter

Baustein, der digitale Impulse in analoge Signale umwandelt, beispielsweise auf einer Grafikkarte zur Ansteuerung eines analogen Monitors.

## DAE
Digital Audio Extraction

Direktes, digitales Auslesen von Audioinformationen auf einer CD, ohne die Daten per DAC/ADC in analoge und dann wiederum in digitale Signale umzuwandeln.

## DAEMON
Disk and Execution Monitor

Unter Unix/Linux im Hintergrund aktives Programm (Dienst), das Anforderungen, Zustandsänderungen oder Ergänzungen ständig überwacht und im Bedarfsfall bestimmte Aktionen auslöst. Vergleichbar mit den Services unter Windows.

## DAO
Disc-at-once

Schreibmodus eines CD-Brenners, bei dem die komplette CD in einem Zug, ohne Absetzen des Laserstrahls beschrieben wird. Hierbei werden Lücken zwischen den einzelnen Titeln (besonders wichtig für Musik-CDs) vermieden. Gegenteil: TAO.

## DARPA
Defense Advanced Research Project Agency

Organisation, die für den Aufbau des ARPANET verantwortlich war.

## DASD
Direct Access Storage Device

Massenspeicher, der direkten Zugriff auf einzelne Dateien bzw. Datensätze erlaubt, z.B. Diskette oder Festplatte.

## DAT
Digital Audio Tape

Ursprünglich aus dem Audio-Bereich stammendes Magnetband mit Schrägspuraufzeichnung, das zur Datensicherung verwendet wird.

## DATEV
Datenverarbeitung

Dienstleistungs-Rechenzentrum für steuerberatende Berufe mit Sitz in Nürnberg. Die DATEV bietet den angeschlossenen Partnern Leistungen wie Personalabrechnung und Buchhaltung vor allem für mittelständische Betriebe an.

## DATEX
Data Exchange

Digitales Datenübertragungsnetz der Telekom.

## DATEX-L
Data Exchange Line-switching

Kommunikationsnetz der Deutschen Telekom, bei der im Gegensatz zu DATEX-P eine direkte Punkt-zu-Punkt-Verbindung zwischen zwei Geräten aufgebaut wird.

## DATEX-P
Data Exchange Packet-switching

Innerhalb dieses Telekom-Netzes werden Daten paketweise übertragen, entscheidend für die Abrechnung ist die Datenmenge, nicht die hierfür benötigte Übertragungszeit.

## DAU
Dümmster anzunehmender User

Größter »Feind« des Computerexperten: der unerfahrene Anwender.

## DB
Database/Datenbank

Sammlung logisch zusammengehöriger, gleichartig strukturierter Informationen.

## DB2
Database 2

Skalierbare Datenbank von IBM, die es für viele verschiedene Betriebssysteme gibt, z.B. OS/390, Unix, Linux und MS Windows 2000.

## dB(A)
Dezibel (A)

Maßeinheit für den Schalldruck. Eine Erhöhung um 3 dB(A) entspricht etwa einer Verdoppelung der Lautstärke. Die Einheit dB(A) sagt allerdings nichts über die Art des Geräusches aus.

## DBA
Datenbankadministrator

Auf Datenbanken spezialisierter Administrator, der für die Vergabe von Rechten, die Systemwartung, Datensicherung und andere Aufgaben zuständig ist. Der DBA ist nicht unbedingt der Entwickler der von ihm betreuten Datenbanken.

## dBase
Database

Früher weit verbreitete relationale Datenbank der Firma Ashton Tate. Siehe auch .DBF

## .DBF
Database Format

Datenbankformat der Firma Ashton-Tate, das in der Datenbank dBase zum Einsatz kam. Das Format wird auch heute noch als universelles Austauschformat zwischen verschiedenen Programmen verwendet.

## DBMS
Database Management System

Software, mit der Datenbanken erstellt, manipuliert und verwaltet werden können. Basis für diese Operationen ist eine datenbankspezifische »Data Definition Language« (DDL) sowie die »Data Manipulation Language« (DML).

## DBS
Datenbanksystem

Ein Datenbanksystem ist eine Einheit, bestehend aus einem Datenbankmanagementsystem (DBMS) und mindestens einer Datenbank.

## DBUG
Deutsche Baan User Group

Interessengemeinschaft von Nutzern der betriebswirtschaftlichen Software der Firma Baan in Deutschland.

## DC
Direct Current

Englisch für »Gleichstrom«.

## DC
Download Center

Zentrale Webseite von Microsoft für Downloads zur gesamten Produktpalette.

## DCA
Document Content Architecture

Dateiformat von IBM, das einen Text mit Formatierungsinformationen enthält.

## DCD
Data Carrier Detect(ed)

siehe CD (Carrier Detect)

## DCDM
Digital Cinema Distribution Master

Digitale Filmvorlage, die an die Kinos herausgegeben wird. Erzeugt wird diese Vorlage aus dem Digital Source Master (DSM).

## DCE
Distributed Computing Environment

Software-Sammlung mit Werkzeugen zur Entwicklung verteilter Anwendungen.

## DCE
Data Communications Equipment

Einrichtung zur Datenübertragung, z.B. ein Modem.

## DCF
Design Rule for Camera File System

Richtlinie für ein herstellerunabhängiges Dateisystem bei Digitalkameras, unabhängig vom verwendeten Speichermedium.

## DCI
Display Control Interface

Windows-Schnittstelle, die ein direktes Schreiben in den Speicher einer Grafikkarte erlaubt. Inzwischen abgelöst vom Direct Draw Interface (DDI).

## DCLZ
Data Compression Lempel Ziv

Häufig bei Streamern zum Einsatz kommender Kompressionsalgorithmus, benannt nach den Entwicklern Lempel und Ziv.

## DCOM
Distributed Component Object Model

Erweiterung des COM-Modells, bei dem die COM-Objekte auch auf verteilten Rechnern liegen können.

## DCT
Discrete Cosine Transformation

Spezielle mathematische Fähigkeit von Grafikprozessoren (GPUs), die eine qualitativ hochwertige, flüssige Wiedergabe von DVD-Filmen am PC gestattet.

## ‹dd›
definition definition

HTML-Tag zur logischen Auszeichnung von Definitionen innerhalb eines Texts.

## DD
Dolby Digital

Von den Dolby Laboratories entwickeltes Tonformat. Siehe auch AC3.

## DD
Data Dictionary

Tabellen innerhalb von Datenbanken, die Informationen über den Aufbau und die Struktur der Datenbank selbst enthalten.

## DD
Double Density

Handelsbezeichnung für Disketten. 3 1/2"-DD-Disketten besitzen pro Seite 80 Spuren mit jeweils neun Sektoren pro Spur.

## DDC
Display Data Channel

Steuerleitung, mit der ein Bildschirm Signale an den Rechner schicken kann. So wird es möglich, angeschlossene Monitore automatisch zu erkennen und korrekt zu konfigurieren.

## DDC-1
Display Data Channel – 1

Von der VESA standardisierte Signale zwischen Grafikkarte und Monitor, die beispielsweise das automatische Erkennen des Bildschirms und somit das Einstellen einer korrekten Bildwiederholfrequenz ermöglicht.

## DDC-2B
Display Data Channel – 2B

Weiterentwicklung des DDC-1-Standards.

## DDE
Dynamic Data Exchange

Der »dynamische Datenaustausch« ermöglicht es, Daten zwischen unterschiedlichen Programmen auszutauschen, und wurde mit Windows 3.0 eingeführt. Damit ist es beispielsweise möglich, eine Verknüpfung zwischen einem Word-Dokument und einer Excel-Tabelle zu erstellen. Heute von OLE abgelöst.

## DDES
Digital Data Exchange Standard

ISO/ANSI-Standard für den reibungslosen Datenaustausch zwischen optischen Geräten verschiedener Hersteller, wie z.B. Kameras.

## DDI
Direct Draw Interface

Windows-Schnittstelle, die ein direktes Schreiben in den Speicher einer Grafikkarte erlaubt.

## DDL
Data Definition Language

Spezielle Sprache zur Definition von Datenstrukturen innerhalb eines Datenbankmanagementsystems (DBMS). SQL enthält beispielsweise DDL-Anweisungen zum Anlegen von Tabellen u.a.

## DDoS
Distributed Denial of Service Attack

Zeitgleich von vielen verschiedenen Rechnern ausgeführte Attacke gegen Internet-Server. Durch die durch viele tausend Anfragen erzeugte Last bricht schließlich der Dienst auf dem Server zusammen und verweigert jegliche weitere Kommunikation. Zur Behebung muss der Server neu gestartet werden. Urheber einer DDoS-Attacke kann z.B. ein Computervirus sein, der sich auf vielen Rechnern mit Internetanbindung eingenistet hat.

## DDP
Datagram Delivery Protocol

Protokoll aus der AppleTalk-Welt zur korrekten Adressierung von Datenpaketen.

## DDR
Double Data Rate

RAM-Bausteine, die beim Speicherzugriff den doppelten Datendurchsatz erreichen, da mit jedem Zyklus zwei Datenblöcke übertragen werden.

## DDS
Digital Data Storage

Standard für DAT-Streamerbänder.

## DDS-2
Digital Data Storage 2

DAT-Streamerbänder, die bei einer Länge von 120 Metern vier GB (90-Meter-Bänder: zwei GB) Daten speichern können. Da die Hersteller von einer Datenreduktion durch Kompressionstechniken um 50 % oder mehr ausgehen, werden diese Bänder oft auch mit acht oder sogar 16 GB (90-Meter-Bänder: vier bis acht GB) Speicherkapazität angegeben.

## DDS-3
Digital Data Storage 3

Weiterentwicklung von DDS-2 mit einer Speicherkapazität von bis zu 24 GB.

## DDS-DC
Digital Data Storage – Data Compression

Bei DAT-Streamern verwendete Hardware-Datenkompression, die oft per Jumper am Gerät aktiviert werden muss.

## DDV
Datendirektverbindung

Bezeichnung für eine digitale Standleitung der Deutschen Telekom.

## DDWG
Digital Display Working Group

Zusammenschluss von Herstellern (u.a. Intel, HP, Fujitsu), die eine gemeinsame Spezifikation zur Ansteuerung hoch auflösender digitaler Displays erarbeitet.

## .de
Deutschland

Top-Level-Domain für Deutschland.

## DEC
Digital Equipment Corporation

Amerikanischer Computerhersteller, der vor allem durch die VAX-Rechner und den Alpha-Chip bekannt geworden ist.

## DE-CIX
Deutscher Commercial Internet Exchange

Zentraler deutscher Peering-Point zum Datenaustausch zwischen verschiedenen Internet-Providern in Frankfurt. Siehe auch CIX

## DECT
Digital European Cordless Telecommunications

Europäischer Standard für die verschlüsselte digitale Übertragung von Telefongesprächen mittels schnurloser Telefone.

## del
delete

DOS-Befehl zum Löschen von Dateien.

## DEL
Delete

Englisch für »Entfernen«. Entspricht auf englischen Tastaturen der »Entf«-Taste, mit der im Allgemeinen Zeichen, die rechts vom Cursor stehen, gelöscht werden können.

## DeNIC
Deutsches NIC

Zentrale deutsche Vergabestelle für Internet-Adressen mit der Top-Level-Domain .de. Die DeNIC eG ist eine Genossenschaft mit Sitz in Frankfurt am Main, Mitglieder sind verschiedene Internet Service Provider.

## DES
Data Encryption Standard

1977 in den USA genormter symmetrischer Verschlüsselungsalgorithmus. Bei einem zu kurzen Schlüssel ist DES heute mit vertretbarem Aufwand zu entschlüsseln, empfohlen werden Schlüssellängen von mindestens 128 Bit.

## DESX
Data Encryption Standard Extended

Erweiterung des Verschlüsselungsalgorithmus DES.

## DFKI
Deutsches Forschungszentrum für künstliche Intelligenz

Forschungseinrichtung für künstliche Intelligenz mit Standorten in Kaiserslautern und Saarbrücken.

## DFN
Deutsches Forschungsnetz

Verein, der in Deutschland ein Kommunikationsnetz für Bildungs- und Forschungseinrichtungen betreibt. Unter anderen betreut das DFN das Wissenschaftsnetz, an das über 500 Einrichtungen angeschlossen sind.

## DFP
Datenflussplan

Grafische Darstellung des Datenflusses (nicht der Logik) innerhalb einer Anwendung mittels genormter Symbole nach DIN 66001.

## DFS
Distributed File System

Dateisystem für Netzwerke, mit dem Dateien auch auf verteilten Rechnern verwaltet werden können.

## DFÜ
Datenfernübertragung

Übertragung von Daten über große Entfernungen, im Allgemeinen über Stand- oder Wählleitungen per ISDN oder Modem.

## DFV
Datenfernverarbeitung

Datenverarbeitung auf externen Systemen per DFÜ mittels einer Wählverbindung oder Standleitung.

## DH
Diffie-Hellman

Verschlüsselungsalgorithmus, der nach dem Public-Key-Prinzip arbeitet.

## DHCP
Dynamic Host Configuration Protocol

DHCP ermöglicht die automatische Konfiguration des TCP/IP-Protokolls. Eine Workstation erhält beispielsweise vom DHCP-Server eine eindeutige IP-Adresse dynamisch aus einem Pool zugewiesen.

## DHTML
Dynamic Hypertext Markup Language

Erweiterung der Internet-Seitenbeschreibungssprache HTML für interaktive bzw. dynamische Elemente auf Webseiten.

## DIB
Device Independant Bitmap

Englisch für »Geräteunabhängige Bitmap«. Dateiformat für Bildinformationen.

## DIB
Dual Independant Bus

Von Intel mit dem Pentium Pro eingeführte Auftrennung des Busses zum Speicher (FSB) und zum Cache (BSB).

## DIG
Digital Imaging Group

Organisation von Firmen aus dem Bereich der elektronischen Bildverarbeitung. Heute aufgegangen in der I3A.

## DIL
Dual in-Line

Chipgehäuse, bei dem auf beiden Längsseiten Kontakte herausgeführt sind.

## D-ILA
Direct Image Light Amplifier

Weiterentwicklung der Projektoren mit ILA-Technik.

## DIMM
Dual in-Line Memory Module

168-poliges Speichermodul, das in modernen PCs den Arbeitsspeicher bildet. Mainboards können meist drei oder mehr dieser Module aufnehmen.

## DIN
Deutsches Institut für Normung e. V.

Deutsche Normungsorganisation mit Sitz in Berlin. Das DIN ist auch Mitglied der internationalen Normungsorganisation ISO.

**DINI**
Deutsche Initiative für Netzwerkinformationen

Projekt der Deutschen Forschungsgemeinschaft zum Thema elektronisches Publizieren im Wissenschaftsbereich.

**DIP**
Dual in-Line Package

IC-Gehäusetyp mit parallel angeordneten Kontakten auf zwei Seiten.

**dir**
directory

MS-DOS-Befehl zum Anzeigen des gesamten Inhalts eines Ordners. Dabei werden neben Datei- bzw. Ordnernamen auch weitere Informationen wie Größe, Erstellungsdatum usw. aufgeführt.

**‹div›**
division

Englisch für »Abschnitt«. HTML-Tag zum Einschließen eines zusammengehörigen (Text-)Bereichs. Für diesen kann dann z.B. eine gemeinsame Formatierung o.Ä. festgelegt werden.

**DIX**
Digital, Intel, Xerox

Nach den Entwicklern benanntes Steckersystem.

**.dj**
Djibouti

Top-Level-Domain für Dschibuti.

**.dk**
Danmark

Top-Level-Domain für Dänemark.

## D-Kanal
Daten-Kanal

Steuerkanal bei ISDN, der für den korrekten Auf- und Abbau einer Verbindung verwendet wird. Der D-Kanal bietet eine Übertragungsrate von 16 Kbit/s.

## DKRZ
Deutsches Klimarechenzentrum

Großes Rechenzentrum mit dem Schwerpunkt Klimaforschung, bekannt vor allem für die dort verwendeten Hochleistungsrechner. Sitz des DKRZ ist Hamburg.

## <dl>
definition list

HTML-Tag für die Erstellung von Definitionslisten. Dazu gehören auch die Tags <dd> und <dt>.

## DLC
Data Link Control

Steuerung der Datenverbindung innerhalb von Netzwerken auf Ebene der Sicherungsschicht (Data Link Layer).

## DLD
Deutsche Linux Distribution

Linux-Distribution, inzwischen vom Konkurrenten RedHat übernommen.

## DLL
Dynamic Link Library

Von Windows bekannte Programmbibliotheken. Diese enthalten Programmteile, die von mehreren Anwendungen genutzt werden können.

## DLL
Digitally Locked Loop

Schaltung innerhalb von DDR-RAM-Bausteinen, die das Taktsignal wieder regeneriert.

## DLP
Digital Light Processing

Von Texas Instruments entwickelte Technik für Beamer, bei der das Licht mittels eines mit kleinen Spiegeln besetzten Bausteins (DMD) umgelenkt und auf eine Leinwand projiziert wird.

## DLT
Digital Linear Tape

Bezeichnung für eine von der Firma Quantum entwickelte Streamer-Technik bzw. die für die passenden Bänder dazu. Aufgrund der hohen Speicherkapazitäten des ½" breiten Bands besonders für professionelle Anwender geeignet.

## .dm
Dominica

Top-Level-Domain für Dominica.

## DMA
Direct Memory Access

Englisch für »direkter Speicherzugriff«, d.h., Daten werden direkt ohne Umweg über den Prozessor von einer Komponente zu einer anderen übertragen, z.B. zwischen SCSI-Hostadapter und Hauptspeicher. Die Kommunikation findet über so genannte DMA-Kanäle statt und belastet den Prozessor nicht.

## DMARQ
Direct Memory Access Request

Steuersignal zum Einleiten eines direkten Lesevorgangs aus dem Arbeitsspeicher eines Computers ohne Beteiligung der CPU.

## DMCA
Digital Millenium Copyright Act

US-amerikanische Rechtsvorschrift, die sich z.B. mit dem Urheberrecht und der freien Meinungsäußerung, insbesondere bei den modernen digitalen Medien befasst.

## DMD
Digital Micromirror Device

Miniaturspiegel bei Projektoren in DLP-Technik, die das Licht umlenken und auf eine Leinwand projizieren.

## DMI
Desktop Management Interface

Konzept zur zentralen Verwaltung aller an ein Netzwerk angeschlossenen Komponenten und Systeme von einem Arbeitsplatz aus.

## DML
Data Manipulation Language

Sprache zur Manipulation von Datenbeständen innerhalb eines Datenbankmanagementsystems (DBMS). Beispiel: SQL.

## DMMV
Deutscher Multimedia Verband e. V.

1995 gegründeter Zusammenschluss von Firmen aus dem Internet- und Multimediabereich mit Sitz in Düsseldorf.

## DMS
Dokumentenmanagement-System

System bestehend aus Software und Hardware zur elektronischen Erfassung, Speicherung und dauerhaften Archivierung von Dokumenten.

## DMT
Discrete Multi-Tone

Bei ADSL-Datenübertragung verwendetes Modulationsschema.

## DMTF
Distributed Management Task Force

Früher »Desktop Management Task Force« genannter Zusammenschluss von Computerherstellern mit dem Ziel, ein vereinfachtes Management für Computer und Komponenten in verteilten Umgebungen zu entwickeln und zu vereinheitlichen.

## DMTF
Discrete Multi-Tone Frequency

Englische Bezeichnung für das Mehrfrequenz-Wahlverfahren (MFV).

## DMZ
Demilitarized Zone

Englisch für »demilitarisierte Zone«. Eine vom internen LAN getrennte Zone, die von außen erreichbar ist. In der DMZ werden z.B. Webserver positioniert, das dahinter liegende LAN wird durch ein Firewall-System vor Zugriffen geschützt.

## DNA
Distributed InterNet Applications (Architecture)

Software-Architektur von Microsoft auf Basis von MS Windows 2000 zur Entwicklung von Unternehmenslösungen auf verteilten Systemen.

## DNS
Domain Name System

DNS-Server verwalten Adresstabellen, mit deren Hilfe sie Internet-URLs wie »http://www.mitp.de« in die korrekten IP-Adressen umsetzen. Da kein DNS-Server sämtliche URLs »kennt«, sind diese untereinander verbunden und reichen Anfragen zu ihnen unbekannten URLs weiter an übergeordnete Server (»Kaskadierung«).

## .do
Dominican Republic

Top-Level-Domain für die Dominikanische Republik.

## .DOC
Document

Häufig verwendete Dateiendung für ein (formatiertes) Textdokument, z.B. bei MS Word.

## DoD
Department of Defense

Kurzbezeichnung für das US-Verteidigungsministerium.

## DOD
Drop on Demand

Bei heutigen Tintenstrahldruckern angewendetes Druckverfahren, bei dem lediglich bei Bedarf Tintentropfen erzeugt werden. Dies spart Tinte, die bei der vorherigen Technik dauerhaft ausgestoßen und in einem Restbehälter aufgefangen werden musste.

## DoS
Denial of Service Attacke

Attacke gegen Internet-Server, die eine Flut von Anfragen generiert, unter deren Last Systeme zusammenbrechen können. In diesem Fall hilft häufig nur ein Neustart des Systems.

## DOS
Disk Operating System

Betriebssystem auf Diskettenbasis bzw. allgemein auf Basis eines wechselbaren Datenträgers.

## DP
Data Processing

Englischer Begriff für »Datenverarbeitung«.

## DPAM
Demand Priority Access Method

Beim Netzwerkstandard 100Base VG verwendetes Zugriffsverfahren, das für eine angepasste Verteilung der Netzlast sorgt. Anwendungen mit höherer Priorität (z.B. Multimedia) können so beispielsweise einen größeren Teil der Bandbreite beanspruchen.

## DPF
Discrete Packet Format

Von VXA-Streamern verwendetes Verfahren der Datenaufzeichnung. Die Datenkonsistenz wird dabei durch einen Error Correction Code (ECC) sichergestellt.

## dpi
dots per inch

Wörtlich: »Punkte pro Zoll«. Gibt an, wie viele Punkte ein Drucker auf einem Zoll (=2,54 cm) nebeneinander drucken kann, und ist somit ein Maß für die Druckqualität. Moderne Laserdrucker erreichen heute bis zu 1.200 dpi.

## DPL
Digital Power Line

Technik zur Datenübertragung mit Hilfe normaler Stromkabel. Die Daten werden dabei in einem separaten Frequenzbereich übermittelt und müssen mittels eines Splitters herausgefiltert werden. Da sich viele Nutzer die gesamte Bandbreite von 1 bis 2 Mbit/s teilen müssen, ist der tatsächliche Datendurchsatz wesentlich niedriger.

## DPMI
DOS Protected Mode Interface

Verfahren, um unter DOS den eigentlich nicht zugänglichen Protected Mode der Intel-Prozessoren anzusprechen. Nur im Protected Mode kann der gesamte Speicher des Rechners linear adressiert werden, d.h. die ursprünglich vorhandenen 640-Kbyte-Barriere entfällt.

## DPMS
Display Power Management Signaling

Stromspar-Empfehlung für Monitore, herausgegeben vom VESA-Konsortium. Dabei wird dem Bildschirm durch festgelegte Signale die Inaktivität des angeschlossenen Rechners übermittelt und er kann in einen stromsparenden Modus umschalten.

## DPOF
Digital Print Order Format

Von Digitalkameras in einer separaten Datei abgelegte Zusatzinformationen, die von entsprechenden Druckern/Fotolaboren genutzt werden können. Hinterlegt werden kann beispielsweise die Anzahl der gewünschten Abzüge.

## DPU
Data Path Unit

Schnittstelle zwischen Arbeitsspeicher und PCI-Bus, über die die eigentliche Datenübertragung stattfindet.

## DQDB
Distributed Queue Dual Bus

Nach IEEE 802.6 genormte Art der Datenübertragung in Metropolitan-Area-Netzwerken (MAN).

## DRAM
Dynamic Random Access Memory

Typ von RAM-Speicherbausteinen, die in bestimmten Zeitabständen (»Zyklen«) aufgefrischt werden müssen (sog. »Refresh«), da sonst der Speicherinhalt verloren geht.

## DR-DOS
Digital Research DOS

Voll kompatibler Klon des PC-Betriebssystems MS DOS von der Firma Digital Research.

## DRM
Digital Rights Management

Software bzw. allgemeine Maßnahmen, die die Einhaltung von Urheberrechten auch bei digitalem Material wie Musik sicherstellen soll, indem beispielsweise ein Kopieren verhindert wird.

## DRM-OS
Digital Rights Management Operating System

Betriebssystem, das Funktionen zur Einhaltung des Urheberschutzes (DRM) integriert.

## .DRW
Drawing

Von der Forma Micrografx im Programm »Designer« verwendetes Dateiformat zur Speicherung von Vektorgrafiken.

## DS
Data Segment

Bestandteil eines Programmcodes, der die zur Ausführung notwendigen Daten beinhaltet.

## DSB
Datenschutzbeauftragter

Person, die auf die Einhaltung des Bundesdatenschutzgesetzes und ähnlicher Rechtsvorschriften beim Umgang mit Daten zu achten hat.

## DSC
Digital Still Camera

Bezeichnung für Kameras von Sony bzw. oft im Dateinamen von Digitalkamera-Bildern anzutreffende Zeichenkette, z.B. »DSCxxxxx.jpg«.

## DSL
Digital Subscriber Line

Datenübertragungstechnik, die eine analoge oder digitale Telefonleitung nutzt. Da DSL die Daten in einem anderen Frequenzbereich übermittelt, ist der Telefonanschluss weiterhin voll nutzbar. Voraussetzung für DSL ist die räumliche Nähe zu einer entsprechend ausgerüsteten Ortsvermittlung und die Nutzung normaler (Kupfer-)Kabel.

## DSLAM
Digital Subscriber Line Access Multiplexer

In der Vermittlungsstelle befindliches Gegenstück zum DSL-Modem beim Anwender.

## DSM
Digital Source Master

Komplett digitale Filmvorlage, die als Grundlage für alle anderen Distributionsformate wie Kino, DVD usw. dient.

## DSOM
Distributed System Object Model

Erweiterung der SOM-Architektur, die kompatibel zum CORBA-Standard ist.

## DSP
Digital Signal Processor

Spezielle Prozessoren, die sehr schnell große Datenmengen, wie sie beispielsweise häufig im Multimedia-Bereich anfallen, verarbeiten können.

## DSR
Data Set Ready

Signal vom Modem an den eigenen Rechner, um die Funktionsbereitschaft anzuzeigen. Siehe auch: DTR.

## DSS
Decision Support System

DV-Anwendung zur Unterstützung des Managements bei anstehenden Entscheidungen.

## DSS1
Digital Subscriber Signaling (System) 1

Bei Euro-ISDN verwendetes Protokoll für den Steuerkanal. Europaweit einheitlicher Nachfolger des nationalen »1TR6«-Protokolls der Deutschen Telekom.

## DSSS
Direct Sequence Spread Spectrum

Übertragungstechnik für WLAN-Komponenten nach IEEE 802.11b im 2.4-GHz-Bereich.

## DST
Daylight Saving Time

Englische Bezeichnung für die Sommerzeit.

## <dt>
definition term

HTML-Tag, mit dem ein Begriff innerhalb einer Definitionsliste gekennzeichnet wird. Siehe auch <dl> und <dd>.

## DTA
Datenträgeraustausch

Abwicklung von Vorgängen, beispielsweise im Zahlungsverkehr nur durch Austausch von Datenträgern zwischen Großkunden und Banken.

## DTAG
Deutsche Telekom AG

Kurzbezeichnung der Deutschen Telekom AG.

## DTD
Document Type Definition

Definition am Anfang von SGML-, HMTL- bzw. XML-Dateien, die den genauen Dokumenttyp beschreibt. Die DTD legt beispielsweise fest, welche Tags mit welchen Attributen verwendet werden können.

## DTE
Data Terminal Equipment

Gegenstelle zum DCE bei der Datenübertragung, also ein Rechner.

## DTP
Desktop Publishing

Erstellen von Flyern, Broschüren, Magazinen usw. direkt am Computer. Die Daten können dann teilweise direkt von professionellen Druckmaschinen verarbeitet werden, das vorher übliche Setzen entfällt weitgehend.

## DTR
Data Terminal Ready

Signal, mit dem der Rechner einem angeschlossenen Modem seine Betriebsbereitschaft anzeigt.

## dts
Digital Theatre Sound

Digitales Tonformat mit sechs Kanälen, das auf DVD oft Verwendung findet.

## DUKPT
Derived Unique Key per Transaction

Bei POS-Terminals im Einzelhandel angewendetes Sicherheitsverfahren, das einen einzigartigen Schlüssel pro Transaktion verwendet.

## DUN
Dial-Up Network

Dienst zur Herstellung einer Netzwerkverbindung per Wählleitung, beispielsweise mittels Modem oder ISDN.

## DV
Datenverarbeitung

Kurzform für EDV.

## DV
Digital Video

Videoformat mit digitaler Aufzeichnung der Bild- und Toninformationen auf Magnetband.

## DVB
Digital Video Broadcast

Ausstrahlung eines digitalen Videosignals z.B. über Satellit.

## DVD
Digital Versatile Disc

Optischer Datenträger und Nachfolger der CD-ROM, der mit zwei Daten-Schichten auf bis zu zwei Seiten maximal 18 GB Daten speichern kann. Inzwischen beliebtes Medium für Filme, die aufgrund der hohen Kapazität sogar mehrsprachig und mit weiteren Zusatzangeboten abgelegt werden können.

## DVD
Deutsche Vereinigung für Datenschutz e. V.

1977 gegründete Vereinigung, mit dem Ziel, Bürger über datenschutzrechtliche Belange aufzuklären und zu informieren.

## DVD-R
Digital Versatile Disc – Recordable

Einmalig beschreibbare DVD.

## DVD-RAM
Digital Versatile Disc – Random Access Memory

Format für wiederbeschreibbare DVDs. Aufgrund des verwendeten Phase-Change-Verfahrens ist die DVD-RAM nicht kompatibel zu den meisten aktuellen DVD-Abspielgeräten.

## DVD+RW
Digital Versatile Disc – Rewritable

Zu DVD-ROM-Abspielgeräten kompatibles Format für wiederbeschreibbare DVDs mit einer Kapazität von 4,7 GB. Zu den Verfechtern dieses Formats gehören Firmen wie Philips, Sony und Yamaha.

## DVD-RW
Digital Versatile Disc – Rewritable

In Konkurrenz zu DVD+RW stehendes Format für wiederbeschreibbare DVDs, entwickelt unter anderem von Pioneer.

## DVI
Digital Video Interactive

Von Intel entwickelte Technologie zur Kompression von Videodaten.

## DVI
Digital Visual Interface

Neuer, digitaler Anschluss für TFT-Bildschirme.

## DVI-A
Digital Visual Interface-Analog

Mittels eines Adapters auf einen 15-poligen Sub-D-Stecker kann eine analoge Grafikkarte an ein DVI-A-fähiges TFT-Display angeschlossen werden.

## DVI-I
Digital Visual Interface-Integrated

DVI-Eingang bei TFT-Displays, der sowohl analoge als auch digitale Eingangssignale verarbeiten kann.

## DVPT
Deutscher Verband für Post und Telekommunikation e. V.

Aus mehr als 1.500 Mitgliedern bestehende Interessenvertretung für den kompletten Kommunikationsbereich.

## DWORD
Double Word

Datum mit der Größe von 32 Bit (1 Wort = 16 Bit).

## DX
Double Word External

Namenszusatz für die Intel-Mikroprozessoren der 80386-Baureihe, die im Gegensatz zu den SX-Modellen sowohl intern als auch extern mit einem 32 Bit (1 Word = 16 Bit) breiten Datenbus arbeiten.

## .DXF
Drawing Exchange Format

Häufig verwendetes, vektorbasiertes Dateiformat für CAD-Zeichnungen.

## DxJ
Datex-J(edermann)

Nachfolger bzw. Erweiterung des Btx-Systems der Deutschen Telekom.

## .dz
Algeria

Top-Level-Domain für Algerien.

# E

## E1
Europäisches Gegenstück zum Primärmultiplexanschluss ($S_2M$) mit einer Geschwindigkeit von maximal 2.048 Mbit/s.

## E 13 B
Genormte, maschinenlesbare Magnetschrift. Der Druckfarbe werden magnetische Partikel beigemischt, die Zeichen können dann mit einem speziellen Lesegerät erkannt werden.

## EAI
Enterprise Application Integration

Systemsoftware (Middleware) zur Kopplung alter, bestehender Software, z.B. großrechnerbasierter Anwendungen an moderne Programme bzw. Programmierumgebungen wie Java oder Ähnliches.

## EAL4
Evaluation Assurance Level 4

Zertifikat für eine Software bzw. ein System, das den in den Common Criteria (ISO 15408) festgelegten Sicherheitsnormen entspricht.

## EAN
Europäische Artikel-Nummerierung

Genormter 13-stelliger Strichcode, der mittels eines Scanners gelesen werden kann. Der Code besteht aus dem Herstellerland (zwei Stellen), der Betriebsnummer (fünf Stellen), einem frei belegbaren Feld (fünf Stellen) sowie der einstelligen Prüfziffer.

## EAN/UCC
Europäische Artikelnummerierung/Uniform Code Council

Neuer Barcode, der mehr Informationen als der EAN-Code aufnehmen kann. Erreicht wird dies durch Zusammensetzung mehrerer Barcodes.

## EAP
Extensible Authentication Protocol

EAP stellt ein Framework für alle Formen der Benutzerauthentifizierung zur Verfügung und kann beispielsweise innerhalb des PPP benutzt werden.

## EAP-TLS
Extensible Authentication Protocol – Transport Level Security

Zum Beispiel bei der Authentifizierung durch SmartCards verwendetes Protokoll.

## EAROM
Electrically Alterable Read-Only Memory

Alternative Bezeichnung für einen EEPROM-Baustein.

## EAZ
Endgeräte-Auswahlziffer

Ältere Bezeichnung für die Multiple Subscriber Number (MSN) eines ISDN-Endgeräts.

## EBCDIC
Extended Binary Coded Decimal Interchange Code

Häufig bei Großrechnern verwendeter 8-Bit-Code, ähnlich dem ASCII.

## EBV
Elektronische Bildverarbeitung

Manipulation von Bildern mittels geeigneter Bildverarbeitungsprogramme am Computer.

## ebXML
electronic business eXtensible Markup Language

Initiative zur Entwicklung eines einheitlichen Standards zum Austausch von Geschäftsinformationen mittels XML.

## .ec
Ecuador

Top-Level-Domain für Ecuador.

## EC
Electronic Cash

Bargeldloses Zahlen durch elektronische Übertragung der notwendigen Informationen zwischen Verkäufer und der Bank des Kunden.

## ECC
Error Correction Code

Zusätzlich zu den eigentlichen Daten abgelegter Sicherungscode, der mittels eines mathematischen Algorithmus fehlerhaft übertragene/eingelesene Daten erkennen und rekonstruieren kann.

## ECDL
European Computer Driving Licence

Europaweit einheitliches Zertifikat zum Nachweis umfassender IT-Kenntnisse. Zur Zeit sind zum Erwerb der ECDL Prüfungen in sieben Lernfeldern abzulegen, die unter anderem Bereiche wie Betriebssysteme, Textverarbeitung, Tabellenkalkulation und Datenbanken umfassen.

### ECM
Error Correction Mode

Übertragungsmodus von Faxgeräten, bei dem ein Fehlerkorrektur-Verfahren angewendet wird, um Übertragungsfehler zu verhindern.

### ECMA
European Computer Manufacturers Association

Zusammenschluss europäischer Computerhersteller.

### ECMA-262
Von der ECMA festgelegter Standard für JavaScript bzw. die »Dialekte« von Netscape und Microsoft (Jscript).

### ECO
Electronic Commerce Forum

Betreiber des deutschen Internet-Knotenpunkts DE-CIX in Frankfurt. Mitglied des ECO sind fast alle deutschen Internetprovider.

### ECP
Enhanced Capabilites Port

Abwärtskompatible Weiterentwicklung der parallelen Schnittstelle, die eine schnellere, bidirektionale Kommunikation erlaubt.

### ECPA
Electronic Communications Privacy Act

US-Gesetz von 1986, das elektronische Kommunikation wie z.B. E-Mail vor Eingriffen Unbefugter schützt.

### ECRC
European Computer-Industry Research Center

1984 gegründetes, ehemaliges Forschungsinstitut der Firmen ICL, Bull und Siemens, das heute zum britischen Cable&Wireless-Konzern gehört.

## ECS
Elitegroup Computer Systems

In Taiwan ansässiger Hersteller von PC-Komponenten wie Mainboards und Grafikkarten.

## EDC
Error Detecting Code

Code, der anhand von Prüfziffern und entsprechenden Rechenalgorithmen Fehler bei der Datenübertragung lediglich erkennt, nicht aber wie ein ECC auch korrigieren kann.

## EDGE
Enhanced Data Rates for GSM Evolution

Technik, die eine höhere Übertragungsgeschwindigkeit (max. 473,6 Kbit/s) für Daten in GSM-Netzen erlauben soll.

## EDI
Electronic Data Interchange

Allgemeine Bezeichnung für einen direkten, elektronischen Datenaustausch, z.B. mittels Online-Datenübertragung oder Datenträger.

## EDID
Extended Display Identification Data

Technische Daten eines Bildschirms, die über den Display Data Channel (DDC) zur Verfügung gestellt werden.

## EDIFACT
EDI for Administration, Commerce and Transport

Standardisiertes Nachrichtenformat zum elektronischen Austausch von Geschäftsdokumenten.

## EDLIN
Edit Lines

Zeilenbasierter, nach heutigen Maßstäben sehr unkomfortabler Texteditor unter MS DOS.

## EDO
Extended Data Out

Spezieller RAM-Baustein-Typ, der bei Lesezugriffen etwas schneller als ein Fast-Page-Modul arbeitet.

## EDP
Electronic Data Processing

Englisch für »Elektronische Datenverarbeitung« (EDV).

## .edu
education

Top-Level-Domain für Einrichtungen aus dem Bildungsbereich, der von amerikanischen Universitäten genutzt wird.

## EDV
Elektronische Datenverarbeitung

Rechnergestützte Verarbeitung von Massendaten. Synonym wird auch selten ADV verwendet.

## .ee
Estonia

Top-Level-Domain für Estland.

## EEMS
Enhanced Expanded Memory Specification

Weiterentwicklung des EMS-Standards zur Nutzung des Speichers oberhalb von 640 MB bei PCs mit dem Betriebssystem MS DOS.

## EEPROM
Electrically Erasable Programmable Read Only Memory

ROM-Baustein, der mit elektrischer Energie gelöscht und neu beschrieben werden kann. Vorteil: Auch bei fest verlöteten Bausteinen kann der Inhalt (z.B. das BIOS) nachträglich aktualisiert und korrigiert werden.

## EFF
Electronic Frontier Foundation

Zusammenschluss, der für Zivilrechte im Internet eintritt, z.B. das Recht der freien Meinungsäußerung »Free Speech-Blue Ribbon Campaign«.

## EFS
Encrypting File System

Dateisystem auf einem Datenträger, das sämtliche Daten während des Speichervorgangs zusätzlich und für den Nutzer vollkommen transparent verschlüsselt.

## .eg
Egypt

Top-Level-Domain für Ägypten.

## EGA
Enhanced Graphics Array

Grafikstandard für PCs, der eine Auflösung von 640 x 350 Bildpunkten bei 16 Farben vorsah. EGA erforderte als letzter PC-Grafikmodus einen digitalen Monitor.

## EGG
Elektronisches Geschäftsverkehr Gesetz

Deutsche Rechtsvorschrift vom 20.12.2001, die das Teledienstegesetz (TDG) und das Teledienste-Datenschutzgesetz (TDDSG) abändert bzw. ergänzt.

## EGP
Exterior Gateway Protocol

Auf dem Internet Protocol aufbauendes Protokoll zur Kommunikation zwischen Routern. Das EGP kommt nur zwischen bestimmten so genannten »Autonomen Systemen« zum Einsatz.

## .eh
Western Sahara

Top-Level-Domain für West-Sahara.

## EIA
Electronic Industries Alliance

Handelsverband der US-amerikanischen Elektronikindustrie mit Sitz in Arlington, Virginia.

## EIA232
Aktuellere Bezeichnung der RS232-Schnittstelle.

## EIB
Europäischer Installationsbus

Europäischer Standard für die Automatisierung von Funktionen bei Gebäuden. Dies kann beispielsweise die Steuerung einer Heizungsanlage oder auch von Fenstern und Türen und vieles andere mehr umfassen.

## EICAR
European Institute for Computer Antivirus Research

Zusammenschluss europäischer Antiviren-Experten.

## EIDE/E-IDE
Enhanced Integrated Device Electronics

Weiterentwicklung der IDE-Technik zum Anschluss von Festplatten, CD-ROM-Laufwerken, CD-Brennern und Streamern im PC-Bereich.

## EIP
Enterprise Information Portal

(Web-)Schnittstelle zum Datenaustausch zwischen verschiedenen Unternehmen, z.B. zwischen Kunde und Lieferant.

## EIS
Executive Information System

DV-gestütztes Informationssystem insbesondere für Führungskräfte, das diesen stark verdichtete, gezielte Auswertungen und Informationen liefert.

## EISA
Enhanced Industry Standard Architecture

Wörtlich für »Verbesserte Industriestandard-Architektur«. Weiterentwicklung des 16-bittigen ISA-Bus zum 32 Bit breiten Bus. EISA wurde von einem Zusammenschluss mehrerer IBM-Konkurrenten (u.a. Compaq) entwickelt und war abwärtskompatibel zu den alten ISA-Karten. Inzwischen durch den PCI-Bus abgelöst.

## EJB
Enterprise JavaBeans

Von der Firma Sun entwickelte Java-Komponententechnologie zur Erstellung verteilter Anwendungen.

## ELAN
Educational Language

Zu Lehrzwecken geschaffene Programmiersprache, ähnlich Pascal.

## ELSTER
Elektronische Steuererklärung

In Deutschland mögliche Form der Einkommenssteuererklärung, bei der sämtliche Daten online an das zuständige Finanzamt übermittelt werden. Der Steuerpflichtige muss lediglich eine unterschriebene Kurzfassung sowie eventuelle Belege an das Finanzamt einsenden.

## EMACS
Editor Macros

Am Massachusetts Institute of Technology (MIT) entwickelter, auch heute noch weit verbreiteter Texteditor unter Unix.

## EMEA
Europe, Middle East, Africa

Bei vielen Firmen anzutreffende Gebietseinteilung für die ausländischen Gesellschaften. Der EMEA-Raum wird dabei häufig zu einer organisatorischen Einheit zusammengefasst.

## .EMF
Enhanced Metafile

Meta-Dateiformat von MS Windows, das beispielsweise Grafiken aufnehmen kann.

## EMM
Expanded Memory Manager

Software-Treiber, der unter MS DOS die Verwendung von Speicher oberhalb von 640 KB nach der EMS-Spezifikation ermöglichte.

## EMS
Enhanced Messaging Service

Erweiterung des SMS-Standards bei Handys, der neben reinen Textnachrichten auch die Übermittlung von Grafiken, Animationen und Tönen erlaubt. In Konkurrenz hierzu steht der noch leistungsfähigere MMS-Standard.

## EMS
Expanded Memory Specification

Verfahren, um bei PCs Speicher oberhalb der (MS-DOS-bedingten) 640-KB-Grenze anzusprechen, in dem in einem »Speicher-Fenster« jeweils vier KB große Seiten aus dem Bereich oberhalb von 640 KB eingeblendet werden (sog. »Page-Swapping« oder »Paging«).

## EMV
Elektromagnetische Verträglichkeit

Vorgabe, dass sich elektronische Geräte nicht gegenseitig durch Störstrahlungen beeinflussen, sondern entsprechend abgeschirmt sind. Nur Geräte, die dies einhalten, bekommen das CE-Prüfsiegel.

## EMVG
Elektromagnetische Verträglichkeit-Gesetz

Am 01.01.1996 in Kraft getretene deutsche Rechtsvorschrift. Sie legt fest, dass ab diesem Datum alle Elektrogeräte innerhalb der EU das CE-Prüfsiegel tragen müssen und keine anderen Geräte negativ beeinflussen dürfen.

## ENIAC
Electronic Numerical Integrator and Calculator

Erster elektronischer Rechner, der 1946 an der Pennsylvania University gebaut wurde und mit ca. 18.000 Röhren arbeitete.

## EO
Erasable Optical

Allgemeine englische Bezeichnung für ein optisches, löschbares Speichermedium.

## EOF
End of File

Steuerzeichen für das Ende einer Datei (ASCII-Code 26d).

## EOJ
End of Job

Steuersignal an ein Endgerät wie einen Drucker, der das Ende eines Auftrags markiert.

## EOL
End of Line

Steuerzeichen für das Ende einer Zeile.

## EOT
End of Transmission

Steuersignal bei Netzwerken, Druckern oder in der DFÜ, das das Ende einer Datenübertragung markiert.

## EOV
End of Volume

Steuerzeichen zur Markierung des Bandendes bei Magnetbändern.

## EP
Electronic Publishing

Englische Kurzbezeichnung für Desktop Publishing (DTP).

## EPA
Environmental Protection Agency

US-amerikanische Umweltschutzbehörde, die im Computerbereich maßgeblich an der Einführung von Stromsparmechanismen und Grenzwerten gearbeitet hat.

## EPIC
Electronic Privacy Information Center

US-amerikanische, öffentliche Forschungseinrichtung zum Themenkreis Bürgerrechte, insbesondere im IT-Bereich. Sitz der Einrichtung ist Washington, D. C.

## EPK
Ereignisgesteuerte Prozesskette

Methode zur grafischen Darstellung von Prozessen. Als Grundelemente dienen bei der EPK miteinander verknüpfte Funktionen und Ereignisse.

## EPP
Enhanced Parallel Port

Abwärtskompatible, schnellere Weiterentwicklung der parallelen Schnittstelle.

## EPROM
Erasable Programmable Read Only Memory

ROM-Baustein, der mit ultraviolettem Licht gelöscht werden kann. Mit Hilfe eines so genannten EPROM-Brenners können diese Speicher beschrieben werden. Dieser Vorgang ist allerdings nicht beliebig oft durchführbar, da die Bausteine einer gewissen Abnutzung unterliegen. Auf der Oberseite der EPROM befindet sich ein kleines »Fenster«, das das Löschen ermöglicht. Um das versehentliche Löschen zu verhindern, ist dieses Fenster oft mit einem Aufkleber versehen.

## EPS(F)
Encapsulated PostScript (File)

Von Adobe entwickelte, vom späteren Ausgabegerät unabhängige Seitenbeschreibungssprache. Die Ausgabe (auf Laserdruckern, Satzbelichtern usw.) ist dabei im Wesentlichen bis auf die unterschiedliche Druckauflösung identisch.

## EQ
equal

Englisch für »gleich«. Wird in einigen Programmiersprachen als Operator statt des »=«-Zeichens verwendet.

## EQV
equivalent

Englisch für »äquivalent«.

## .er
Eritrea

Top-Level-Domain für Eritrea.

## ER
Entity Relationship

Modell für die grafische Darstellung einer Datenbankstruktur. Siehe auch ERD.

## ERD
Emergency Repair Disk

Tool zum Erstellen einer Rettungsdiskette, mit der die wichtigsten Windows-Systemeinstellungen wiederhergestellt werden können.

## ERD
Entity Relationship Diagram

Grafische Darstellung einer Datenbankstruktur. Das ERD zeigt die einzelnen Tabellen und deren Felder sowie die Verknüpfung der Tabellen untereinander.

## ERM
Entity Relationship Model

Grafisches Hilfsmittel zur Planung und Darstellung einer Datenbankstruktur, siehe auch ERD.

## ERM
Email Response Management

Software zur geordneten Verwaltung und Verarbeitung von E-Mails. ERM umfasst dabei auch Werbeaktionen, eine Übersicht über den Bearbeitungsstatus und Statistikauswertungen, um so die Kundenzufriedenheit zu erhöhen.

## ERP
Enterprise Resource Planning

(Software-)System zur Planung, Kontrolle und Steuerung aller betriebswirtschaftlichen Prozesse eines Unternehmens, angefangen von der Buchhaltung über das Controlling bis hin zur Personalplanung und -verteilung.

## .es
España

Top-Level-Domain für Spanien.

## ESC
Escape

Funktionstaste, die programmabhängig belegt werden kann. Im Allgemeinen wird sie zum Abbrechen von Vorgängen oder Verlassen von Bildschirmmasken verwendet.

## ESCD
Extended System Configuration Data

Speicherbereich, in dem das BIOS Konfigurationsinformationen zu Plug&Play-Geräten ablegt.

## ESC/P
Epson Standard Code for Printers

Befehlssatz für Epson-Drucker, bei dem Kommandos mit dem Esc-Zeichen (ASCII-Code 27) eingeleitet werden.

## ESD
Electronic Software Distribution

Verteilung von Software beispielsweise über das Internet, ohne Versand eines Datenträgers. Die Abrechnung erfolgt meist über Kreditkarten, Handbücher existieren oft nur in elektronischer Form oder müssen separat nachgeordert werden. Da der logistische Aufwand entfällt, ist ESD-Software häufig günstiger als das entsprechende Verkaufspaket.

## ESDI
Enhanced Small Device Interface

Anschluss für Festplatten, der sich jedoch gegen das universellere SCSI nicht durchsetzen konnte.

## ESMTP
Extended SMTP

Erweiterte Variante des SMTP-Mail-Protokolls, das 8-Bit-codierte Nachrichten unterstützt.

## ESN
Enterprise Storage Network

In Unternehmensnetzwerke integrierte Massenspeicherlösungen, die beliebig skaliert werden können.

## ESP
Electronic Still Photography

Englische Kurzform für »Digitale Fotografie«.

## .et
Ethiopia

Top-Level-Domain für Äthiopien.

## ET
Entscheidungstabelle

In DIN 66241 genormtes Hilfsmittel zur grafischen Darstellung von Entscheidungsprozessen. Entspricht programmtechnisch der Mehrfachauswahl (»CASE«-Struktur).

## ETB
Elektronisches Telefonbuch

Digitale Variante des öffentlichen Telefonbuchs, die inzwischen sowohl im Internet zur Verfügung steht, als auch bei diversen Anbietern auf CD-ROM gekauft werden kann. Als Grundlage dient in Deutschland meist der Datenbestand der Telekom-Tochter detemedien.

## ETSI
European Telecommunications Standards Institute

Unabhängige europäische Organisation, die Standards im Bereich der Telekommunikation festlegt.

## ETX
End of Text

Steuerzeichen bei der Datenübertragung zur Markierung des Textendes.

## EULA
End-User License Agreement

Software-Lizenzvertrag zwischen dem Hersteller der Software und dem Endanwender. Der Anwender erhält hierbei lediglich ein mehr oder weniger beschränktes Nutzungsrecht, weiter gehende Ansprüche werden meist ausgeschlossen.

## EUV
Extreme Ultraviolet Lithography

Neues, mit ultraviolettem Licht arbeitendes Chip-Herstellungverfahren, das sich bei Intel in der Testphase befindet. EUV soll Chips mit Taktfrequenzen bis zu 10 GHz ermöglichen.

## EVA
Eingabe – Verarbeitung – Ausgabe

Das EVA-Prinzip beschreibt eine elementare Grundregel der Datenverarbeitung. Zunächst muss eine Eingabe von Daten erfolgen (per Tastatur, Datenträger ...), dann erfolgt die Verarbeitung durch ein Programm und zum Schluss als Ergebnis die Ausgabe, beispielsweise als Ausdruck auf Papier oder Rückmeldung am Bildschirm.

## EVB
Embedded Visual Basic

Für PDAs mit dem Betriebssystem Windows CE verfügbare Programmiersprache von Microsoft, die eng an Visual Basic angelehnt ist.

## EVF
Electronic Viewfinder

Sucher bei Digitalkameras, der aus einem Miniatur-LCD besteht. Nachteilig ist die Notwendigkeit einer Stromquelle sowie die häufig recht geringe Auflösung. Der große Vorteil gegenüber dem optischen Sucher ist, dass ein EVF ähnlich wie eine Spiegelreflexkamera schon genau das spätere Bild zeigt und somit eine sehr exakte Kontrolle des Bildausschnitts ermöglicht.

## EVN
Einzelverbindungsnachweis

Liste sämtlicher abgehender Telefonverbindungen eines Anschlusses mit Rufnummern, Uhrzeit und Dauer der Telefonate.

## EVT
Embedded Visual Tools

Entwicklungstools für die Microsoft-PDA-Plattform Windows CE.

## .EXE
Execute

Dateiendung bei PCs für ausführbare Programme.

## EXIF
Exchangeable Image File

Von Digitalkameras zusätzlich in festgelegten Bereichen der Bilddatei abgelegte Informationen über technische Details des Bilds, wie z.B. Belichtungszeit, Blende, Blitz ja/nein usw. Mit geeigneten Bildbetrachtern können diese Daten später am PC angezeigt werden.

## ext2
Extended Filesystem Version 2

Unter Linux weit verbreitetes Dateisystem für Festplatten.

## ext3
Extended Filesystem Version 3

Unter Linux weit verbreitetes Dateisystem für Festplatten.

# F

## F
Farad

Einheit für die elektrische Kapazität, benannt nach dem englischen Physiker Michael Faraday (1791–1867). 1 Farad entspricht einer Ladung von einem Coulomb (C), die eine Spannung von 1 Volt (V) erzeugt.

## F2F
Face to (2) face

Kommunikation, die anders als in der DV-Welt häufig üblich, den direkten Sichtkontakt zwischen den Gesprächspartnern ermöglicht, z.B. mittels eines Videoconferencing-Systems.

## FAG
Fernmeldeanlagengesetz

Nicht mehr gültiges Gesetz, mit dem der Deutschen Telekom befristet die alleinige Befugnis zum Betreiben von Telekommunikationsanlagen gestattet wurde.

## FAQ
Frequently Asked Questions

Sammlung von häufig gestellten Fragen und Antworten zu einem bestimmten Themengebiet. FAQs sind ein gute Quelle bei der Behebung von Fehlern, da sie nicht nur von Herstellern, sondern auch oft von Anwendern oder Anwendergruppen herausgegeben werden.

## FAT
File Allocation Table

Meist tabellarisch organisiertes Inhaltsverzeichnis eines Datenträgers, selten auch VTOC genannt. Unter MS DOS/Windows bezeichnet FAT auch das verwendete Dateisystem.

### favicon.ico
Favorite Icon

Diese Datei enthält ein Bild, das als Symbol vor der URL angezeigt wird, wenn die Adresse in die Favoritenliste des Browsers übernommen wird. Damit dies funktioniert, muss die Datei im Hauptverzeichnis der Domain abgelegt werden.

### Fax
Facsimile

Schwarz-weiße Übertragung von beliebigen Dokumenten über das Telefonnetz. Auf der Seite des Senders wird das Dokument dazu gescannt, codiert und dann übertragen, auf Empfängerseite wird die Information wieder decodiert und auf einem Drucker ausgegeben. Analoge Faxgeräte arbeiten nach dem G3-Standard und können maximal 14.400 bit/s übertragen, digitale Faxgeräte erlauben bis zu 64 Kbit/s.

### FBAS
Farbbild-Austast-Synchronsignal

Aus der PAL-Codierung entstehendes farbiges Videosignal. Auch als Composite-Signal bekannt.

### FBGA
Fine Pitch Ball Grid Array

Spezielle Bauform von ICs in BGA-Bauweise mit besonders kleinem Kontaktabstand.

### fc
File Compare

MS-DOS-Befehl, der zwei Dateien binär vergleicht und die gefundenen Unterschiede auf dem Bildschirm anzeigt.

### FC
Fibre Channel

Technologie, die ursprünglich nur optische Hochgeschwindigkeitsverbindungen zwischen Computersystemen, beispielsweise bei Clustern oder der Anbindung von SAN-Speicherlösungen ermöglicht. Inzwischen ist auch die Nutzung von Kupferkabeln möglich.

### FC-AL
Fibre Channel – Arbitrated Loop

Weiterentwicklung des Fibre-Channel-Standards, die insbesondere die Nutzung als Schnittstelle zu Speichersystemen vorsieht.

### FCB
File Control Block

Steuersatz, der temporär Informationen über geöffnete Dateien aufnimmt.

### FCC
Federal Communications Commission

1934 gegründete US-amerikanische Behörde, die sich mit Regelungen im Bereich Kommunikation wie z.B. TV, Satelliten und Radio befasst.

### FCFS
First Come, First Served

Selten verwendete Bezeichnung für das FIFO-Prinzip.

## fci
flux changes per inch

Wörtlich »Magnetische Flussänderungen pro Zoll«. FCI ist ein Maß für die Aufzeichnungsdichte bei magnetischen Datenträgern. Je enger die unterschiedlich ausgerichteten magnetischen Bereiche für die Zustände »0« und »1« beieinander liegen können, desto mehr Daten können auf der gleichen Fläche untergebracht werden.

## FCI
Fibre Channel Interface

Schnittstelle zum glasfaserbasierten Fibre Channel.

## FCIA
Fibre Channel Industry Association

Internationale Organisation von Firmen und Entwicklern, die die Standardisierung und Weiterentwicklung im Bereich Fibre-Channel koordiniert.

## fcopy
filecopy

Betriebssystem-Befehl zum Kopieren von Dateien.

## FC-PGA
Flipchip-PGA

Bauform für Mikroprozessoren (z.B. Intel Celeron, Pentium III oder Cyrix C3). Die Kontakte befinden sich auf der Unterseite des Chips und sind als Pins ausgeführt.

## FDB
Fluid Dynamic Bearing

Geräuscharme Flüssigkeitslager für Spindelmotoren von Festplatten.

## FDC
Floppy Disk Controller

Chip, der die Steuerung des Diskettenlaufwerks übernimmt. In PCs können FDCs bis zu zwei Diskettenlaufwerke unterschiedlicher Formate ansteuern.

## FDD
Floppy Disk Drive

Englische Bezeichnung für ein Diskettenlaufwerk.

## FDDI
Fibre Distributed Data Interface

Netzwerktechnik, die als Medium abhörsicheres Glasfaserkabel verwendet. Aufgrund der hohen Geschwindigkeit wird Glasfaser oft als Backbone zur Kopplung verschiedener Netzkomponenten oder -segmente verwendet. Kostengünstiger ist inzwischen die Variante CDDI.

## FDE
Full Duplex Ethernet

Betriebsart von Ethernet-Netzwerkkarten, in der mit voller Geschwindigkeit Daten parallel gesendet und empfangen werden können.

## FDI
Flash Data Integrator

Software-Toolkit von Intel, das die Speicherverwaltung bei Mobilgeräten wie PDAs vereinfacht.

## FDIV
Floatingpoint Divide

In vielen CPUs implementierter Assembler-Befehl zur Division von Fließkommazahlen. Der FDIV-Befehl ist recht bekannt, weil er in den ersten Modellen des Pentium I fehlerhaft implementiert war und so unter bestimmten Voraussetzungen zu falschen Ergebnissen führte.

## FDM
Frequency Division Multiplexing

Übertragungsverfahren, bei dem der nutzbare Frequenzbereich des verwendeten Übertragungsmediums in mehrere Kanäle aufgeteilt wird, so dass mehrere Nutzer das gleiche Medium verwenden können.

## FDMA
Frequency Division Multiple Access

Technik in Funknetzen, bei der der nutzbare Frequenzbereich für mehrere Teilnehmer in verschiedene Blöcke aufgeteilt wird.

## F&E
Forschung und Entwicklung

Kurzbezeichnung für eine häufig in größeren Unternehmen existierende Abteilung, die sich vorwiegend mit der Entwicklung von neuen Technologien beschäftigt.

## FEA
Fast Ethernet Alliance

1993 gegründeter Zusammenschluss von Netzwerkherstellern, der maßgeblich an der Entwicklung des 100-Mbit-Standards beteiligt war.

## FEAL
Fast Data Encipherment Algorithm

1987 erstmals vorgestellter Verschlüsselungsalgorithmus.

## FEP
Firewall Enhancement Protocol

In RFC 3093 beschriebenes Verfahren, mit dem sämtliche Datenpakete in das HTTP-Protokoll eingebettet werden, um transparent eine Firewall von innen nach außen passieren zu können. Eine Anpassung von Anwendungen an eine Firewall kann somit entfallen.

## FET
Field-Effect Transistor/Feldeffekt-Transistor

Bauart von Transistoren.

## FF
Form Feed

Steuersignal für Drucker, das einen Seitenvorschub veranlasst.

## .fg
French Guyana

Top-Level-Domain für Französisch-Guyana.

## FHSS
Frequency Hopping Spread Spectrum

Übertragungstechnik innerhalb von WLANs.

## .fi
Finland

Top-Level-Domain für Finnland.

## FI
Financials

Modul der betriebswirtschaftlichen Software R/3 von SAP mit dem Schwerpunkt Finanzbuchhaltung.

## FI-AA
Finanzbuchhaltung – Anlagenbuchhaltung

Modul der betriebswirtschaftlichen Software R/3 von SAP mit dem Schwerpunkt Anlagenbuchhaltung.

## FiBu
Finanzbuchhaltung

Kurzbezeichnung für Finanzbuchhaltungssoftware.

## FIC
First International Computer

1980 gegründetes Unternehmen mit Sitz in Taiwan, das vor allem Mainboards, Notebooks und PC-Systeme fertigt. FIC ist sehr stark im OEM-Geschäft tätig.

## .FIF
Fractal Interchange Format

Von der Firma Iterated Systems entwickeltes Daten-Austauschformat für Bilder, das fraktale Kompressionsalgorithmen verwendet und so sehr kleine Dateigrößen bei guter Bildqualität erreicht.

## FIFO
First-in-first-out

Warteschlangen-Strategie, bei der ältere Aufträge zuerst ausgeführt werden (»Wer zuerst kommt, der mahlt zuerst«), vergleichbar mit einem Fließband.

## FIR
Fast Infra-Red

Erweiterung des IrDA-Standards zur Infrarot-Datenübertragung mit einer maximalen Geschwindigkeit von bis zu 4 Mbit/s.

## .fj
Fiji

Top-Level-Domain für die Fiji-Inseln.

## .fk
Falkland Islands

Top-Level-Domain für die Falkland-Inseln.

## FKS
Frequency Key Shifting

Modulationsverfahren, bei dem das Signal in einen anderen Frequenzbereich verschoben wird.

## .FLA
Flash

Quellformat des Programms »Flash« von Macromedia, das sich gut zur Erstellung von Animationen bzw. aktiven Inhalten für das WWW eignet.

## FLOPS
Floating-point operations per second

Geschwindigkeitsangabe für Mikroprozessoren, die angibt, wie viele Millionen Fließkommaoperationen pro Sekunde der Prozessor ausführen kann.

## .fm
Micronesia

Top-Level-Domain für Mikronesien.

## FM
Frequency Modulation

Modulationsverfahren, bei dem die Frequenz des Trägersignals verändert wird.

## FMB
Flexible Motherboard Design

Designempfehlungen von Intel für den Aufbau von Motherboards, die Intel-Komponenten (CPU und Chipsatz) verwenden. Hersteller, die sich an diese Empfehlungen halten, sollen auch zukünftige, weiterentwickelte Prozessoren auf ihren Motherboards verwenden können.

### .fo
Faroe Islands

Top-Level-Domain für die Färöer-Inseln.

### FOA
Fiber Optic Association

1995 gegründeter US-amerikanischer Dachverband für Firmen aus dem Bereich Glasfasertechnik.

### FORTRAN
Formula Translation

Problemorientierte Programmiersprache mit mathematisch-technischem Schwerpunkt.

### FOSSIL
Fido Opus Seadog Standard Interface Layer

Treiberprogramm für serielle Schnittstellen, häufig benutzt zur Anpassung von Modembefehlen an ISDN-Geräte.

### FPM
Fast Page Mode

Bauart von RAM-Bausteinen.

### fps
frames per second

Geschwindigkeitsangabe für Grafikdarstellung. Ein Frame stellt dabei ein komplettes Bild dar. Eine flüssige Darstellung ergibt sich bei mindestens 25 Bildern pro Sekunde.

### FPS
Fast Packet Switching

In Netzwerk-Switches verwendetes Verfahren zur optimierten Weiterleitung von Datenpaketen.

## FPU
Floating Point Unit

Teil der CPU, der für Fließkommaberechnungen optimiert ist. Bei Intel-Prozessoren vor der 486er-Generation (bzw. auch beim 486SX) wurde die FPU separat verkauft (z.B. 80387). Bei heutigen Prozessoren ist die FPU bereits in den Mikroprozessor integriert.

## FQDN
Fully Qualified Domain Name

Eindeutiger Name eines Rechners im Internet bestehend aus dem Hostnamen, dem Domainnamen und der Top-Level-Domain, z.B. »www.mitp.de«.

## .fr
France

Top-Level-Domain für Frankreich.

## FRAD
Frame-Relay Assembler/Disassembler

Gerät zur Umwandlung von fremden Protokollen bzw. Datenpaketen in das Frame-Relay-Format, damit diese über eine Frame-Relay-Verbindung übertragen werden können. Auf der Gegenseite werden die Daten dann entsprechend wieder in das Ursprungsformat umgewandelt.

## FRED
Frames Editor

Programmiersprache innerhalb der Software »Framwork« der Firma Ashton-Tate.

## FRS
File Replication Service

Systemdienst von Windows 2000, der im Distributed File System (DFS) abgelegte Daten auf verschiedenen Rechner synchronisiert. Der FRS erhöht so die Ausfallsicherheit eines Netzwerks.

## FS
File System

Allgemeine Bezeichnung für ein Dateisystem auf Datenträgern, wie z.B. ReiserFS (Linux), FAT (DOS) usw.

## FS
Flight Simulator

Software der Firma Microsoft, die am PC eine realistische Simulation verschiedener Flugzeugtypen bietet. Aufgrund der Komplexität und Realitätsnähe auch gut für Hobbypiloten geeignet.

## FSAA
Full scene Anti-Aliasing

Anti-Aliasing (Glätten von Kanten insbesondere bei Diagonalen) für komplette Szenerien. Aufgrund der komplizierten und zeitaufwendigen Rechenalgorithmen wird Anti-Aliasing aus Performancegründen oft nur für bestimmte Objekte einer Szenerie durchgeführt.

## FSB
Front Side Bus

Direkter Bus zwischen Prozessor und Arbeitsspeicher.

## FSB66
Front Side Bus 66 MHz

FSB mit einer Taktfrequenz von 66 MHz.

## FSB133
Front Side Bus 133 MHz

FSB mit einer Taktfrequenz von 133 MHz.

## FSC
Fujitsu-Siemens Computer

Größter europäischer Computerhersteller, der aus der Fusion von Fujitsu und Siemens-Nixdorf hervorgegangen ist.

## fsck
File System Check

Unix-Befehl, der vergleichbar mit den Programmen »chkdsk« bzw. »scandisk« bei DOS/Windows-Rechnern die Integrität eines Datenträgers überprüft. Hierbei werden beispielsweise aufgrund eines Systemabsturzes nicht mehr vollständig gespeicherte Daten gefunden und der Plattenplatz wieder freigegeben.

## FSF
Free Software Foundation

Internationaler Zusammenschluss von Entwicklern freier Software, insbesondere im Rahmen des GNU-Projekts.

## FST
Flat Square Tube

Von Hitachi entwickelte Bildröhre mit sehr flachem, leicht zylindrischem Aufbau.

## FST
Film Super Twisted

Displaytechnik, siehe FSTN.

## FSTN
Film Super Twisted Nematic

Bauform von passiven LCD-Bildschirmen, bei der eine spezielle Folie für die unverfälschte Anzeige der Farben sorgt. Zusätzlich wirkt diese Folie noch kontraststeigernd.

## FT
France Telecom

Weltweit tätiger französischer Telekommunikationskonzern.

## FTAM
File-Transfer Access and Management

Protokoll zum Übertragen von Dateien, das auf der Anwendungsschicht (Schicht 7) des OSI-Modells arbeitet.

## FTM
Filetransfer Manager

Zusatz-Software von Microsoft für Firmenkunden, Betatester usw., die für den automatisierten Download von Software-Services eingesetzt wird.

## FTP
File Transfer Protocol

Logisches Netzwerkprotokoll, das im TCP/IP-Bereich zum Transfer von Dateien zwischen verschiedenen Rechnern verwendet wird. FTP wird über die Ports 20 und 21 abgewickelt.

## FTTC
Fibre to the curb

Amerikanisch für »Glasfaser bis zum Bordstein«. Gemeint ist die Verlegung von hochwertigen Glasfaserkabeln direkt bis zur Haustür des Endabnehmers.

## FTTN
Fibre to the neighbourhood

Verlegung von Hochgeschwindigkeits-Glasfaserkabeln bis zu bestimmten Knotenpunkten. Von dort aus kann dann die Verteilung bis zu den einzelnen Häusern, eventuell auch mit Kupferkabeln, erfolgen.

## FTZ
Fernmeldetechnisches Zentralamt

Vorgänger des BZT.

## FWH
Firmware Hub

Von Intel vorgestellter Flashspeicher für Mainboards, der Aufgaben im Bereich Kryptografie und Digitale Signaturen übernehmen soll. Außerdem soll der FWH eine eindeutige Seriennummer enthalten und kann auch das BIOS bzw. Teile davon enthalten.

## FYI
For Your Information

Englisch für »Zu Ihrer Information«. Häufig in Chats oder Mails verwendete Kurzform.

# G

**G3**
Einheitlicher Standard zur Faxübertragung.

**.ga**
Gabon

Top-Level-Domain für Gabun.

**GAA**
Geldausgabeautomat

Selbstbedienungsterminal bei Banken, das Kontoinformationen anzeigen und Bargeld ausgeben kann. Die Bedienung erfolgt häufig über Touch-Displays.

**GAA**
General Application Area

Speicherbereich einer CD-MRW, in dem ein ISO-Dateisystem abgelegt ist. Dieser kann auch von nicht MRW-kompatiblen CD-Laufwerken gelesen werden und enthält einen entsprechenden Texthinweis.

**GAAP**
Generally Accepted Accounting Principles

Strenge US-amerikanische Bilanzierungsrichtlinien für börsennotierte Unternehmen.

**GaAs**
Gallium-Arsenid

In der Chipfertigung verwendetes Halbleitermaterial, das sehr kleine Strukturen ermöglicht und somit eine höhere Packungsdichte erlaubt.

## GAN
Global Area Network

Netzwerk mit weltweiter Ausdehnung. Heute wird eher der allgemeinere Begriff »Wide Area Network« verwendet, um ein großes Netzwerk zu beschreiben.

## GAP
German Academic Publishers

Projekt der Deutschen Forschungsgemeinschaft mit dem Ziel, eine Infrastruktur für die kostenlose Publikation von wissenschaftlichen Dokumenten zu entwickeln und aufzubauen.

## GAP
Generic Access Profile

GAP ist eine 1997 eingeführte Erweiterung des DECT-Standards für schnurlose Telefone. Mittels GAP können auch Geräte verschiedener Hersteller problemlos miteinander kommunizieren.

## .gb
Great Britain

Top-Level-Domain für Großbritannien.

## GBG
Geschlossene Benutzergruppe

Abgeschlossener Bereich innerhalb des Online-Dienstes Datex-J, der nur einem ausgewählten Personenkreis, der sich zuvor autorisieren muss, den Zugriff gestattet.

## GC
Games Convention

Computer- und Videospielmesse in Leipzig.

## GCC
GNU C Compiler

Bekannter C-Compiler, der unter der GNU-Lizenz veröffentlicht wird.

## GCR
Greyscale Component Replacement

Technik, um beim Farbdruck kräftigere Farbtöne zu erzielen, indem der Farbe in Teilen des Bildes ein bestimmter Anteil schwarzer Druckfarbe zugemischt wird.

## GCR
Group Coded Recording

1973 von IBM entwickeltes Verfahren (ANSI-Standard) zum Beschreiben von Magnetbändern.

## .gd
Grenada

Top-Level-Domain für Grenada.

## GDI
Graphical Device Interface

Software-Schnittstelle von Windows für die Grafikausgabe, z.B. für die Ausgabe auf dem Bildschirm oder auch auf Druckern. Bei GDI-Seitendruckern übernimmt Windows die Datenaufbereitung, der Drucker benötigt keinen eigenen Speicher und ist daher in der Regel deutlich günstiger.

## GDPdU
Grundsätze zum Datenzugriff und zur Prüfbarkeit digitaler Unterlagen

Vorschriften des deutschen Finanzministeriums, die sich mit der EDV-gestützten Auswertbarkeit, Aufbewahrung und Archivierung finanzrelevanter Unterlagen befassen.

## GDT
Global Descriptor Table

Tabelle innerhalb von CPUs, über die Speicherzugriffe abgewickelt werden. Die GDT speichert Informationen über die Lage und Größe von Segmenten im Hauptspeicher des Rechners.

## .ge
Georgia

Top-Level-Domain für Georgien.

## GEM
Graphics Environment Manager

Eine der ersten grafischen Benutzeroberflächen für PCs von der Firma Digital Research. GEM benötigte als Betriebssystem MS DOS.

## GEMA
Gesellschaft für musikalische Aufführungs- und mechanische Vervielfältigungs-Rechte

Deutsche Verwertungsgesellschaft, die treuhänderisch die Nutzungsrechte aller Musikschaffenden verwaltet. Über die GEMA können Rechte zur Nutzung von Musik erworben werden, die Lizenzgebühren leitet die GEMA dann an die Lizenzinhaber (Komponisten, Texter usw.) weiter.

## GEOS
Graphic Environment Operating System

Betriebssystemaufsatz für den Heimcomputer C64 von Commodore, der eine grafische Benutzeroberfläche realisierte.

## GFC
Generic Flow Control

Teil des ATM-Headers, der zur Flusskontrolle verwendet wird.

## GFLOPS
Giga-FLOPS

So viel wie »Milliarden Fließkomma-Operationen«. Maßeinheit für die Geschwindigkeit eines Mikroprozessors, die angibt, wie viele Berechnungen mit Fließkommazahlen pro Sekunde ausgeführt werden können. Da es sich nicht um eine praxisnahe Messung handelt, ist die Aussagekraft dieser Größe eher gering.

## .gg
Bailiwick of Guernsey

Top-Level-Domain für die Kanalinseln Guernsey, Alderney, Sark und Herm.

## GGS
Gütegemeinschaft Software e. V.

Beim TÜV Rheinland angesiedelter Interessenverband. Hauptaufgabe der GGS ist die Qualitätssicherung im Bereich Software sowie die Entwicklung und Prüfung entsprechender Gütekriterien und -siegel.

## .gh
Ghana

Top-Level-Domain für Ghana.

## .gi
Gibraltar

Top-Level-Domain für Gibraltar.

## GI
Gesellschaft für Informatik

1969 in Bonn gegründeter Verein mit mittlerweile über 22.000 Mitgliedern. Die gemeinnützigen Ziele umfassen unter anderem öffentliche Stellungnahmen zu Themen der Informatik, Mitwirkung bei politischen Planungen usw.

## GID
Group Identification

Eindeutige Nummer einer Benutzergruppe mit entsprechenden Rechten unter Unix/Linux.

## GIF
Graphics Interchange Format

Von CompuServe eingeführtes Grafikformat, das mit LZW-Datenkompression arbeitet und dadurch sehr kleine Dateien erzeugt. Innerhalb einer GIF-Datei können auch mehrere Bilder abgelegt werden, die dann eine Animation ergeben. Aufgrund der beschränkten Farbpalette von maximal 256 Farben eignet sich GIF nicht für fotorealistische Bilder. Eine Farbe kann allerdings als transparent definiert werden, so dass an diesen Stellen der Hintergrund durchscheint.

## GIMP
GNU Image Manipulation Program

Im Linux-Umfeld entstandenes Open-Source-Programm für die fotorealistische Bildbearbeitung. »The GIMP« ist inzwischen auch für Windows-Rechner erhältlich und bietet teilweise erstaunliche Funktionen, verfügt allerdings über eine etwas gewöhnungsbedürftige Benutzeroberfläche.

## .gl
Greenland

Top-Level-Domain für Grönland.

## GLU
OpenGL Utility Library

Software-Bibliothek, die Programmierern das leichte Einbinden von OpenGL-Grafikbefehlen im Highend-Bereich ermöglicht.

## .gm
Gambia

Top-Level-Domain für Gambia.

## GM
General MIDI

Standardisiertes Protokoll für die Nutzung von MIDI-Geräten verschiedener Hersteller.

## GMD
Gesellschaft für Mathematik und Datenverarbeitung

Inzwischen zur Fraunhofer-Gesellschaft gehörende Gruppe von Forschungsinstituten.

## GMDS
Deutsche Gesellschaft für Medizinische Informatik, Biometrie und Epidemiologie e. V.

Unabhängige, gemeinnützige Organisation mit Sitz in Köln mit Arbeitsschwerpunkt Dokumentation und Statistik im Bereich Medizin. Die Abkürzung leitet sich von der alten Bezeichnung »Deutsche Gesellschaft für Medizinische Dokumentation, Informatik und Statistik e.V.« ab.

## GML
General Markup Language

Allgemeine Bezeichnung für eine universelle Auszeichnungssprache. Die bekanntesten davon sind sicherlich SGML, HTML und XML.

## GMR
Giant Magneto-Resistive

Spezielle Ausführung von Schreib-/Leseköpfen bei Festplatten, die eine noch bessere Kapazitätsausnutzung des Speichermediums ermöglichen.

## GMSK
Gaussian Minimum Shift Keying

In GSM-Netzen verwendete Modulationsart bei der Datenübertragung, die pro Sendeschritt 1 Bit übertragen kann.

## GMT
Greenwich Mean Time

Bezeichnung für die Zeitzone des Nullmeridians, der definitionsgemäß durch die englische Stadt Greenwich verläuft.

## GMX
Global Message Exchange

Deutscher E-Mail- und Messaging-Dienstleister mit Sitz in München. Das Standard-Angebot ist kostenlos verfügbar, Zusatzfeatures werden berechnet.

## .gn
Guinea

Top-Level-Domain für Guinea.

## GND
Ground

Bezeichnung der Kabelbelegung für eine geerdete Leitung (Masse).

## GNOME
GNU Network Object Model Environment

Mit der KDE konkurrierende grafische Benutzeroberfläche für Linux.

## GNU
GNU is not Unix

GNU ist ein rekursives, also sich immer wieder wiederholendes Akronym für »GNU ist not Unix«. 1984 entwickelten unabhängige Computerexperten im »GNU Project« ein freies Betriebssystem, basierend auf Linux. Inzwischen sind viele weitere Software-Projekte hinzugekommen. GNU-Software ist frei verfügbar und wird unter der GPL veröffentlicht.

## GnuPG
GNU Privacy Guard

OpenPGP-konforme, zum inzwischen kommerziellen »Pretty Good Privacy« kompatible Verschlüsselungssoftware. GnuPG unterstützt verschiedene frei verfügbare Verschlüsselungsalgorithmen wie z.B. CAST, SHA und Blowfish.

## GoB
Grundsätze ordnungsmäßiger Buchführung

Allgemein anerkannte Regeln für die Buchführung eines Unternehmens.

## GoBS
Grundsätze ordnungsmäßiger DV-gestützter Buchführungssysteme

Gezielte Übertragung der GoB auf Buchhaltungssoftware.

## GoDV
Grundsätze ordnungsmäßiger Datenverarbeitung

An die DV-Welt angepasste Empfehlung zur Umsetzung der »Grundsätze ordnungsmäßiger Buchführung (GoB)«.

## .gov
government

Top-Level-Domain für US-amerikanische Regierungseinrichtungen, z.B. »www.whitehouse.gov«.

## .gp
Guadeloupe

Top-Level-Domain für Guadeloupe.

## GPF
General Protection Fault

Englische Bezeichnung für die »Allgemeine Schutzverletzung«, die den Absturz eines Programms unter Windows meldet. Ein Programm hat hierbei versucht, auf einen geschützten Speicherbereich einer anderen Anwendung zuzugreifen.

## GPL
General Public License

Spezielle Lizenzbedingungen der Free Software Foundation. Unter der GPL veröffentlichte Anwendungen müssen – ebenso wie der dazugehörige Quellcode – frei verfügbar sein. Weiterentwicklungen unterliegen automatisch wieder der GPL.

## GPRS
General Packet Radio Service

Datenübertragungsmodus innerhalb von GSM-Mobilfunknetzen, der eine maximale Geschwindigkeit von 40,2 Kbit/s erlaubt. GPRS arbeitet mit Datenpaketen, so dass die Grundlage für die Gebührenberechnung die Menge der übertragenen Daten und nicht die dafür benötigte Zeit ist.

## GPS
Global Positioning System

Von den USA aufgebautes, ursprünglich rein militärisch genutztes, satellitenbasiertes Ortungssystem. Inzwischen kann GPS von jedermann kostenlos genutzt werden, beispielsweise von Seglern oder auch zur Abstimmung eines Auto-Navigationssystems.

## GPU
Graphics Processing Unit

Mikroprozessor, der speziell auf Anforderungen aus dem grafischen Bereich zugeschnitten ist. Eine GPU bietet schnelle Berechnungsmethoden und -funktionen, die besonders bei der realistischen Darstellung von Grafiken benötigt werden.

## .gq
Equatorial Guinea

Top-Level-Domain für Äquatorialguinea.

## .gr
Greece

Top-Level-Domain für Griechenland.

## grep
Global search for a regular expression and print out matched lines

Mächtiger Unix-Befehl zur Suche von Textmustern innerhalb von Dateien und Ausgabe der Fundstellen.

## .gs
Sandwich Islands

Top-Level-Domain für die Sandwich-Inseln.

## GS
Geprüfte Sicherheit

Von unabhängigen Instituten erteiltes deutsches Prüfsiegel, das den Einhalt gewisser Mindestanforderungen an ein Produkt, insbesondere im sicherheitstechnischen Bereich bestätigt.

## GSM
Global System for Mobile Communications

In Europa weit verbreiteter Standard für digitalen Mobilfunk. Sämtliche verfügbaren Mobilfunknetze in Deutschland (D1, D2, E-Plus, $O_2$) basieren momentan auf GSM, nutzen aber zum Teil verschiedene Frequenzbänder. Nachfolger von GSM soll das universellere UMTS werden.

## .gt
Guatemala

Top-Level-Domain für Guatemala.

## &gt;
greater than

HTML-Entity für das »Größer als«-Zeichen. Diese andere Schreibweise ist erforderlich, da das Zeichen »>« Bestandteil von HTML-Tags ist und von diesen nicht zu unterscheiden wäre.

## GTK
GIMP Toolkit

Software-Kit für Entwickler im Bereich des Grafikprogramms GIMP unter Linux/Unix.

## gTLD
Generic Top Level Domain

Nicht länderbezogene Top-Level-Domains wie ».org«, ».info« usw., die allen Nutzern offen stehen.

## GTP
GPRS Tunnel Protocol

Protokoll zur Weiterleitung von GPRS-Datenpaketen über IP-Netzwerke.

## GUI
Graphical User Interface

Englisch für »Grafische Benutzeroberfläche«, z.B. Windows, OS/2, KDE usw. Waren früher Betriebssystem und grafische Oberfläche getrennt, bilden diese heute meist eine Einheit.

## GUID
Global Unique Identifier

Von Microsoft in Dateien (z.B. Word-Dokumenten) verwendete weltweit eindeutige Anwender- und Rechner-spezifische Identifikationsnummer. Durch die GUID lässt sich beispielsweise ermitteln, ob ein Dokument auf einem bestimmten Rechner erstellt wurde.

## GUUG
German Unix User Group

Deutscher Verein von Unix-Nutzern mit Sitz in Köln. Ziel des Vereins ist Förderung von Forschung und Entwicklung offener Computersysteme, die auf dem Betriebssystem Unix basieren.

## .gw
Guinea-Bissau

Top-Level-Domain für Guinea-Bissau.

## GW-BASIC
Graphics and Windows Beginner's All-purpose Symbolic Instruction Code

Mit dem Betriebssystem MS DOS mitgelieferter BASIC-Interpreter.

## .gy
Guyana

Top-Level-Domain für Guyana.

# H

## h
Hexadezimal

Wird häufig an hexadezimal codierte Informationen angehängt, z.B. »07h«. Das Hexadezimalsystem beruht im Gegensatz zum Dezimalsystem auf der Basis 16, ein Überlauf an die nächsthöhere Stelle findet also entsprechend später statt. Um auch die Ziffern von zehn bis 15 sauber darstellen zu können, weicht man auf die Buchstaben A bis F aus.

## H.323
Übertragungsstandard für Videokonferenzsysteme.

## ‹h1›...‹h6›
header 1 ... header 6

Logische Auszeichnung für Überschriften verschiedener Hierarchiestufen in HTML. Die Umsetzung und Darstellung übernimmt der Browser auf dem Rechner des Anwenders.

## H2U
Higher Capacity to (2) UMTS

Spezifikation, die den automatischen Übergang vom relativ langsamen UMTS-Netz zu schnelleren Standards wie z.B. WLAN ermöglicht, wo dies verfügbar ist. H2U ist daher in Zukunft insbesondere für die mobile Nutzung von Datendiensten interessant.

## HAD CCD
Hole Accumulation Diode Charge Coupled Device

Spezieller CCD-Sensor der Firma Sony mit einer veränderten Struktur der einzelnen Dioden.

## HAL
Heuristically programmed algorithmic computer

HAL ist der aggressive Bordcomputer des Raumschiffs im Science-Fiction-Film »2001 Odyssee im Weltraum« von Regisseur Stanley Kubrick. Bei einer Verschiebung um jeweils einen Buchstaben ergibt sich die (zufällige?) Zeichenfolge »IBM«.

## HAL
Hardware Abstraction Layer

System-Software, die zwischen Anwendungsprogramm und Hardware arbeitet und so die korrekte Ansteuerung der Hardware (z.B. Grafikkarte) vereinfacht. Das Anwendungsprogramm muss nicht die genauen Fähigkeiten der Hardware kennen, da die Übersetzung von Programmbefehlen in Anweisungen für die Hardware von der HAL übernommen wird. Programme sind also auch auf unterschiedlichen Rechner-Konfigurationen lauffähig, wenn eine entsprechende angepasste HAL vom Hersteller der jeweiligen Komponente verfügbar ist.

## HAM
Hold and Modify

Spezieller Grafikmodus des Commodore Amiga.

## HAMR
Heat-Assisted Magnetic Recording

Technologie von Seagate zur Steigerung der Datendichte auf Magnetplatten durch Erhitzung des zu beschreibenden Segments.

## HAP
Host Access Protocol

Im ARPANET verwendetes Protokoll (RFC 802).

## .ht
Haiti

Top-Level-Domain für Haiti.

## HBA
Host Bus Adapter

Meist als Steckkarte ausgeführter Adapter zum Anschluss des rechnereigenen Bussystems an ein fremdes Bussystem wie SCSI oder Fibre-Channel.

## HBCI
Homebanking Computer Interface

Standard, mit dem Banktransaktionen sicher über das Internet vorgenommen werden können.

## HC
Homecomputer

Englische Kurzbezeichnung für einen »Heimcomputer«. Der Begriff stammt noch aus der Vor-PC-Zeit und meinte Rechner wie den ZX81 von Sinclair, den Commodore VC20 und andere.

## HCI
Host Control Interface

Schnittstelle zur Integration von Bluetooth-Geräten.

## HCL
Hardware Compatibility List

Von der Firma Microsoft geführte Liste von Systemen und Hardware-Komponenten, die einwandfrei mit dem Betriebssystem Windows eingesetzt werden können.

## HCT
Hardware Compatibility Test

Software-Kits, die der Bereich WHQL der Firma Microsoft Hardware-Herstellern zur Verfügung stellt, damit diese die Kompatibilität ihrer Geräte mit dem Betriebssystem Windows testen und sicherstellen können.

## HCT
Hamburger Computertage

Jährlich in Hamburg stattfindende, regionale IT-Messe.

## HD
Harddisk

Englische Bezeichnung für »Festplatte«.

## HD
High Density

Handelsbezeichnung für Disketten. 3½"-HD-Disketten besitzen pro Seite 80 Spuren mit jeweils 18 Sektoren pro Spur, wobei jeder Sektor 512 Byte speichern kann.

## HDBMS
Hierarchical Database Management System

Hierarchisch organisiertes Datenbankmanagementsystem.

## HDCP
High-Bandwidth Content Protection

Beim Übertragen von digitalen Ton- und Videodaten via HDMI-Schnittstelle verwendetes Verschlüsselungsverfahren.

## HDD
Harddisk Drive

Englische Bezeichnung für »Festplattenlaufwerk«.

## HDLC
High-Level Data Link Control

Protokoll, das über ISDN eine synchrone PPP-Verbindung aufbaut.

## HDMI
High Definition Multimedia Interface

Zu DVI pinkompatible, digitale Schnittstelle zwischen Bildschirm und Abspielgerät zur Übertragung von Ton- und Videodaten.

## HDML
Handheld Device Markup Language

Spezielle, von SGML abgeleitete Auszeichnungssprache für kleinere Handheld-Rechner.

## HDR
Header

Kurzbezeichnung für einen Kennsatz, der sich im Kopf von Dateien oder auch am Anfang von Magnetbändern befindet.

## HDTV
High Definition Television

Fernsehstandard mit einer gegenüber PAL und NTSC deutlich erhöhten Auflösung (> 1.000 Zeilen) und somit einer wesentlich besseren Bildqualität.

## HE
Höheneinheit

Bauhöhe von Komponenten, die in 19"-Racks montiert werden. Eine Höheneinheit entspricht 44,45 mm (DIN 41494) oder 1,75 Zoll.

## HEC
Head Error Control

CRC-Prüfsumme, die die Integrität des ATM-Headers sicherstellt.

## HfD
Hauptanschluss für Datenleitung

Alte Bezeichnung für Datendirektverbindungen (DDV) der Telekom.

## HFP
Hands Free Profile

Bluetooth-Profil zur besseren Anbindung von Headsets insbesondere im Auto.

## HFS
Hierachical File System

Von den Rechnern der Firma Apple verwendetes Dateisystem.

## HFS+
Hierachical File System +

Weiterentwicklung des HFS-Dateisystems von Apple.

## HGA
Hercules Graphics Adapter

PC-Grafikadapter mit einer Auflösung von 720 x 348 Pixeln bei zwei Farben (s/w), benannt nach dem Entwickler, der Firma Hercules.

## HGC
Hercules Graphics Card

siehe HGA.

## HID
Human Interface Device

Microsoft-Bezeichnung für Geräte, die als direkte Mensch-Computer-Schnittstelle fungieren, wie beispielsweise Tastatur, Maus, Joystick usw.

## HiFD
High Capacity Floppy Disk

Von Sony entwickelte, abwärtskompatible Alternative zur 3½"-Diskette, die sich am Markt allerdings nie durchgesetzt hat.

## HiRes
High Resolution

Allgemeine englische Bezeichnung für »hohe Auflösung«, beispielsweise bei Ausgabegeräten wie Druckern und Bildschirmen. Eine konkrete Angabe ist damit allerdings nicht verbunden.

## .hk
Hong Kong

Top-Level-Domain für Hongkong.

## HKEY
Handle Key

Namenszusatz für Zweige innerhalb der Registry von Windows.

## HLLAPI
High Level Language Application Programming Interface

Programmierschnittstelle für Großrechner von IBM.

## HMA
High Memory Access

Zugriff auf den eigentlich nicht zugänglichen Speicherbereich oberhalb von 640 Kbyte unter dem Betriebssystem MS DOS.

## HMA
High Memory Area

Bezeichnung für den Speicherbereich oberhalb von 640 Kbyte unter dem Betriebssystem MS DOS.

## HMD
Head-mounted Display

Am Kopf zu befestigendes Display, das somit immer im Sichtbereich des Trägers liegt.

## .hn
Honduras

Top-Level-Domain für Honduras.

## HNF
Heinz Nixdorf MuseumsForum

Dem deutschen Computerpionier Heinz Nixdorf gewidmetes Museum in Paderborn, das auf umfangreichen Ausstellungsflächen die Entwicklung der Computer- und Informationstechnik darstellt.

## HomePNA
Home Phoneline Networking Alliance

1998 gegründeter Zusammenschluss von IT-Firmen, die eine Technik zur parallelen Nutzung bereits vorhandener Telefonleitungen als Netzwerkmedium entwickelt hat.

## HomeRF
Home Radio Frequency

Kabelloser Netzwerkstandard, der auch Telefonie und Multimedia integriert und insbesondere für Heimanwender und kleinere Büros gedacht ist.

## HP
Hewlett-Packard

Von Walter Hewlett und Dave Packard gegründetes US-amerikanisches IT-Unternehmen. Seit der Übernahme von Compaq im Jahr 2002 ist HP der weltgrößte Computerhersteller, noch vor IBM und Dell.

## HPC
Handheld PC

Mobiler Kleinstrechner, der oft ohne Tastatur auskommt und mittels eines Touchdisplays bedient wird.

## HPFS
High Performance File System

Von IBM mit dem Betriebssystem OS/2 eingeführtes Dateisystem für Festplatten als Ersatz für das FAT-System von MS DOS. HPFS sollte vor allem Zugriffe beschleunigen und die Speicherausnutzung verbessern.

## HP-GL
Hewlett-Packard Graphics Language

Von der Firma Hewlett-Packard entwickelte Steuersprache für Plotter.

## HP-PCL
Hewlett-Packard Printer Control Language

Von der Firma Hewlett-Packard entwickelte Steuersprache für Drucker, insbesondere Laser- und Tintenstrahldrucker.

## HP/UX
Hewlett-Packard Unix

Kommerzielles Unix-Derivat der Firma Hewlett-Packard.

## HQ
High Quality

Ungenaue Qualitätsangabe, beispielsweise für Auflösung von Druckern oder Digitalkameras.

## .hr
Croatia

Top-Level-Domain für Kroatien.

## ‹hr›
horizontal ruler

HTML-Tag zum Erzeugen einer horizontalen Trennlinie, beispielsweise zur Strukturierung eines längeren Texts.

## HRAA
High Resolution Anti-Aliasing

Verbessertes Verfahren zur Kantenglättung bei der Grafikdarstellung.

## HREF
Hypertext Reference

Verweis in Hypertext-Dokumenten (z.B. HTML-Seiten) auf eine andere Seite oder eine andere Position des aktuellen Dokuments. Diese Links genannten Querverweise kennzeichnen das Wesen von Hypertext-Dokumenten.

## HSB
Hue, Saturation, Brightness

Möglichkeit zur Definition von Farben durch Angabe von Farbton, Sättigung und Helligkeit.

## HSCSD
High Speed Circuit Switched Data

Datenübertragungsmodus in Mobilfunknetzen, der bis zu 43,2 Kbit pro Sekunde übertragen kann.

## HSFS
High Sierra File System

Für CDs entwickeltes Dateisystem, das heute in der ISO 9660 enthalten ist. Benannt wurde das HSFS nach dem Tagungsort der Entwickler, dem »High Sierra«-Hotel in Nevada.

## HSM
Hierarchical Storage Management

Kombinierte Soft- und Hardware-Lösungen zur effektiven, langfristigen Speicherverwaltung. Oft benötigte Informationen bleiben auf schnellen (und teuren) Speichermedien, andere Informationen werden schrittweise ausgelagert, z.B. auf Magnetbänder, die bei Bedarf angefordert werden können.

## HSM
Hypersonic Motor

Bezeichnung von Nikon für Objektive mit Ultraschallmotor, siehe auch USM.

## <...hspace=...>
horizontal space

Attribut innerhalb verschiedener HTML-Tags, z.B. <img>. Der Wert hinter »hspace« gibt an, wie viel Pixel links und rechts neben dem entsprechenden Objekt frei bleiben, und dient sozusagen als »Abstandhalter«.

## HTML
Hypertext Markup Language

Von SGML abgeleitete, Hypertext-basierte Auszeichnungssprache, mit der Seiten für das World Wide Web (WWW) erstellt werden können.

## HTTP
Hypertext Transfer Protocol

Im Internet zum Abruf von Webseiten (WWW) verwendetes Protokoll, nutzt im Allgemeinen den Port 80 des IP-Protokolls.

## HTTPD
Hypertext Transfer Protocol Daemon

Dienst (DAEMON) unter Unix zur Abwicklung der typischen Aufgaben eines WWW-Servers, nämlich des HTTP-Datenverkehrs.

## .hu
Hungary

Top-Level-Domain für Ungarn.

## HU
Height Unit

Englisch für »Höheneinheit«. Siehe HE.

## HUD
Head-Up Display

In den Sichtbereich des Users eingeblendetes Informationsfeld. Genutzt werden HUDs beispielsweise für Piloten, die so den Blick nicht mehr nach unten auf die Instrumente richten müssen, den Kopf also oben (»Head up«) behalten können.

## Hz
Hertz

Maß für die Frequenz (Schwingungen pro Sekunde), benannt nach dem deutschen Physiker Heinrich Rudolf Hertz.

### ‹i›
italic

HTML-Tag zur Darstellung kursiven Texts.

### I2C
Inter-IC-Bus

Bussystem zur seriellen Verbindung von ICs.

### I2O
Intelligent Input/Output

Schnelles Bussystem für Mainboards zur Ankopplung externer Ein-/Ausgabegeräte.

### I3A
International Imaging Industry Association

Organisation von Firmen aus den Bereichen Bildverarbeitung und Fotografie, hervorgegangen aus PIMA und DIG.

### IA-64
Intel Architecture – 64 Bit

Neue CPU-Architektur von Intel für Chips mit einer Busbreite von 64 Bit.

### IAA
Intel Application Accelerator

Software-Tool von Intel, das bei Rechnern mit unterstützten Chipsätzen beispielsweise die Bootzeit verringert und Festplattenzugriffe beschleunigt.

## IAB
Internet Architecture Board

Unabhängiges Gremium, das den allgemeinen Aufbau des Internets verbessern und weiterentwickeln will.

## IAD
Integrated Access Device

Ermöglicht den Anschluss von Endgeräten an DSL-Netze.

## IAE
ISDN Anschlusseinheit

Anschlussdose für ISDN-Endgeräte, meist als RJ-45-Buchse.

## IAHC
Internet Ad Hoc Committee

Zusammenschluss von Verbänden aus dem Internet-Bereich wie IANA, ISOC usw. mit dem Ziel, das DNS weiterzuentwickeln.

## IANA
Internet Assigned Numbers Authority

Dem Internet Architecture Board (IAB) unterstellte Instanz, die von der US-amerikanischen Regierung mit der Vergabe von IP-Adressen an ISPs und anderen für das Internet wichtigen Aufgaben beauftragt wurde. Heute werden diese Aufgaben von der unabhängigen Organisation ICANN wahrgenommen.

## IAUG
International AIX User Group

Internationaler Zusammenschluss von Nutzern des Betriebssystems AIX von IBM.

## IBAN
International Bank Account Number

Eindeutige Kontonummer für den internationalen Zahlungsverkehr, enthält neben der eigentlichen Kontonummer auch Informationen über den Sitz der Bank.

## IBM
International Business Machines

Der weltweit zweitgrößte Computerhersteller mit Sitz in Armonk. IBM ist inzwischen auch im Dienstleistungsumfeld tätig und bietet IT-Dienstleistungen aus einer Hand.

## IBSS
Independent Basic Service Set

Topologiebezeichnung für ein Wireless-LAN mit mehreren kabellos angebundenen Clients, ohne Access Point. Da die Geräte direkt miteinander kommunizieren, wird es auch als »Ad-hoc«-Netz bezeichnet.

## IC
Integrated Circuit

Kurzbezeichnung für »Integrierter Schaltkreis«, also allgemein einen elektronischen Baustein.

## ICA
Independent Computing Architecture

Technologie der Firma Citrix zum serverbasierten Ausführen von Programmen, auf die von beliebigen Rechnern aus mittels einer einfachen Client-Software zugegriffen werden kann.

## ICANN
Internet Corporation for Assigned Names and Numbers

Unabhängige Dachorganisation, die inzwischen statt der IANA für die Verwaltung des IP-Adreßraums, von Domainnamen und die Systemverwaltung von Root-Servern zuständig ist.

## ICC
International Color Committee

Organisation, die sich mit der Standardisierung von Farbmodellen und der einheitlichen Ausgabe befasst. Um Geräte wie Drucker oder Scanner an dieses Modell anzupassen, sind vielfach vorgefertigte Profildateien vom Gerätehersteller verfügbar.

## ICC
Interrupt Controller Communications

Bussystem zur Koordination mehrerer Advanced Programmable Interrupt Controller (APIC).

## ICD
Installable Client Driver

Auf Client-Rechnern wie z.B. PCs installierbarer Grafiktreiber zur Interpretation von OpenGL-Befehlen.

## ICF
Internet Connection Firewall

In die Betriebssysteme MS Windows XP und .NET-Server integrierte Firewall auf Software-Basis.

## ICH
I/O Controller Hub

Integraler Baustein von Intel-Chipsätzen, siehe auch ICH4.

## ICH4
I/O Controller Hub 4

Komplexer Baustein von Intel für Pentium-4-Mainboards und Bestandteil des i845-Chipsets. Die »Southbridge« ICH4 integriert unter anderem einen USB-2.0-Controller, ATA100-Funktionalität sowie einen Ethernet-Netzwerkanschluss.

## ICMP
Internet Control Message Protocol

In RFC 792 beschriebenes Protokoll auf der Vermittlungsschicht des OSI-Modells. Das ICMP dient dem Austausch von Fehlermeldungen und Nachrichten zwischen Rechnern.

## .ICO
Icon

Dateiendung unter Windows für eine auf dem BMP-Format basierende Icon-Datei.

## ICQ
I seek you

Im Internet weit verbreiteter Client für Instant Messaging.

## ICRA
Internet Content Rating Association

Verband, der sich für eine altersgerechte Klassifikation von Internet-Inhalten einsetzt.

## ICS
Internet Connection Sharing

Software innerhalb von Windows, die vernetzten Rechnern den Zugriff auf das Internet über einen zentralen Computer mit Internetverbindung ermöglicht. Dabei ist es unerheblich, ob es sich um eine Wähl- oder Standverbindung wie DSL handelt. Der zentrale Rechner agiert für die anderen als Proxy-Server.

## ICSA
International Computer Security Association

US-Organisation, die sich mit Sicherheitsfragen im IT-Bereich befasst (früher NCSA).

## ICU
ISA Configuration Utility

Software-Utility zur Konfiguration von alten ISA-Karten in Plug&Play-Rechnern. Insbesondere der von der Karte verwendete IRQ sowie der notwendige Adressbereich zum Datenaustausch kann hier eingestellt werden.

## ICU
Instruction Cache Unit

Spezieller Cache-Speicher innerhalb einer CPU, der ausschließlich Anweisungen und keinerlei Daten puffert.

## ID
Identification Number / Identifikationsnummer

Nummer oder Kürzel zur eindeutigen Kennzeichnung eines Objekts oder Datensatzes.

## .id
Indonesia

Top-Level-Domain für Indonesien.

## ID3
Im ID3-Tag können innerhalb von MP3-Dateien weitere Infos wie z.B. Titel, Jahr, Interpret o.Ä. abgelegt werden.

## ID3v1
Erste Version der ID3-Tags.

## ID3v2
Weiterentwickelte, aktuelle Version des ID3-Tags mit umfangreicheren Informationen. ID3v2-Informationen sind zusätzlich zum alten ID3v1-Tag vorhanden und können nicht unbedingt von allen MP3-Playern angezeigt werden.

## IDAPI
Integrated Database Application Programming Interface

Von IBM und Borland 1992 vorgestellte Schnittstelle zum Ansprechen von Datenbanken, ähnlich ODBC.

## IDC
Internet Database Connector

Datei auf dem Webserver, die den Zugriff auf Datenbanken ermöglicht. Die Datei enthält die genaue Angabe der gewünschten Datenbank sowie das SQL-Statement, das die gewünschten Daten extrahiert.

## IDE
Integrated Device Electronics

Einfache Schnittstelle im PC-Bereich zum Anschluss von bis zu zwei Festplatten pro IDE-Kanal. Die Steuerung der Festplatte wird dabei wie bei SCSI in die Elektronik des Laufwerks integriert. Der Rechner benötigt nur noch einen einfachen, preisgünstigen Host-Adapter, der in modernen Chipsätzen integriert ist. Moderne PCs verfügen über bis zu vier IDE-Kanäle.

## IDE
Integrated Development Environment

Englisch für »Integrierte Entwicklungsumgebung«. Komplette Umgebung zum Entwickeln von Programmen, bestehend aus Editor, Compiler, Debugger und anderen Hilfsmitteln.

## IDEA
International Data Encryption Algorithm

1990 veröffentlichter symmetrischer Verschlüsselungsalgorithmus, der an der ETH Zürich entwickelt wurde. Wird etwa so stark wie der DES-Algorithmus eingestuft.

## IDF
Intel Developer Forum

Regelmäßig stattfindende Entwicklerkonferenz der Firma Intel.

## IDS
Intrusion Detection System

System auf Hard- und/oder Software-Basis zur Entdeckung von Eindringlingen in Netzwerken. Einbruchsversuche werden so weit möglich unterbunden, protokolliert und den Systemadministratoren gemeldet, damit diese entsprechende Gegenmaßnahmen einleiten können.

## IDT
Interrupt Descriptor Table

Tabelle innerhalb von Mikroprozessoren, in der Informationen über Interrupts gepuffert werden.

## IDV
Individuelle Datenverarbeitung

Verarbeitung von Daten genau auf die Wünsche des jeweiligen Kunden angepasst. IDV beinhaltet neben dem Einsatz bewährter Software-Lösungen auch die kundenspezifische Entwicklung von Programmen, um dieses Ziel zu erreichen.

## .IDX
Index

Dateiendung für eine häufig bei Datenbanken anzutreffende Index-Datei, die Suchvorgänge innerhalb des Datenbestands erheblich beschleunigen kann.

## .ie
Ireland

Top-Level-Domain für die Republik Irland.

## IE
Internet Explorer

Kurzbezeichnung für den Internetbrowser »Internet Explorer« von Microsoft.

## IEC
International Engineering Consortium

US-amerikanische Organisation, die sich im Bereich Forschung, Entwicklung und Bildung in der Informationsindustrie engagiert und gute Kontakte zur Industrie und zu Universitäten unterhält.

## IEEE
Institute of Electrical and Electronic Engineers

Fachverband der amerikanischen Elektro-Ingenieure, der auch viele allgemein anerkannte Normen im DV-Bereich entwickelt hat.

### IEEE 802.1p
Regelung zur Priorisierung des Datenverkehrs innerhalb von Netzwerken.

### IEEE 802.1x
Standard zum Übertragen von EAP-Datenpaketen innerhalb von Ethernet-Frames. Damit können die Informationen auch innerhalb von LANs weitergeleitet werden.

### IEEE 802.3
Vom IEEE festgelegte Norm für Ethernet-Netzwerke mit 10 Mbit/s und Koaxial-Verkabelung (10Base-5).

### IEEE 802.3ab
Vom IEEE festgelegte Norm für Ethernet-Netzwerke mit 1.000 Mbit/s und Twisted-Pair-Verkabelung (1000Base-T).

## IEEE 802.3ae
Vom IEEE festgelegte Norm für Ethernet-Netzwerke mit 10 Gbit/s und Glasfaser-Verkabelung (1000Base-T).

## IEEE 802.3i
Vom IEEE festgelegte Norm für Ethernet-Netzwerke mit 10 Mbit/s und Twisted-Pair-Verkabelung (10Base-T).

## IEEE 802.3j
Vom IEEE festgelegte Norm für Ethernet-Netzwerke mit 10 Mbit/s und Glasfaser-Verkabelung (10Base-FL).

## IEEE 802.3u
Vom IEEE festgelegte Norm für Fast-Ethernet-Netzwerke mit 100 Mbit/s auf Glasfaserbasis (100Base-FX) oder mit Twisted-Pair-Verkabelung (100Base-TX).

## IEEE 802.3z
Vom IEEE festgelegte Norm für Ethernet-Netzwerke mit 1.000 Mbit/s und Glasfaser-Verkabelung (1000Base-SX bzw. 1000Base-LX).

## IEEE 802.5
Vom IEEE festgelegte Norm für Token-Ring-Netzwerke.

## IEEE 802.11a
Wireless-Ethernet-Standard mit 54 Mbit/s unter Nutzung des 5-GHz-Bands, zunächst nur in den USA und Japan zugelassen. Seit Juli 2002 von der RegTP auch in Deutschland freigegeben.

## IEEE 802.11b
Vom IEEE festgelegte Norm für Wireless-Ethernet-Netzwerke mit 11 Mbit/s.

## IEEE 802.11g
Zukünftiger, noch nicht endgültig von der IEEE verabschiedeter Wireless-Ethernet-Standard mit 54 Mbit/s. Im Gegensatz zu 802.11a wird hier aber das 2.4-GHz-Band verwendet.

## IEEE 802.12
Vom IEEE festgelegte Norm für Ethernet-Netzwerke mit 100 Mbit/s und »Demand-Priority«-Zugriffsverfahren.

## IEEE 1284
Norm vom IEEE für die parallele Schnittstelle (»Centronics«).

## IEEE 1394
Norm vom IEEE für den Firewire-Bus.

## IES
Intelligent Emulation Switching

In einigen Epson-Druckern integrierte Technik, abhängig von den empfangenen Daten automatisch eine kompatible Emulation zu wählen.

## IESE
Fraunhofer-Institut für Experimentelles Software Engineering

Wissenschaftliches Institut der Fraunhofer-Gesellschaft mit Sitz in Karlsruhe.

## IESG
Internet Engineering Steering Group

Der ISOC zugehörige Organisation, die die Arbeitsgruppen der IETF koordiniert.

## IETF
Internet Engineering Task Force

Öffentlicher Verband von Netzwerkbetreibern, Netzwerkspezialisten und auch Einzelpersonen, dessen Ziele ein stabiles Internet und dessen kontinuierliche Weiterentwicklung sind. Die einzelnen Arbeitsgruppen sind Mitglied der IESG.

## IFC
(Netscape) Internet Foundation Classes

Werkzeugsammlung von Netscape zur Gestaltung grafischer Oberflächen mittels Java und Teil des ONE-Konzepts von Sun. Basis für IFC ist das Abstract Windowing Toolkit (AWT).

## IFS
Installable File System

Software-Schnittstelle (API), die Betriebssystemen den Zugriff auf fremde Dateisysteme ermöglicht.

## IFSMGR
Installable File System Manager

In ein Betriebssystem integriertes, systemnahes Programm, das die Zugriffe auf andere Dateisysteme, auch innerhalb von Netzwerken, steuert.

## IGES
Initial Graphics Exchange Specification

Gruppe von Protokollen zur Darstellung und zum Austausch von grafischen Informationen. IGES verwendet dazu bereits bestehende Dateiformate wie etwa CGM.

## IGP
Integrated Graphics Processor

Teil eines PC-Chipsatzes (sog. »Northbridge«), der zusätzlich über eine integrierte Grafikeinheit verfügt und somit den Bau von PCs ohne separate, kostspielige Grafikkarte erlaubt. Als Grafikspeicher wird mittels »Unified Memory Architecture« (UMA) ein Teil des Arbeitsspeichers verwendet. Nachteilig ist die meist relativ schwache Performance dieser Lösungen, die lediglich für Büroanwendungen ausreicht.

## IHS
Integrated Heatspreader

Auf Intel-Mikroprozessoren integrierte Einheit zur besseren Ableitung der entstehenden Hitze an den Kühlkörper.

## IIS
Internet Information Server

Webserver-Software der Firma Microsoft, die als Basis einen Rechner mit dem Betriebssystem Windows NT/2000/XP erfordert.

## IIS
Institut für Integrierte Schaltungen

Institut der Fraunhofer-Gesellschaft mit Sitz in Erlangen, das maßgeblich an der Entwicklung von MP3, AAC und entsprechenden Encodern beteiligt ist.

## .il
Israel

Top-Level-Domain für Israel.

## IL
Intermediate Language

Von einem Compiler erzeugter, prozessorunabhängiger Zwischencode. Der Vorteil im Gegensatz zum normalerweise erzeugten Maschinencode ist die wesentlich leichtere Portabilität. Microsofts .NET-Strategie baut beispielsweise auf einer von Compilern erzeugten IL auf.

## ILA
Image Light Amplifier

Technik von Projektoren, die die Lichtintensität über die Durchlässigkeit einer LCD-Schicht regulieren.

## IM
Instant Messaging

Direktes Übermitteln von Nachrichten über Netzwerke wie z.B. das Internet. Im Gegensatz zu E-Mail erscheinen diese Nachrichten unmittelbar beim jeweiligen Adressaten. Als Knotenpunkt dienen Messaging-Server, die alle aktiven Benutzer verwalten und die Nachrichten entsprechend weiterleiten.

## IM(H)O
In my (humble) opinion

Englisch für »Meiner (bescheidenen) Meinung nach«. Häufig in Chats oder Mails verwendete Kurzform.

## IMA
Inverse Multiplexing for ATM

Spezielle Technik zur Übertragung von großen Datenmengen innerhalb kurzer Zeit über relativ langsame WAN-Verbindungen.

## IMAP4
Internet Message Access Protocol 4

Alternative zum POP3-E-Mail-Protokoll, bei dem die Mails auf dem Server verwaltet werden. Vorteilhaft ist dies beispielsweise bei Anwendern, die von verschiedenen Standorten auf ihr Postfach zugreifen wollen.

## IMDB
Internet Movie Database

Im Internet frei zugängliche Datenbank, die umfassende Informationen zu Filmen zur Verfügung stellt.

## IMEI
International Mobile Equipment Identity

Nicht veränderbare Seriennummer beim Mobiltelefon.

## ‹img...›
image

HTML-Tag zur Einbindung von Bilddateien in Webseiten. Das Tag muss mindestens noch um den Namen und Pfad der Grafikdatei ergänzt werden.

## IMS
Internet Mail Service

Dienstprogramm, das den Mailversand und -empfang über das Internet koordiniert.

## IMSI
International Mobile Subscriber Identity

Kennung eines Teilnehmers in GSM-Mobilfunknetzen, die weltweit eindeutig ist.

## .in
India

Top-Level-Domain für Indien.

## INC
Increment

Englisch für »Schrittweite«. Befehl in vielen Programmiersprachen, um Variablen zu erhöhen. Wird auch bei Zählschleifen häufig angegeben und legt hier zusammen mit Start- und Endwert fest, wie oft die Schleife durchlaufen wird.

## .INF
Information

(Geräte-)Informationsdatei unter Windows, die für das Betriebssystem wichtige Informationen zur Installation einer Hardware-Komponente oder von Programmen enthält.

## INGRES
Interactive Graphic Retrieval System

Relationales Datenbanksystem.

## INPOL
Informationssystem Polizei

EDV-gestütztes Informationssystem der Polizei, in das viele spezialisierte Anwendungen und Datenbanken eingebunden sind.

## INS
Insert

Englisch für »Einfügen«. INS ist auch die englische Beschriftung der deutschen Taste »Einfg«.

## IntP
Intercom Profile

Bestandteil des Telephony Control Profile zur Kopplung von Bluetooth-Geräten wie Headsets.

## INTRQ
Interrupt Request

Mikroprozessor-Steuersignal, das eine Unterbrechungsanforderung (Interrupt) auslöst.

## INXS
Internet Exchange Service

In München befindlicher zentraler Internetknoten (Peering-Point), ähnlich dem DE-CIX in Frankfurt. Hier wird der Datenverkehr in die Netze der angeschlossenen Provider verteilt.

## .io
British India Ocean Territory

Top-Level-Domain für Britisch-Indien.

## I/O
Input/Output

Englisch für »Ein-/Ausgabe«.

## iON
image Online Network

Bezeichnung einer frühen elektronischen Kamera der Firma Canon.

## IOS
Internetworking Operating System

Netzwerk-Systemsoftware der Firma Cisco.

## IP
Internet Protocol

In RFC 792 dokumentiertes, ungesichertes Netzwerkprotokoll, das heute die Grundlage des Internets und vieler lokaler Netzwerke bildet.

## IP
Image Processing

Englisch für »Bildverarbeitung«.

## IPC
Integrated Polymer Circuit

Ein auf Kunststoff basierender integrierter Schaltkreis (IC).

## IPL
Initial Program Load(er)

Startvorgang bzw. Startprogramm eines Rechnersystems.

## IPMI
Integrated Platform Management Interface

Schnittstelle zur Steuerung und Überwachung von Rechnersystemen.

## IPng
Internet Protocol next generation

Weiterentwicklung des TCP/IP-Netzwerkprotokolls, siehe IPv6.

## IPP
Internet Printing Protocol

Protokoll, das zur Konfiguration von Druckern und Druckservern im Netz verwendet wird. Die Bedienung erfolgt dabei über einen normalen Internet-Browser.

### IPPV
Impulse Pay per View

Bestellen von Filmen o.Ä. per Fernbedienung, beispielsweise in der Set-Top-Box »d-box« integriert. Per Modem wird dann die Bestellung an den TV-Sender übertragen.

### IPS
In-Plane Switching

Von Hitachi entwickelte TFT-Technologie, die einen besonders großen Blickwinkel ermöglicht.

### IPSec
Internet Protocol Security

Von der IETF auf Basis des IP entwickeltes Protokoll, das den Aufbau verschlüsselter Verbindungen, beispielsweise zum Aufbau von Virtual Private Networks (VPN) erlaubt. Die kommunizierenden Geräte benötigen dazu einen gemeinsamen öffentlichen Schlüssel.

### IPv6
Internet Protocol Version 6

Verbesserung des IP-Protokolls zur Erweiterung des verfügbaren Adressraums. IPv6 verwendet insgesamt 128 Bit zur Adressierung und wird in Zukunft das bisherige IP ablösen.

### IPX
Internetwork Packet Exchange

Teil des Protokolls (Transport- und Netzwerkschicht) von Novells Netzwerkbetriebssystem »NetWare«.

### .iq
Iraq

Top-Level-Domain für den Irak.

## .ir
Iran

Top-Level-Domain für den Iran.

## IR
Infrarot

Elektromagnetische Strahlung unterhalb des sichtbaren roten Lichts, die zur Datenübertragung genutzt werden kann oder auch bei Fernbedienungen zur Signalübermittlung verwendet wird.

## IRC
Internet Relay Chat

Möglichkeit, sich im Internet per Tastatur mit vielen anderen Teilnehmern gleichzeitig und online zu »unterhalten«.

## IrDA
Infrared Data Association

Standard zur Datenübertragung über kurze Strecken per Infrarotlicht. Die maximale Geschwindigkeit beträgt 115 Kbit/s.

## IRF
Inherited Rights Filter

Filter bei Novell »NetWare«, der je nach Einstellung Benutzerrechte »vererben«, d.h. auf untergeordnete Verzeichnisse übertragen kann.

## IRQ
Interrupt Request

Englisch für »Unterbrechungsanforderung«. Signal an den Prozessor, die momentane Arbeit zu unterbrechen und etwas anderes auszuführen, beispielsweise Abfragen der Tastatur.

## IRS
Information Retrieval System

System zum Auffinden bestimmter Daten, z.B. ein Expertensystem.

## .is
Iceland

Top-Level-Domain für Island.

## IS
Image Stabilizer

Elektronische Anti-Verwackel-Hilfe bei Digitalkameras bzw. digitalen Videokameras, die bei langen Brennweiten bzw. langen Belichtungszeiten ein ruhig stehendes Bild generiert.

## ISA
Industry Standard Architecture

Bussystem des IBM-PC, das wirklich zum »Industriestandard« wurde. Zunächst als 8-Bit-Steckplatz ausgelegt, wurde es hinterher durch Ansetzen eines weiteren, kleineren Slots zum 16-Bit-Bus ausgebaut.

## ISAKMP/Oakley
Internet Security Association and Key Management Protocol/Oakley

Protokoll zum Austausch des öffentlichen Schlüssels bei IPSec-Verbindungen.

## ISAM
Index-Sequential Access Method

Englisch für »Index-sequenzielle Zugriffsart«. Möglichkeit, auf Daten mittels eines eindeutigen Schlüssels (z.B. fortlaufende Nummer) direkt zuzugreifen. Möglich wird dies durch eine separate Index-Tabelle, die neben dem Schlüssel die genaue Speicheradresse des jeweiligen Datensatzes enthält. Die Suche findet dann in der Indextabelle statt, auf den gefundenen Datensatz kann anschließend direkt zugegriffen werden.

## ISAPI
Internet Server Application Programming Interface

Speziell für die Belange von Webservern entwickelte Software-Schnittstelle (API).

## ISBN
International Standard Book Number

Weltweit eindeutiger 10-stelliger Code für Bücher. Neben einer Prüfziffer werden hier das Erscheinungsland, der herausgebende Verlag sowie eine Artikelnummer für das Buch zusammengefasst.

## ISC
International Supercomputer Conference

Jährlich in Heidelberg stattfindende Konferenz und Ausstellung mit dem Schwerpunkt Hochleistungsrechner.

## ISDN
Integrated Services Digital Network

Wörtlich für »Dienste-integrierendes Digitalnetz«. Komplett digitales Wählnetz, über das sowohl Telefongespräche, Fax und auch Datenübertragung abgewickelt werden können.

## ISDN-BRI
ISDN – Basic Rate Interface

Normaler ISDN-Anschluss, bestehend aus einem D-Kanal mit 16 Kbit/s und zwei B-Kanälen mit jeweils 64 Kbit/s.

## ISDN-PRI
ISDN Primary Rate Interface

Primärmultiplex- oder auch $S_2M$-Anschluss. Größerer ISDN-Anschluss bestehend aus einem D-Kanal mit 64 Kbit/s und 30 B-Kanälen mit jeweils 64 Kbit/s.

## IS-H
Industry Solution – Healthcare

Modul der betriebswirtschaftlichen Software R/3 von SAP mit dem Schwerpunkt Patientenmanagement und -abrechnung.

## ISMA
Internet Streaming Media Alliance

Firmenzusammenschluss, der offene Standards für die Übertragung von Multimediadaten über IP-Netze entwickeln soll.

## ISO
International Standards Organization

Internationales Normungsgremium mit Sitz in Genf/Schweiz.

## ISO 9660
Norm für den Aufbau des Dateisystems auf CD-ROMs, die im so genannten »Yellow Book« festgeschrieben ist.

## ISOC
Internet Society

Internationaler Verein, mit dem Ziel, die Nutzung des Internets zu fördern und zu unterstützen.

## ISP
Internet Service Provider

Service-Unternehmen, das seinen Kunden über eigene Einwahlknoten oder Standleitungen den Zugriff auf das Internet ermöglicht. Zusätzlich dazu bieten die meisten Unternehmen auch Dienstleistungen aus dem gesamten Umfeld, von der Beratung bis zur Webseitengestaltung.

## ISPF
IBM System Productivity Facility

Entwicklungsumgebung für IBM-Großrechner.

## ISSE
Internet Streaming SIMD Extensions

Beim Pentium II mit Katmai-Kern (daher auch »Katmai New Instructions«, KNI) eingeführte Erweiterung des Befehlssatzes der Intel-CPU.

## ISSN
International Standard Serial Number

8-stellige, weltweit eindeutige Nummer für regelmäßig erscheinende Publikationen wie z.B. Zeitschriften, ähnlich der ISBN bei Büchern.

## ISV
Independent Software Vendor

Anbieter, der Standardsoftware um besondere Funktionen erweitert, um so Komplettlösungen für bestimmte Märkte anzubieten.

## .it
Italy

Top-Level-Domain für Italien.

## IT
Information Technology

Englisch für »Informationstechnologie«.

## ITC
International Typeface Corporation

Bekannte Firma, die Schriftarten für den DTP-Sektor entwickelt.

## ITIL
Information Technology Infrastructure Library

Sammlung von weltweit anerkannten Dokumenten, die Prozesse im Bereich IT-Servicemanagement beschreiben. Die ITIL besteht aus über 40 Büchern und wurde in den 80er Jahren von einer Abteilung der britischen Regierung erstellt.

## ITLB
Instruction Translation Look-aside Buffer

Funktionseinheit innerhalb des Pentium-4-Prozessors von Intel.

## ITSEC
IT Security

Europäischer Kriterienkatalog zur Bewertung von IT-Sicherheitsprodukten, z.B. Firewall-Systemen.

## ITU
International Telecommunication Union

Internationale Organisation mit Sitz in Genf, die die Zusammenarbeit im Telekommunikationsbereich fördert und auch Empfehlungen und Normen ausspricht. Nachfolger des CCITT.

## IU
Integer Unit

CPU-Teil, der ausschließlich mit Ganzzahlen arbeiten kann.

## IuK
Information und Kommunikation

Häufig anzutreffendes Kürzel, das in etwa synonym zum Begriff »IT« verwendet wird.

## IuKDG
Informations- und Kommunikationsdienste-Gesetz

Deutsche Rechtsvorschrift.

## IVR
Interactive Voice Response

Technik zur Steuerung von Telefonsystemen durch den Anrufer mittels Tonwahl, um z.B. mit bestimmten Abteilungen verbunden zu werden oder hinterlegte Ansagen abzurufen o.Ä.

## IVW
Informationsgemeinschaft zur Feststellung der Verbreitung von Werbeträgern e. V.

Verein, der die Verbreitung und Auflagenhöhe von elektronischen und Printmedien überwacht. Die von der IVW ermittelten Zahlen sind vor allem für die gesamte Werbebranche interessant.

## IWV
Impuls-Wahlverfahren

Altes Verfahren zum Herstellen einer Verbindung in Wählnetzen, die mit Relais arbeitet und am charakteristischen Geräusch (Wählscheibentelefon) zu erkennen ist. Heute weitgehend abgelöst durch das Wählverfahren MFV.

# J

## J2EE
Java 2 Enterprise Edition

Technologie der Firma Sun zum Erstellen verteilter Unternehmensanwendungen auf Basis der Programmiersprache Java.

## J2K
JPEG 2000

Weiterentwicklung des JPG-Grafikformats, das auch erstmals eine verlustfreie Kompression ermöglicht.

## J2ME
Java 2 Micro Edition

Variante von Suns Java, speziell für kleine mobile Geräte wie z.B. Handys.

## JAAS
Java Authentication and Authorization Service

In das Java-SDK 1.4 integrierter Service zur Authentifizierung von Nutzern und zur Steuerung von Zugriffsrechten.

## JAP
Java Anon Proxy

Proxyserver-Software, die Daten anonymisiert und verschlüsselt übermittelt. Eine Rückverfolgung zum anfordernden Client wird durch kaskadierte Rechner (sog. »Mixe«) erheblich erschwert.

## .JAR
Java Archive

Spezielles Archiv-Datei-Format, das Java-Programme bzw. Java-Quelltexte enthält.

## JASS
JavaScript Accessible Style Sheets

Ansteuerung und Manipulation von Stylesheets durch in HTML-Dokumente eingebettete JavaScript-Programme.

## JavaOS
Java Operating System

Auf der Sprache Java basierendes Betriebssystem, beispielsweise auch für Embedded Systems.

## JAXP
Java API for XML Processing

Java-Schnittstelle zur Verarbeitung von Informationen im XML-Format.

## JBOD
Just a Bunch of Disks

Englische Bezeichnung für ein »Bündel Festplatten«, die unabhängig voneinander betrieben und nicht durch eine RAID-Technologie gesichert werden.

## JCE
Java Cryptographic Extension

Erweiterung der Sprache Java um Tools zur Verschlüsselung von Daten.

## JCL
Job Control Language

Steuersprache, mit der einzelne Aufträge bei Großrechnern geplant, ausgeführt und überwacht werden können.

## JCP
Java Community Process

Bereich der Firma Sun, der mit der Weiterentwicklung von Java befasst ist.

## JDBC
Java Database Connectivity

Eine Java-basierende Schnittstelle für Datenbankzugriffe, ähnlich dem ODBC-Standard.

## JDK
Java Development Kit

Von Sun Microsystems herausgegebener Java-Compiler mit Tools.

## JEIDA
Japan Electronic Industry Development Association

Zusammenschluss japanischer Elektronik-Unternehmen.

## JEITA
Japan Electronics and Information Technology Industries Association

Zusammenschluss japanischer Elektro- und IT-Firmen, die den EXIF-Standard für Digitalkameras entwickelt haben.

## JFC
Java Foundation Classes

Wichtige Java-Klassenbibliotheken.

## JFIF
JPEG File Interchange Format

Einfaches, auf der JPEG-Kompression basierendes Format zum Austausch von Grafiken.

## JFS
Journaling File System

Dateisystem, das sämtliche Zugriffe und Änderungen an Dateien protokolliert, um eine Rückverfolgung von Versionsständen und Manipulationen zu ermöglichen.

## JINI
Java Intelligent Network Infrastructure

Java-basierte Technologieplattform der Firma Sun, die eine einfache Vernetzung von beliebigen Geräten ermöglicht.

## JIT
Just in time

Verfahren, das bei Compilern angewendet wird, die erst zur Laufzeit das Programm kompilieren.

## .jm
Jamaica

Top-Level-Domain für Jamaika.

## JOLT
Java Online Transactions

Kapselung von zusammenhängenden Arbeitsschritten zur Online-Übermittlung von Daten in Java.

## .jp
Japan

Top-Level-Domain für Japan.

## JPEG
Joined Photographic Experts Group

Gremium von Fotografie-Experten, das unter anderem das Bildformat »JPG« entwickelt hat.

## .JPG
Joined Photographic Experts Group

Von der JPEG entwickeltes, weit verbreitetes Grafikformat mit der Endung ».jpg« bzw. ».jpeg«. Das JPG-Format wird insbesondere im Internet häufig verwendet, da es mit seiner verlustbehafteten Kompression sehr kleine Dateien erzeugen kann. JPG unterstützt 24 Bit Farbtiefe, bietet aber keine Transparenz.

## JPS
Java Print Service

Programmierschnittstelle (API) für Java zur Steuerung von Druckern. JPS umfasst eine erweiterbare Liste von Druck-Attributen, die auf dem Internet Printing Protocol (IPP) basiert.

## JRE
Java Runtime Environment

Laufzeitumgebung, in der Java-Programme ausgeführt werden.

## .js
JavaScript

Typische Dateiendung für JavaScript-Code, der in eine eigene Datei ausgelagert wurde und der per Link in jede HTML-Datei eingebunden werden kann. Dies erleichtert die Erstellung und Wartung von Webseiten, da das Skript nur einmal zentral verändert werden muss.

## JSDK
Java Servlet Development Kit

Software-Tools zur Entwicklung von Java-Servlets.

## .JSP
Java Server Pages

Dateiendung für dynamische Webseiten, die auf Java-Code basieren. JSP ermöglicht beispielsweise den Zugriff auf Datenbanken via JDBC und erfordert einen Webserver mit entsprechender JSP-Erweiterung, z.B. Apache in Kombination mit Jacarta-Tomcat.

## JSSE
Java Secure Socket Extension

Java-Erweiterung für verschlüsselte Socket-Kommunikation.

## JVC
J++ Visual Compiler

Kurzbezeichnung für den Java-Compiler von Microsoft.

## JVCL
Java Visual Component Library

Windows-Klassenbibliothek der Firma Borland für die JBuilder-Entwicklungsumgebung.

## JVM
Java Virtual Machine

Systemnahe Software, die auf einem Rechnersystem eine plattformunabhängige Laufzeitumgebung für Java-Programme zur Verfügung stellt.

# K

## K
Kilo

Vorsilbe für »Tausend« (=$10^3$). In der EDV steht Kilo allerdings für die Zahl $2^{10}$, was genau 1.024 entspricht.

## K
Kelvin

In der EDV verwendete Maßeinheit für die Farbtemperatur. Normales Sonnenlicht hat etwa 6500 K. Größere Werte beschreiben eine kühlere, bläuliche Wirkung, kleinere lassen das Bild gelb- bis rotstichig erscheinen. Wichtig ist dies insbesondere im DTP-Bereich, wo es auf eine exakte Anzeige der Farbe auf allen Ausgabegeräten ankommt.

## KB
Kilobyte

Vielfaches von einem Byte, entspricht $2^{10}$ = 1.024 Byte.

## kbps
Kilobit per second

Geschwindigkeitsangabe bei der Datenübertragung. 1 kbps entspricht einer Geschwindigkeit von 128 Byte pro Sekunde.

## KCGL
Kyocera Graphic Language

Zu HPs PCL kompatible Seitenbeschreibungssprache bei Druckern von Kyocera-Mita.

## KDE
K Desktop Environment

Grafische Benutzeroberfläche für das Betriebssystem Linux.

## KDM
K Display Manager

Grafisches Login für Linux-Rechner mit der Oberfläche KDE.

## .ke
Kenia

Top-Level-Domain für Kenia.

## KEA
Key Exchange Algorithm

Rechenalgorithmus zum Ver- und Entschlüsseln symmetrischer Schlüssel.

## KERMIT
KI-10 Error-free Reciprocal Micro Interconnect over TTY lines

In Mailbox-Netzen weit verbreitetes Protokoll zur fehlerfreien Übertragung von Daten.

## KES
Key Escrow System

Hinterlegung eines Teilschlüssels bei einer vertrauenswürdigen Organisation, um Ermittlungsbehörden den Zugang zu stark verschlüsselten Dokumenten zu vereinfachen.

## KFM
K File Manager

Dateimanager der grafischen Oberfläche KDE unter Linux.

## .kg
Kyrgyzstan

Top-Level-Domain für Kirgisistan.

## .kh
Cambodia

Top-Level-Domain für Kambodscha.

## .ki
Kiribati

Top-Level-Domain für Kiribati.

## KI
Künstliche Intelligenz

Teilbereich der Informatik, der sich mit der Nachbildung menschlicher Eigenschaften (z.B. Lernfähigkeit, Spracherkennung) befasst.

## KIR
Kyocera Image Refinement

Von Kyocera-Mita in deren Laserdruckern eingesetztes Verfahren zur Erhöhung der physikalischen Auflösung des Druckers durch Anpassung der Punktgröße und anderer Maßnahmen, analog zu HPs RET.

## KIS
Krankenhausinformationssystem

Komplexe IT-Systemlösung, bestehend aus Hard- und Software, zur kompletten Abbildung eines modernen Krankenhauses, angefangen von der Verwaltung bis hin zur Patientenabrechnung und der Integration medizinischer Systeme.

## KISS
Keep it smart and simple

Allgemeine Vorgabe, Dinge wie z.B. Software möglichst einfach und effektiv zu gestalten, um dem Nutzer genau die Funktionalität zu bieten, die er benötigt und für ihn möglichst schnell durchschaubar und damit gut erlernbar ist.

## KIT
Kernsoftware für intelligente Terminals

Standard für grafische Darstellungen innerhalb von Btx/Datex-J und Nachfolger der CEPT-Codierung.

## KK-Antrag
Konnektivitäts-Koordinations-Antrag

Antrag bei einem Internet-Provider, eine bereits bestehende, konnektierte Domain von einem anderen Provider zu übernehmen. Voraussetzung hierzu ist die Zustimmung des Admin-C sowie die Einhaltung bestimmter Fristen bei der Meldung an die beteiligten Provider bzw. das NIC.

## KNI
Katmai New Instructions

Arbeitsname für über MMX hinausgehende Befehlserweiterungen, die Intel mit einer Version des Pentium-II-Prozessors (Codename »Katmai«) vorgestellt hat. Der offizielle Name der Erweiterungen ist ISSE.

## .kp
North Korea

Top-Level-Domain für Nordkorea.

## KPCMS
Kodak Precision Color Management System

Farbmanagementsystem von Kodak zur Angleichung der Farben von Bildschirm, Scannern, Drucksystemen und anderen Geräten.

## KPDL
Kyocera Page Description Language

Zu PostScript kompatible Seitenbeschreibungssprache bei Druckern von Kyocera-Mita.

## KPT
Kais Power Tools

Bekannte, weit verbreitete Sammlung von Grafik-Effektfiltern des deutschen Programmierers Kai Krause.

## .kr
South Korea

Top-Level-Domain für Südkorea.

## KRA
Key Recovery Alliance

1997 gegründete US-Organisation, die Technologien zur einfacheren Schlüsselgewinnung in ihre Produkte implementieren will und damit eine einfachere Dechiffrierung durch beispielsweise Behörden ermöglicht. Ziel ist es, die strengen Exportbestimmungen der USA für Verschlüsselungsprodukte zu erfüllen.

## .kw
Kuwait

Top-Level-Domain für Kuwait.

**KWM**
K Window Manager

Fensterdarstellungs- und Verwaltungskomponente der grafischen Benutzeroberfläche KDE unter Linux.

**.ky**
Cayman Islands

Top-Level-Domain für die Cayman-Inseln.

**.kz**
Kazakhstan

Top-Level-Domain für Kasachstan.

# L

### L1
Level 1

Meist aus SRAM-Speicherzellen aufgebauter Cache-Speicher, der innerhalb der CPU angeordnet ist und auf den sehr schnell zugegriffen werden kann.

### L2
Level 2

Meist aus SRAM-Speicherzellen aufgebauter Cache-Speicher, der als separate Baueinheit auf dem Die der CPU angeordnet ist bzw. vollkommen extern auf dem Mainboard platziert ist.

### L2F
Layer 2 Forwarding

Verfahren von Routern, die Datenpakete auf der Netzwerkebene 2 des OSI-Modells (Sicherungsschicht) weiterleiten.

### L3
Level 3

Dem L2-Cache nachgeordneter Cache-Speicher, der als externe Funktionseinheit neben der CPU auf dem Mainboard angeordnet ist.

### .la
Laos

Top-Level-Domain für Laos.

## LAME
LAME ain't an MP3 Encoder

Weit verbreiteter Open-Source MP3-Encoder. Früher verwendete das Tool den MP3-Encoder des Fraunhofer-Instituts, wodurch sich auch der etwas ungewöhnliche Name erklärt, inzwischen kommt ein eigener Encoder zum Einsatz.

## LAMP
Linux, Apache, MySQL, PHP

Typische Bezeichnung für einen Internet-Webserver, der als Betriebssystem Linux und als Webserver-Software Apache verwendet. Als Datenbank kommt MySQL zum Einsatz, als Programmiersprache zum Gestalten dynamischer Webseiten PHP. Sämtliche Komponenten sind Open-Source-Software und daher sehr kostengünstig.

## LAN
Local Area Network

Lokales Rechnernetzwerk, das räumlich eng begrenzt ist (Firmengelände, Gebäude). Häufig verwendete Netzwerk-Topologien sind Bus-, Ring- oder Stern-Netz. Die gebräuchlichste Technik heute ist das auf dem CSMA/CD-Zugriffsverfahren basierende Ethernet mit Bustopologie.

## LANE
LAN Emulation over ATM

Emulation von Standard-Netzwerken wie Ethernet und Token-Ring auf ATM-Basis.

## LAP/B
Link Access Procedure Balanced

Variante von HDLC, die bei Datex-P zum Einsatz kommt.

## LAP-D
Link Access Procedure D-Channel

Bei ISDN verwendetes Protokoll für den Zugriff auf den D-Kanal zum Übertragen der Steuerinformationen.

## LAP-M
Link Access Procedure Modem

Von der ITU in V.42 beschriebenes Protokoll, basierend auf HDLC, für die Absicherung asynchroner Übertragungen per Modem.

## LASER
Light Amplification by Stimulated Emission of Radiation

Stark gebündelter Lichtstrahl, der z.B. zum berührungsfreien Abtasten oder Beschreiben optischer Datenträger verwendet wird. Ein weiteres großes Einsatzgebiet ist die Drucktechnik. Dabei wird mittels eines Laserstrahls und verschiedener Ablenkspiegel das Bild auf eine Bildtrommel »geschrieben«, die dann entsprechend Toner aufnimmt und diesen innerhalb der Fixiereinheit auf dem Papier einbrennt.

## .lb
Lebanon

Top-Level-Domain für den Libanon.

## LBA
Logical Block Adressing

Adressierungsverfahren bei Festplatten, bei dem alle Datenblöcke einfach aufsteigend nummeriert werden. Im Gegensatz zur CHS-Adressierung lassen sich im LBA-Modus sehr große Platten ansprechen, da er nicht den Gößenrestriktionen der Parameter C/H/S unterliegt.

## LBN
Logical Block Number

Logische Nummer eines konkreten Datenblocks bei Festplatten, die per LBA adressiert werden. Die interne Elektronik der Platte rechnet diesen Wert wieder um in die tatsächlichen physikalischen Parameter Zylinder, Kopf und Sektor (CHS).

## LBS
Location Based Services

Dienste für WAP-Handys, die abhängig von der aktuellen Funkzelle sind. Geeignet z.B. für die Übermittlung aktueller Veranstaltungen in Abhängigkeit vom jeweiligen Aufenthaltsort.

## LCD
Liquid Crystal Display

Stromsparende, ursprünglich monochrome Anzeigetechnik auf Basis von Flüssigkristallen.

## LCID
Local identifier

Der Local Identifier legt innerhalb von dynamischen ASP-Webseiten das Gebietsschema fest und beeinflusst die Darstellung von Datum, Zeit usw. unabhängig von den Systemeinstellungen des ausführenden Rechners.

## LCoS
Liquid Crystal on Silicon

Neue Technologie für Projektionselemente in Beamern, die eine noch höhere Lichtausbeute erreichen und ein kaum noch gerastertes Bild liefern.

## LCR
Least-cost Router

Gerät, das in die Telefonleitung geschaltet wird und anhand aktualisierbarer interner Tabellen und Analyse des Telefonverhaltens den jeweils billigsten Telefonanbieter auswählt. Die notwendige Netzvorwahl hängt der LCR dann automatisch vor die gewählte Rufnummer.

## LCS
Liquid Crystal Shutter

Auch mit »LCD-Drucker« bezeichnete Drucktechnik, ähnlich dem Laserdrucker. Beim LCS-Verfahren wird das Bild mit Halogenlicht durch eine LC-Schicht (siehe LCD) auf die Bildtrommel belichtet. Mechanisch sind sie wesentlich einfacher aufgebaut als ein Laserdrucker und daher kostengünstiger.

## LDAP
Lightweight Directory Access Protocol

Vereinfachtes Protokoll (RFC 1487) zur Kommunikation mit X.500-basierten Verzeichnisdiensten, wie beispielsweise den Novell Directory Services (NDS) oder dem Microsoft Active Directory (ADS).

## LDT
Local Descriptor Table

Tabelle innerhalb von CPUs, über die Speicherzugriffe abgewickelt werden. Siehe auch GDT.

## LE
Light Edition

Gängige Zusatzbezeichnung für im Funktionsumfang reduzierte, kostengünstige Software.

## LED
Light Emitting Diode

Halbleiter, der aus elektrischer Energie Licht erzeugt und vor allem für Kontroll-Leuchten eingesetzt wird. Auch möglich ist ein Einsatz in Druckern ähnlich dem Prinzip des Laserdruckers, nur dass die Belichtung der Bildtrommel durch eine LED-Zeile erfolgt.

## LEO
Link Everything Online

Sehr umfangreiches Online-Angebot der TU München, unter anderem mit Wörterbüchern und Katalogen.

## LF
Line Feed

Englisch für »Zeilenvorschub«. Steuerzeichen für Drucker, der das Papier um eine Zeile weiter nach vorn bewegt. ASCII-Code 10.

## LFB
Linear Frame Buffer

Linear organisierter Pufferspeicher für Einzelbilder, um eine möglichst flüssige Grafikdarstellung zu erreichen.

## LH
Load High

DOS-Befehl, um Treiber in die Upper Memory Blocks zu laden und so wertvollen Hauptspeicher zu sparen.

## <li>
list item

HTML-Tag zur Auszeichnung der einzelnen Elemente einer sortierten (<ol>) oder unsortierten (<ul>) Aufzählung.

## .li
Liechtenstein

Top-Level-Domain für Liechtenstein.

## lib
Library

Englische Bezeichnung für »Bibliothek«. Meist bezeichnet dies eine Sammlung von Software-Routinen, die von mehreren Programmen genutzt werden können (Modularisierung).

## LIF
Low Insertion Force

Sockel für Mikroprozessoren, der einen leichteren Ausbau des Bausteins zulässt. Heute vom wesentlich komfortableren ZIF-Sockel verdrängt.

## LIFO
Last-in-first-out

Warteschlangen-Strategie, bei der neuere Aufträge zuerst ausgeführt werden, wie bei der Abarbeitung eines Stapels. Nach dem LIFO-Prinzip arbeitet beispielsweise ein Stack-Speicher.

## LI-Ion
Lithium-Ionen

Akkutyp, der aufgrund seiner hohen Leistung bei gleichzeitig geringem Gewicht in Mobilgeräten eingesetzt wird. Li-Ionen-Akkus können jederzeit aufgeladen werden und weisen keinen Memory-Effekt auf, erfordern aber ein geeignetes Ladegerät.

## LILO
Linux Loader

Weit verbreiteter Bootmanager unter Linux, der auch andere Betriebssysteme einbinden kann und über eine Textdatei konfiguriert wird.

## LIM EMS
Lotus/Intel/Microsoft EMS

Spezifikation zur Nutzung des Speichers oberhalb von 640 MB unter MS DOS, gemeinsam entwickelt von den Firmen Lotus, Intel und Microsoft.

## LIMDOW
Light Intensity Modulation Direct Overwrite

Technik bei optischen Phase-Change-Laufwerken, die durch eine Erhöhung der Laserintensität des Schreibkopfes ein sofortiges Überschreiben vorhandener Daten ermöglicht. Durch Einsparung eines vorherigen Löschvorgangs ist dieses Verfahren wesentlich schneller.

## LINUX
Linus Unix

Von dem finnischen Studenten Linus Torvalds entwickeltes Betriebssystem (Unix-kompatibel), das als Open-Source-Software vertrieben wird. LINUX eignet sich aufgrund seiner Stabilität besonders für den Einsatz als Serverbetriebssystem und erfreut sich nicht zuletzt wegen des günstigen Preises wachsender Beliebtheit.

## LiPo
Lithium-Polymer

Besonders leistungsfähige Akkus ohne Memory-Effekt, die eine hohe Energiedichte bieten. LiPo-Akkus benötigen unbedingt spezielle Ladegeräte, damit der empfindliche Akku nicht beim Ladevorgang zerstört wird.

## LISA
Logical Integrated Software Architecture

Früher Apple-Rechner mit grafischer Benutzeroberfläche.

## LISP
List Processing (Language)

Deklarative Programmiersprache, die insbesondere im Bereich der Künstlichen Intelligenz verwendet wird.

## .lk
Sri Lanka

Top-Level-Domain für Sri Lanka.

## LMHOSTS
LAN Manager Hosts

Textdatei, die die Zuordnung von Rechnernamen zu IP-Adressen enthält. Die LMHOSTS kann verwendet werden, wenn kein Zugriff auf einen DNS-Server vorhanden ist.

## LNB
Low Noise Block

In der Mitte einer Satellitenantenne angeordnete Empfangseinheit, die eingehende Signale verstärkt, aufbereitet und weiterleitet.

## LFNBK
Long File Name Backup

Tool innerhalb von Windows 9x/Me, um Dateien mit langen Dateinamen zu sichern. Anschließend werden die Daten nach dem aus DOS bekannten Schema »8.3« umbenannt.

## LOF
Loss of frame

Fehler beim Übertragen von Daten innerhalb von Netzwerken, bei dem einzelne Datenpakete (Frames) nicht ihr Ziel erreichen.

## LoI
Letter of intent

Dokument, in dem bestimmte Übereinkünfte zwischen zwei Partnern in der Form einer Absichtserklärung fixiert werden. Dieses kann später beispielsweise als Grundlage für ein Pflichtenheft verwendet werden.

## LOL
Laughing out loud

Englisch für »laut herauslachen«, häufig im Chats und Foren anzutreffendes Kürzel.

## LOS
Loss of signal

Fehler beim Übertragen von Daten innerhalb von Netzwerken, bei dem das Signal zusammenbricht und keine Verbindung zwischen den Knoten besteht.

## LPAR
Logical Partition

In einer logischen Partition können bei IBM-Großcomputern andere Betriebssysteme eingerichtet werden und parallel betrieben werden, ohne sich gegenseitig zu beeinflussen. Gut geeignet zum Einrichten einer Testumgebung.

## LPC
Local Procedure Call

Aufruf einer Prozedur auf dem gleichen Rechner. Gegenteil: RPC.

## LPD
Line Printer Daemon

In Unix-Netzwerken eingesetztes Protokoll (RFC 1179) zur Ansteuerung von Druckern.

## lpi
lines per inch

Englisch für »Zeilen pro Zoll«. lpi ist ein Maß für die Druckdichte der einzelnen Zeilen und gibt somit indirekt an, wie viele Zeilen auf ein Blatt passen. Je höher der Wert, desto besser die Ausgabequalität.

## lpm
lines per minute

Englisch für »Zeilen pro Minute«, Maß für die Geschwindigkeit eines Druckers.

## LPT
Line Printer

Englisch für »Zeilendrucker«. Drucker mit zeilenweiser Ausgabe, beispielsweise ein Matrixdrucker.

## LPX
Low Profile Extended

Bezeichnung für eine vom ATX-Format abgeleitete Baugröße von Mainboards für besonders flache Gehäuse. Steckkarten werden bei LPX-Platinen über eine spezielle Verlängerung (sog. Riser-Karte) liegend montiert.

## LQ
Letter Quality

Mit 24-Nadel-Druckern aufgekommene Bezeichnung für ein hochwertiges, kaum von einer Schreibmaschine zu unterscheidendes Druckbild.

## .lr
Liberia

Top-Level-Domain für Liberia.

## LRU
Least recently used

Englisch für »Zuletzt am wenigsten verwendet«. Häufig bei Cache-Speichern angewandte Strategie, die angewandt wird, wenn der Cache komplett gefüllt ist. Beim LRU-Verfahren werden dann die Daten entfernt, auf die am längsten nicht zugegriffen wurde, um neuen Daten Platz zu machen.

## .ls
Lesotho

Top-Level-Domain für Lesotho.

## LSA
Local Security Authority

Subsystem der Windows-Betriebssysteme (ab Windows NT), das die Authentifizierung der lokalen Benutzer vornimmt und lokale Sicherheitseinstellungen überwacht.

## LSB
Least significant Bit

Englische Bezeichnung für das niedrigstwertige Bit eines Byte, also das ganz rechte Bit mit der Wertigkeit 1 ($2^0$).

## LSI
Large Scale Integration

Maß für die Packdichte von ICs.

## LSL
Link Support Layer

Teil des Netzwerk-Treibermodells von Novell.

## &lt;
less than

HMTL-Entity für das »kleiner-als«-Zeichen (<).

## .lt
Lithuania

Top-Level-Domain für Litauen.

## LTO
Linear Tape Open

Konsortium von IT-Herstellern wie HP, IBM und Seagate, die eine gemeinsame Technik für die gleichnamigen, leistungsfähigen Streamer entwickelt haben. LTO-Streamer erreichen zurzeit eine Speicherkapazität von bis zu 200 GB (komprimiert im Verhältnis 2:1) auf einem Magnetband.

## LTP
Long Term Prediction

AAC-Codierungsprofil, das durch »Vorhersage« des Signalverlaufs eine effizientere Codierung erlaubt.

## .lu
Luxembourg

Top-Level-Domain für Luxemburg.

## LUN
Logical Unit Number

Logische Nummer eines SCSI-Geräts. Ein Gerät mit einer einzigen SCSI-ID kann auch mehrere LUNs haben, um so spezifische Funktionen anzusprechen.

## .lv
Latvia

Top-Level-Domain für Lettland.

## LVD
Low Voltage Differential

SCSI-Erweiterung, die zur Informationsübertragung LVDS verwendet.

## LVDS
Low Voltage Differential Signaling

Codierung von SCSI-Steuerinformationen durch Spannungsänderungen.

## LWL
Lichtwellenleiter

Verbindung von Netzwerken über Glasfaserkabel. Vorteil des Glasfaserkabels ist die hohe Übertragungsgeschwindigkeit, die geringe Störanfälligkeit und die hohe Abhörsicherheit.

## .ly
Libya

Top-Level-Domain für Libyen.

## LZS
Lempel-Ziv Stac

Kompressionsalgorithmus, benannt nach den Entwicklern Lempel und Ziv.

## LZW
Lempel-Ziv-Welch

Algorithmus zur Datenkompression, benannt nach den Entwicklern Lempel, Ziv und Welch.

### m
milli

Vorsilbe für »Tausendstel«.

### M
Mega

Vorsilbe für »Million« (=$10^6$). In der EDV meint Mega allerdings die Zahl $2^{20}$, was genau 1.048.576 entspricht.

### µ
mikro

Vorsilbe für »1 Millionstel« oder $1 \times 10^{-6}$.

### .ma
Marocco

Top-Level-Domain für Marokko.

### MAC
Media Access Control

Die MAC-Adresse ist eine weltweit eindeutige, im ROM verankerte Hardware-Adresse einer Netzwerkkarte.

### MAC
Message Authentication Code

Rechenverfahren, das mittels einer Prüfsumme und eines Hash-Algorithmus die Integrität einer Nachricht verifizieren kann.

## Mac OS
Macintosh Operating System

Betriebssystem von Apple, das auf der hauseigenen Rechnerserie Macintosh zum Einsatz kommt.

## MADK
Microsoft ActiveX Development Kit

Software-Tools von Microsoft zur Entwicklung von ActiveX-Komponenten.

## MAJC
Microprocessor Architecture for Java Computing

Von Sun entwickelter, Java-basierter Mikroprozessor, der vor allem für Embbedded-Systeme gedacht ist.

## MAME
Multiple Arcade Machine Emulator

Software, die auf PC-Systemen die Funktionen verschiedener Spielautomatensysteme emuliert.

## MAN
Metropolitan Area Network

Netzwerk, das sich auf das Gebiet einer Stadt ausdehnt.

## MAPI
Messaging Application Programming Interface

Windows-Software-Schnittstelle für Anwendungen, die Nachrichten austauschen, z.B. E-Mail-Clients.

## MASM
Makro Assembler

Assembler der Firma Microsoft für Rechner auf Intel-Basis und Kompatible.

## MathML
Mathematic Markup Language

Ergänzung zur Seitenbeschreibungssprache HTML, die die Darstellung mathematischer Formeln ermöglicht.

## MAU
Multistation Access Unit

Verteiler in einem Token-Ring-Netzwerk. Der logische Ring befindet sich in der MAU, ab hier geht es sternförmig zu den einzelnen Arbeitsstationen.

## Mavica
Magnetic Video Camera

Markenname für Video- und Digitalkameras der Firma Sony.

## MB
Megabyte

Vielfaches von einem Byte, entspricht $2^{20}$ = 1.048.576 Byte.

## MB
Mailbox

Englische Bezeichnung für ein E-Mail-Postfach.

## MBFM
Minutiae-Based Fingerprint Matching

Identifikation einer Person anhand typischer Merkmale (sog. Minuzien) wie Rillen und Kreuzungen des Fingerabdrucks.

## MBGA
Micro Ball Grid Array

Bauform von ICs, deren einzelne Kontakte halbkugelförmig auf der Unterseite angebracht sind. Die Kontaktflächen sind nochmals kleiner als bei der BGA-Bauform.

## Mbps
Megabit pro Sekunde

Häufig verwendete Messgröße für den Datendurchsatz, insbesondere im Netzwerkbereich.

## MBR
Master Boot Record

Bootbereich einer Festplatte, der im ersten Sektor beginnt. Der MBR enthält neben einer Boot-Routine auch eine Partitionstabelle, die die Aufteilung der Festplatte festlegt und somit auch die parallele Installation verschiedener Betriebssysteme ermöglicht.

## .mc
Monaco

Top-Level-Domain für Monaco.

## MCA
Micro-Channel Architecture

Proprietäres, von IBM entwickeltes 32-Bit-Bussystem, das den ISA-Bus ablösen sollte. Da der MCA nicht abwärtskompatibel zu ISA war und IBM zudem hohe Lizenzgebühren von anderen interessierten Herstellern verlangte, setzte er sich nicht durch.

## MCD
Mini Client Driver

Im Gegensatz zum vollwertigen Installable Client Driver (ICD) abgespeckter OpenGL-Treiber, der nur einen Teil der umfangreichen Grafikbibliothek umsetzt.

## MCGA
Multi-Color Graphics Array

MCGA bezeichnet einen bestimmten Modus der VGA-Karte, bei dem 320 x 200 Pixel mit 256 Farben dargestellt werden. Dieser Modus war anfangs besonders für Spiele interessant.

## MCH
Memory Controller Hub

Baustein eines PC-Chipsatzes, der für die Ansteuerung des Arbeitsspeichers zuständig ist, z.B. beim Intel-845-Chipsatz.

## MCID
Malicious Call Identification

Protokollieren von Anrufern (Belästigung usw.). Muss vom Netzbetreiber aktiviert werden.

## MCP
Microsoft Certified Professional

Detailliert konzipierte Zusatzausbildung von Microsoft für professionelle Anwender, die mit einer Prüfung abgeschlossen wird.

## MCP
Media and Communications Processor

Bezeichnung für die Southbridge des nForce-Chipsatzes der Firma nVidia mit zwei UDMA-Kanälen und USB 2.0.

## MCSD
Microsoft Certified Solution Developer

Von Microsoft zertifiziertes Software-Haus, das Komplettlösungen auf Basis der MS-Produktpalette entwickelt und anbietet.

### MCT
Microsoft Certified Trainer

Speziell geschulte Person, die zertifizierte Schulungen zu Produkten der Firma Microsoft durchführen darf.

### .md
Moldavia

Top-Level-Domain für Moldawien.

### md
make directory

DOS-Befehl zum Anlegen eines neuen Verzeichnisses.

### MD
MiniDisc

Von Sony entwickelter Tonträger mit bis zu 74 Minuten Kapazität in MO-Technik. Die Audioinformationen werden dabei nach dem ATRAC-Verfahren verdichtet, um Platz zu sparen. Als Datenträger im Computerbereich konnte sich die MD nicht durchsetzen.

### MD
Message Digest

Bekannter Verschlüsselungsalgorithmus, z.B. MD5.

### MDA
Mail Delivery Agent

Komponente, mit der der Mail Transport Agent (MTA) eingehende Mails an das Postfach des jeweiligen Empfängers weiterleitet.

### MDA
Model Driven Architecture

Modell zur Beschreibung von Spezifikationen zur Anwendungsentwicklung. Die Beschreibung umfasst dabei immer ein absolut plattformunabhängiges UML-Modell sowie die zur jeweiligen Implementation erforderlichen plattformabhängigen Bestandteile.

## MDA
Monochrome Display Adapter

Grafikadapter mit ausschließlich monochromer Darstellung, auch als »Hercules«-Karte (Auflösung 720 x 348) bekannt.

## MDAC
Microsoft Data Access Components

Software-Komponenten von Microsoft, die Entwicklern einen leichteren Zugriff auf Datenbanken ermöglichen.

## MDCT
Modified Discrete Cosine Transformation

Rechenverfahren, das z.B. beim Erstellen von Musikdateien in komprimierenden Formaten wie MP3 angewandt wird.

## MDE
Messdatenerfassung/Mobile Datenerfassung

Erfassung von Daten direkt am Ort der Entstehung. Die gesammelten Daten werden dann von entsprechenden Systemen gesammelt und ausgewertet.

## MDI
Multiple Document Interface

Bezeichnung für eine Software-Schnittstelle, die es Programmen ermöglicht, mehrere Dateien innerhalb einer Anwendung gleichzeitig zu öffnen. Insbesondere bei grafischen Benutzeroberflächen verbreitet.

## MDIP
Molded Dual In-Line Package

Aus Kunststoff bestehendes Chipgehäuse mit beidseitig herausgeführten Kontakten (DIP).

## MDT
Mittlere Datentechnik

Nicht genau spezifizierte Größenbezeichnung für eine Rechnerklasse zwischen PCs/Workstations und Großrechnern.

## Me
Millenium Edition

Namenszusatz für die Weiterentwicklung von Windows 98 SE (»Second Edition«).

## MESA
MetaEmailSearchAgent

Meta-Suchmaschine im World Wide Web, speziell für E-Mail-Adressen.

## Met
Memory Enhancement Technology

Von Hewlett-Packard entwickelte Datenkompressionstechnik für Seitendrucker, damit diese mit einem kleineren Speicher zur Seitenaufbereitung auskommen können.

## MET
Middle European Time

Englische Bezeichnung für die Mitteleuropäische Zeit (auch CET).

## MF
Manual Focus

Manuelles Scharfstellen bei Kameras, meist mittels eines am Objektiv angebrachten Drehrings.

## MF-2
Multifunktionstastatur 2

Bezeichnung für eine Tastatur mit abgesetztem, separatem Ziffernblock.

## MF-II
siehe MF-2.

## MFC
Microsoft Foundation Classes

Klassenbibliothek für Windows von Microsoft.

## MFLOPS
Mega-FLOPS

Kurzbezeichnung für eine Million FLOPS.

## MFM
Modified Frequency Modulation

Aufzeichnungsverfahren bei magnetischen Datenträgern wie z.B. Festplatten.

## MFT
Master File Table

Bereich innerhalb des NTFS-Dateisystems, in dem eine Liste sämtlicher Dateien und dazugehöriger Informationen wie Größe, Anfang usw. abgelegt sind.

## MFV
Mehrfrequenz-Wahlverfahren

Wählen einer Telefonnummer mittels unterschiedlicher Töne (daher auch Tonwahl genannt). Vorteil ist der wesentlich schnellere Verbindungsaufbau. Voraussetzung hierfür ist der Anschluss an eine digitale Vermittlungsstelle der Telekom.

### .mg
Madagascar

Top-Level-Domain für Madagaskar.

### MGA
Matrox Graphics Adapter

Kurzbezeichnung für die auf Matrox-Grafikkarten verwendeten Chips, z.B. MGA-G100.

### MGA
Monochrome Graphics Adapter

Monochromer Grafikstandard aus dem PC-Bereich mit einer Auflösung von 640 x 200 Bildpunkten und einem digitalen Signal.

### MH
Modified Huffman

Kompressionsalgorithmus, der häufig bei Faxgeräten zum Einsatz kommt und die Übertragungszeit von Dokumenten reduziert.

### MHS
Message Handling System

Systemnahe Software, die die komplette Verarbeitung von E-Mails abwickelt.

### MHz
Megahertz

Kurzbezeichnung für eine Million Hertz (Hz), also eine Million Schwingungen pro Sekunde.

### MIB
Management Information Base

Datenbank, die alle verwaltbaren Geräte und Funktionen innerhalb eines Netzwerks umfasst. Diese Informationen werden von SNMP verwendet.

## MIC
Microphone

Englisch für »Mikrofon«. Meist als 3,5-mm-Klinkenbuchse ausgeführter Anschluss für Mikrofone an Soundkarten.

## MIC
Multiple Interface Connection

Eigenschaft einiger Drucker von Kyocera, die gleichzeitig Daten über verschiedene Schnittstellen empfangen und verarbeiten können.

## MIDI
Musical Instrument Digital Interface

Schnittstelle zum Anschluss von Musikinstrumenten an Computer oder zur Kopplung von Instrumenten untereinander.

## MIF
Management Information File

Im Rahmen des Desktop Management Interface (DMI) eine Datei, die Informationen über die jeweilige Komponente enthält. Diese werden dann innerhalb einer Datenbank verwaltet.

## .mil
US Military

Top-Level-Domain für US-amerikanische Militäreinrichtungen.

## MILNET
US-amerikanisches militärisches Netzwerk und Vorläufer des ARPANETs.

## MIMD
Multiple Instruction Multiple Data

Fähigkeit eines Mikroprozessors, mehrere unterschiedliche Anweisungen mit jeweils unterschiedlichen Daten parallel auszuführen.

## MIME
Multipurpose Internet Mail Extensions

Für das Internet entwickeltes Nachrichtenformat (RFC 1521). MIME erlaubt nicht nur das Versenden von Texten, sondern auch die Integration von beliebigen Binärdaten in E-Mails.

## MIPS
Million Instructions per second

Messgröße für die Geschwindigkeit von Zentraleinheiten, die angibt, wie viele Anweisungen pro Sekunde ausgeführt werden können. Der Wert hat nur begrenzte Aussagekraft, da Zusammensetzung und Art der Instruktionen nicht genau spezifiziert ist.

## MIS
Management Information System

Software, die Informationen speziell für die Führungsebene von Unternehmen liefert, z.B. Statistiken, Übersichten usw. Die Vielzahl der vorhandenen betriebswirtschaftlichen Daten wird stark komprimiert, um so einen schnellen Überblick zu ermöglichen.

## MIT
Massachusetts Institute of Technology

Private Technische Universität mit Sitz in Cambridge bei Boston, Massachusetts. Unter anderem unterrichteten dort bekannte Computer-Pioniere wie Joseph Weizenbaum und Marvin Minsky. Auch heute noch eine bedeutende Ideen-Schmiede.

## MJPEG
Motion JPEG

Erweiterung des JPG-Bildformats für Bewegtbilder, bekannter ist die Bezeichnung MPEG.

## .mk
Macedonia

Top-Level-Domain für Mazedonien.

## mk
make

Compileranweisung, um aus dem Quellcode und den eingebundenen Bibliotheken eine lauffähige Datei zu erzeugen.

## .ml
Mali

Top-Level-Domain für Mali.

## MLR
Multi-channel Linear Recording

Bei Streamern angewandtes Verfahren, bei dem Daten in linear angeordneten Spuren aufgezeichnet werden.

## MM
Materialwirtschaft

Modul für Materialwirtschaft der betriebswirtschaftlichen Software R/3 von SAP.

## MMC
Microsoft Management Console

Zentrale, modular aufgebaute Verwaltungssoftware für die verschiedenen Windows-Varianten. Erweiterungen, z.B. für Fremdkomponenten, können über so genannte Snap-Ins eingebunden werden.

## MMC
Multimedia Card

Kompakter Speicherkartentyp, der vor allem in Mobilgeräten und Digitalkameras verwendet wird.

## MMC
Multimedia Command

Software-Schnittstelle von MS Windows zur Ansteuerung von Multimediageräten.

## MMCA
Multimedia Card Association

Gremium, das für die Weiterentwicklung der Multimedia-Card zuständig ist.

## MM I/O
Memory Mapped I/O

Konzept zur leichteren Steuerung externer Peripherie-Komponenten. Hierbei werden Speicherbereiche des Geräts in den normalen Adressraums des Rechners eingeblendet und sind somit problemlos durch den Programmierer ansprechbar.

## MMR
Modified Modified Read

Verfahren zur Codierung von Faxdokumenten, um Übertragungszeit zu sparen.

## MMS
Multimedia Messaging Service

Erweiterung des Kurznachrichtenstandards SMS für Handys. MMS erlaubt neben der Textübermittlung auch den Versand von Multimediainformationen wie Bildern und Ton. Zurzeit ist die Größe von MMS-Nachrichten auf 30 Kbyte beschränkt.

## MMU
Memory Management Unit

Häufig in den Mikroprozessor integrierte Funktionseinheit, die sich um die Speicherverwaltung kümmert.

## MMX
Multimedia Extensions

Von Intel mit dem Pentium-Prozessor eingeführte Befehlssatzerweiterung, speziell für die Beschleunigung von Multimedia-Anwendungen.

## MNP
Microcom Network Protocol

Vom Hersteller Microcom eingeführtes, herstellerspezifisches Verfahren zur Sicherung und Datenkompression bei der Datenfernübertragung per Modem.

## .mo
Macau

Top-Level-Domain für Macao.

## MO
Magneto-Optical

Das Beschreiben von MO-Datenträgern erfolgt mit Hilfe eines magnetisch-optischen Mischverfahrens, gelesen wird ausschließlich optisch (meist mittels Laser). Vorteil sind hohe Kapazität und die relative Unempfindlichkeit gegenüber Magnetfeldern und anderen Umwelteinflüssen.

## MODEM
Modulator/Demodulator

Gerät zur Datenübertragung per Telefonleitung. Das (auch »der«) Modem konvertiert dabei auf der Seite des Senders die digitalen Signale des Computers in analoge, die dann über die ebenfalls analoge Telefonleitung übertragen werden. Das Modem auf der Empfängerseite übernimmt genau die umgekehrte Funktion und wandelt die analogen Informationen wieder in für den Rechner verständliche digitale Signale um.

## MOLP
Microsoft Open Licence Pack

Altes Großkunden-Lizenzmodell von Microsoft, ersetzt durch das eOpen-Programm.

## MOS
Metal Oxide Semiconductor

Auf Metalloxiden basierender Halbleitertyp.

## MOSC
Modified Original SmartCard

Illegaler Nachbau oder veränderte SmartCard, die das Entschlüsseln von Pay-TV-Sendern erlaubt und in einen Decoder eingesteckt werden muss.

## MOU
Memorandum of understanding

Dokument, in dem übereinstimmende Meinungen zwischen zukünftigen Partnern festgehalten werden. Aus einem MOU ergeben sich meist noch keine vertraglichen Pflichten, es dient eventuell als Vorstufe.

### .MOV
Movie

Von Apples QuickTime-Software verwendetes Datenformat für Videodaten und Streaming Video.

### MP3
MPEG Audio Codec Layer III

Stark komprimierendes Audioformat, das bewusst nicht hörbare Frequenzen entfernt, um so Platz zu sparen. Je nach verwendeter Bitrate reicht die Qualität von Telefon- bis hin zu CD-Qualität.

### MPC
Multimedia-PC

Von der Industrie (u.a. Microsoft) vorgestellte Richtlinie, die Mindestanforderungen an einen Multimedia-fähigen PC festlegt.

### MPC 2
Multimedia-PC 2

Weiterentwicklung der MPC-Richtlinien.

### MPEG
Moving Picture Experts Group

Der JPEG vergleichbare Gruppierung, die sich vorwiegend mit der Darstellung bewegter Bilder auf Computern befasst.

### MPEG LA
MPEG Licensing Administration

Inhaber der MPEG-Patente.

### MPLS
Multi-Protocol Label Switching

Verfahren zur Erhöhung der Datendichte und Sicherstellung der Übertragungsqualität (QoS) in Netzwerken.

## MPM
Multi-Processing-Module

Eigenschaft der Webserver-Software »Apache 2.0«, die eine Anpassung an das verwendete Betriebssystem Unix/Windows ermöglicht. Hiermit wird eine höhere Performance bei hoher Last ermöglicht.

## MPOA
Multiprotocol over ATM

Standard, der es innerhalb von ATM-Netzen ermöglicht, mehrere Netzprotokolle gleichzeitig zu verwenden.

## MPP
Massive Parallel Processing

Rechner, in dem mehrere Prozessoren parallel arbeiten. Im Gegensatz zu SMP greifen die Prozessoren bei MPP-Systemen jeweils auf ihren eigenen Arbeitsspeicher zu.

## MPPC
Microsoft Point-to-point Compression

Datenkompressionsverfahren von Microsoft für direkte Datenverbindungen zwischen zwei Knotenpunkten, beschrieben in RFC 2118.

## MPPE
Microsoft Point-to-point Encryption

Verschlüsselungsverfahren von Microsoft für direkte Datenverbindungen zwischen zwei Knotenpunkten (RFC 3078).

## MPR
Mät-och Provråd

Die staatliche schwedische Prüfstelle für Messgeräte hat maßgeblich an Vorschriften für strahlungsarme Bildschirme gearbeitet. Die Vorschriften sind inzwischen durch die strengeren TCO-Regelungen überholt.

## MPR II
Mät-och Provråd II

Von der staatlichen schwedischen Prüfstelle für Messgeräte erstellte Vorschrift für die Strahlungsarmut von Bildschirmen, inzwischen von den TCO-Empfehlungen abgelöst.

## MPS
Multiprocessor PC System

PC-System, das mit mindestens zwei Mikroprozessoren arbeitet. Dies erfordert ein geeignetes, Mehrprozessor-fähiges Betriebssystem, wie z.B. Linux oder entsprechende Windows-Versionen.

## MPU 401
MIDI Processing Unit 401

MIDI-Schnittstelle der Firma Roland.

## .mq
Martinique

Top-Level-Domain für Martinique.

## MR
Modified Read

Kompressionstechnik, die häufig bei Faxgeräten eingesetzt wird und nur die Änderungen einer Zeile im Vergleich zu der vorhergehenden übermittelt. Da sich Fehler so aufschaukeln könnten, wird jede vierte Zeile komplett übermittelt.

## MRCF
Microsoft Realtime Compression Format

Für die Kompression von Daten in Echtzeit angewandtes Datenformat von Microsoft.

## MRH
Memory Repeater Hub

Baustein bei Intel-Mainboards zur Ankopplung von SDRAM- oder RDRAM-Speicher an den Memory Controller Hub (MCH).

## MRJ
Mac OS Runtime for Java

Laufzeitumgebung für Java-Programme für das Betriebssystem Mac OS.

## MRS
Media Recognition System

Technik bei DAT-Streamern, die dem Laufwerk die Erkennung von entsprechend gekennzeichneten speziellen Magnetbändern für die Speicherung digitaler Daten ermöglicht.

## MRU
Maximum Receive Unit

Feld innerhalb des Link Control Protocols zur Übermittlung von veränderten Datenpaketgrößen zwischen Sender und Empfänger. Ein höherer Wert überträgt mehr Daten bei entsprechend geringerem Overhead.

## MRU
Most Recently Used

Cache-Strategie, bei der die Daten im schnellen Speicher gehalten werden, auf die zuletzt zugegriffen wurde. Entsprechend werden ältere Daten, die länger nicht benötigt wurden, aus dem Cache entfernt.

## MRW
Mount Rainier Rewritable

Neuer Standard für CD-Brenner, der zukünftig ohne spezielle Treiber für Packet-Writing das Schreiben einzelner Dateien auf RW-Medien ermöglichen soll. Das vormals zeitaufwendige Formatieren der Medien geschieht bei MRW bequem im Hintergrund.

## .ms
Montserrat

Top-Level-Domain für Montserrat.

## MS
Master

Häufig anzutreffende Beschriftung bei IDE-Geräten, die ein Laufwerk als Master kennzeichnet, also als das erste, bevorzugte Gerät am betreffenden IDE-Strang.

## MS
Microsoft

Kurzbezeichnung für den 1975 von William (»Bill«) H. Gates und Paul Allen gegründeten US-amerikanischen Softwarekonzern Microsoft.

## MSB
Most Significant Bit

Englische Bezeichnung für das höchstwertige Bit eines Byte, also das ganz linke Bit mit der Wertigkeit $2^{(\text{Anzahl Stellen}-1)}$.

## MSCDEX
Microsoft CD-ROM Extensions

Erweiterung in Form eines Treibers (»mscdex.exe«), die es MS DOS ermöglicht, CD-ROMs im ISO-9660-Format korrekt anzusprechen und in das vorhandene Dateisystem einzubinden. In den modernen Windows-Versionen ist diese Funktionalität integriert.

## MSCE
Microsoft Certified System Engineer

Zertifikat von Microsoft, das nach einem genau festgelegten, umfangreichen Schulungsplan und einer abschließenden Prüfung an die erfolgreichen Teilnehmer verliehen wird.

## MSCP
Mass Storage Control Protocol

Protokoll für die Kommunikation mit großen Massenspeichergeräten wie Disk-Arrays.

## MSCS
Microsoft Cluster Server

Spezielle Systemsoftware von Microsoft, die den ausfallsicheren Clusterbetrieb von mindestens zwei Windows-2000-Servern ermöglicht und steuert.

## MSDE
Microsoft Database Engine

Desktop-Datenbankengine von Microsoft, die im Kern auf der Technik des MS-SQL-Servers beruht.

## MSDN
Microsoft Developer Network

Kostenpflichtiges Angebot von Microsoft für Software-Entwickler, die regelmäßig über Neuerungen und Aktualisierungen innerhalb der MS-Produktpalette informiert werden und entsprechende Testversionen erhalten.

## .MSI
Microsoft Installer

Neues Installationsformat für Anwendungen unter Windows, entwickelt von Microsoft.

## MSI
Medium Scale Integration

Maß für die Packdichte von ICs.

## MSI
Microstar Incorporated

Bekannter Hersteller von PC-Komponenten wie Mainboards und Grafikkarten mit Sitz in Taiwan.

## MSIA
Microsoft Software Inventur Assistent

Software von Microsoft zur Ermittlung der Anzahl von genutzten Lizenzen einzelner Programme innerhalb eines Unternehmens. MSIA soll ein Werkzeug für Anwender zur Einhaltung und Überwachung der Lizenzbedingungen darstellen.

## MSIE
Microsoft Internet Explorer

siehe IE.

## MSIL
Microsoft Intermediate Language

Bytecode für .NET-Sprachen von Microsoft.

## MSN
Microsoft Network

Online-Dienst und -Portal der Firma Microsoft.

## MSN
Multiple Subscriber Number

Möglichkeit bei ISDN, unterschiedliche Rufnummern für verschiedene Geräte/Dienste zu vergeben. Die deutsche Bezeichnung für die MSN lautet Endgeräte-Auswahlziffer (EAZ).

## MSS
Maximum Segment Size

Protokollfeld, das die maximale Menge der pro Paket übermittelten Nutzdaten festlegt.

## MSS
Multiprotocol Switching Services

Von IBM entwickelte Technologie für ATM-Netzwerk-Switches, die eine bessere Kopplung zwischen LAN und WAN bietet.

## MSW
Machine Status Word

Prozessor-Register bei Intel-CPUs 80286, das beispielsweise den Arbeitsmodus (Real Mode oder Protected Mode) festlegt.

## .mt
Malta

Top-Level-Domain für Malta.

## MTA
Mail Transport Agent

Software, die für den Versand von E-Mail zuständig ist. Unter Unix/Linux übernimmt dies häufig das bekannte Programm »sendmail«.

## MTA
Main Table Area

Bereich im Lead-In einer CD-MRW, in dem eine Liste von defekten Sektoren des Mediums sowie den dafür zur Verfügung stehenden Ersatzsektoren abgelegt ist.

## MTBF
Mean Time Between Failure

Zeitabstand (üblicherweise in Stunden) zwischen Auftreten zweier Fehler. Angabe zur Qualität bzw. Haltbarkeit eines Produkts, die allerdings rein statistisch ermittelt wird und daher nur begrenzt aussagekräftig ist.

## MTH
Memory Translator Hub

Baustein von Intel, der dem 820-Chipsatz die Ansteuerung von SDRAM-Speicher ermöglicht.

## MTS
Microsoft Transaction Server

Ein auf dem Component Object Model (COM) aufsetzendes Transaktionsverarbeitungssystem von Microsoft, insbesondere für die Entwicklung und Steuerung von Unternehmensapplikationen.

## MTTR
Mean Time To Repair

Zeit (meist in Stunden), die durchschnittlich notwendig ist, um ein defektes Gerät zu reparieren. Je kürzer die MTTR, beispielsweise durch hohe Modularisierung eines Systems, desto servicefreundlicher ist das Gerät.

## MTU
Maximum Transfer Unit

Protokollfeld, das die maximale Gesamtgröße eines Datenpakets mitsamt Steuerinformationen festlegt.

## .mu
Mauritius

Top-Level-Domain für Mauritius.

## MUA
Mail User Agent

Programm, mit dem ein Benutzer E-Mails auf seinem Client erstellt. Diese werden dann anschließend zum Versand an den Mail Transport Agent (MTA) weitergeleitet.

## MUD
Multi-User Dungeon

Das englische Wort »Dungeon« bedeutet so viel wie »Kerker« oder »Verlies«. Adventure-Typ, der von mehreren vernetzten Usern gespielt werden kann.

## MUL
Multiply

Assembler-Befehl für die Multiplikation.

## MUX
Multiplexer

Elektronischer Baustein, der mehrere Eingangssignale in ein einziges Ausgangssignal umformt. Auf der Gegenseite ist entsprechend ein Demultiplexer notwendig, um die Ursprungssignale wiederherzustellen.

**.mv**
Maldives

Top-Level-Domain für die Malediven.

**MVA**
Multi-Domain Vertical Alignment

Spezielle Bauform von TFT-Displays, die sowohl horizontal als auch vertikal einen extrem großen Blickwinkel aufweisen.

**MVP**
Most Valued Professionals

Von Microsoft ins Leben gerufenes Netz von besonders ausgewählten Entwicklern und Anwendern.

**MVS**
Multiple Virtual Storage

Mehrbenutzerfähiges Betriebssystem für IBM-Großrechner. Jeder Anwender nutzt einen eigenen, virtuellen Speicherbereich.

**MVS/ESA**
Multiple Virtual Storage/Enterprise System Architecture

Betriebssystem für IBM-Großrechner, Weiterentwicklung von MVS.

**.mw**
Malawi

Top-Level-Domain für Malawi.

**.mx**
Mexico

Top-Level-Domain für Mexiko.

### MX
Namenszusatz für die im Jahr 2002 erschienenen Versionen von Flash, Dreamweaver, FireWorks und weitere Programme der Firma Macromedia.

### MX
Mail Exchange

Von DNS-Servern verwalteter Record, der die IP-Adresse des für den Mailversand einer bestimmten Domain zuständigen Servers speichert.

### .MXP
Macromedia Extension Program

Herstellerspezifisches Dateiformat für Erweiterungen der Webdesign-Programme »Fireworks« und »Dreamweaver« von Macromedia.

### .my
Malaysia

Top-Level-Domain für Malaysia.

### .mz
Mozambique

Top-Level-Domain für Mosambik.

## N

**n**
nano

Vorsilbe bei Maßeinheiten für ein Milliardstel ($10^{-9}$).

**.na**
Namibia

Top-Level-Domain für Namibia.

**NACK**
Negative Acknowledge

Steuersignal für eine negative Bestätigung bei der Datenübertragung, d.h., die Daten wurden fehlerhaft übertragen oder der gesamte Verbindungsaufbau schlug fehl.

**NAD**
Network Access Device

Allgemeine Bezeichnung für ein Gerät mit der Fähigkeit, auf Netzwerke zuzugreifen, z.B. eine Netzwerkkarte.

**NAEC**
Novell Authorized Education Center

Autorisiertes Schulungszentrum für die komplette Produktpalette der Firma Novell, das auch entsprechend zertifizierte Teilnehmerprüfungen vornehmen darf.

## NAI
Network Associates Incorporated

Bekannter US-amerikanischer Hersteller für Netzwerk- und Sicherheitsprodukte, unter anderem des »McAfee«-Virenscanners.

## NAL
NetWare Application Launcher

Software aus dem »ZENworks«-Paket der Firma Novell, die für die Software-Verteilung zuständig ist.

## NAND
Not and

Boolesche Operation, die immer dann wahr (»true«) ergibt, wenn die Variablen nicht alle wahr sind. NAND-Gatter lassen sich technisch sehr einfach in ICs realisieren.

## NAPT
Network Address Port Translation

Erweiterung der Network Address Translation (NAT) um einen zusätzlich möglichen Wechsel der Ports bei der Übertragung.

## NAS
Network Attached Storage

Massenspeicher, die direkt an ein vorhandenes Netzwerk angeschlossen werden. Meist handelt es sich dabei um Festplatten mit integriertem Netzwerkadapter.

## NAT
Network Adress Translation

Häufig bei Routern anzutreffende Technik, bei der eine externe IP-Adresse auf viele interne IP-Adressen umgesetzt wird, beispielsweise bei der Anbindung eines Firmen-LANs an das Internet.

**.nato**
North Atlantic Treaty Organization

Top-Level-Domain für Einrichtungen des NATO-Bündnisses.

** **
non-breaking space

HTML-Entity für ein Leerzeichen, bei dem die umgebenden Zeichen beim Zeilenumbruch nicht getrennt werden. So können beispielsweise Zahlen und Einheiten zusammengehalten werden.

**NC**
Norton Commander

Sehr leistungsfähiger Dateimanager aus den »Norton Utilities« von Symantec.

**NC**
Not connected

Kontakt an einem elektronischen Bauteil, der nicht angeschlossen ist.

**NC**
Network Computer

Von Sun und Oracle entwickeltes Rechnerkonzept des »Thin Clients«, das eher einem Terminal gleicht, da der NC nur über Hauptspeicher und einen Prozessor, aber keine eigenen Massenspeicher verfügt. Zentraler Bestandteil dieses Konzepts ist die rechnerunabhängige Programmiersprache Java.

**NCD**
Norton Change Directory

Mit den »Norton Utilities« ausgeliefertes Programm zum Wechseln von Verzeichnissen, das deutlich mächtiger als das »CD«-Kommando von DOS war.

## .NCF
NetWare Command File

Endung für Batchdateien beim Netzwerkbetriebssystem »NetWare« der Firma Novell. Beispiel: »autoexec.ncf«.

## NCI
Non Coded Information

Informationen, die in einem nicht für die sofortige Verarbeitung per IT geeigneten Format vorliegen, z.B. Schriftstücke.

## NCR
National Cash Registers

Heute zum AT&T-Konzern gehörender Hersteller von Kassensystemen.

## NCSA
National Computer Security Association

siehe ICSA.

## ND
Neutral Density

Filter im Bereich der (digitalen) Fotografie, der die in das Objektiv eintretende Lichtmenge reduziert, ohne die Farben zu verändern. Dadurch kann auch in besonders heller Umgebung eine größere Blende und somit eine geringere Schärfentiefe beibehalten werden.

## NDA
Non Disclosure Agreement

Geheimhaltungsvereinbarung, die beispielsweise zwischen dem Hersteller und dem Tester einer Software abgeschlossen wird. Letzterer wird darin verpflichtet, während der Erprobungsphase keinerlei Informationen zu der Software an Dritte weiterzugeben.

## NDD
Norton Disk Doctor

Programm der »Norton Utilities«, mit dem fehlerhafte Datenträger repariert werden können.

## NDIS
Network Driver Interface Specification

Beschreibung für die Kommunikation zwischen Netzwerkkarten und dem Betriebssystem mit den dazugehörigen Protokolltreibern.

## NDK
Novell Developer Kit

Software-Entwicklungs-Tools, die der Hersteller Novell Entwicklern, die Programme für das Netzwerkbetriebssystem »NetWare« entwerfen, zur Verfügung stellt.

## NDMP
Network Data Management Protocol

Netzwerkprotokoll zur Sicherung von Daten auf NAS-Geräten.

## NDR
Non-Delivery Report

Rückmeldung eines E-Mail-Servers an den Absender, wenn eine Mail nicht zugestellt werden konnte, weil z.B. der Zielrechner nicht antwortet oder die E-Mail-Adresse nicht existiert.

## NDS
NetWare Directory Services

Vom Netzwerkbetriebssystem »NetWare 4.x« der Firma Novell verwendeter Verzeichnisdienst, der die alte »Bindery«-Struktur der Vorgängerversionen abgelöst hat.

## .ne
Niger

Top-Level-Domain für Niger.

## NEAT
New Enhanced Advanced Technology

Chipsatz der Firma Chips&Technologies für Rechner mit Intel-80286/80386-Prozessoren bzw. Kompatiblen.

## NEC
Nippon Electronic Corporation

Bekannter japanischer Elektronik-Konzern.

## NES
Nintendo Entertainment System

Spielkonsole der Firma Nintendo.

## NETBEUI
NETBIOS Extended User Interface

Einfaches, auf NETBIOS basierendes Netzwerkprotokoll, das nicht Routing-fähig ist und sich daher besonders für kleine Netze und Peer-to-Peer-Netze eignet.

## NeXT
New Extended Technology

1985 vom Apple-Pionier Steve Jobs gegründetes Unternehmen, das einen völlig neu konzipierten Rechner mit grafischer Oberfläche (den NeXT-Rechner mit dem Betriebssystem »NeXTstep«) entwickelte.

## NFS
Network File System

Von Sun Microsystems entwickeltes Protokoll, das innerhalb von Netzwerken den Zugriff auf Daten anderer Systeme ermöglicht.

## .ng
Nigeria

Top-Level-Domain für Nigeria.

## NGI
Next Generation Internet

Arbeitsbezeichnung für eine Weiterentwicklung des Internets, meist unmittelbar mit dem IPv6-Protokoll verknüpft.

## .ni
Nicaragua

Top-Level-Domain für Nicaragua.

## NIC
Network Information Center

Für die Vergabe und Verwaltung von Internet-Domains zuständiges Unternehmen. In Deutschland ist dies das DeNIC für die TLD ».de«.

## NIC
Network Interface Card

Kurzbezeichnung für »Netzwerkkarte«.

## NiCd
Nickel-Cadmium

In tragbaren Rechnern anzutreffender Standard-Akku-Typ. Nachteilig bei NiCd-Akkus ist der Memory-Effekt, der eine komplette Ladung verhindert, wenn der Akku nicht jedes Mal vollständig entleert wird.

## NiMH
Nickel-Metallhydrid

Moderner Akku-Typ für tragbare Rechner, der eine höhere Kapazität als NiCd-Akkus und keinen Memory-Effekt aufweist.

## NIST
National Institute of Standards in Technology

US-amerikanisches Institut für die Entwicklung von Standards im Technologiesektor. Das NIST entwickelte gemeinsam mit der NSA beispielsweise den Secure Hash Algorithmus (SHA).

## NITF
News Industry Text Format

Von Nachrichtenagenturen und Verlagen entwickeltes Format zur Codierung und zum Austausch von Nachrichten.

## .nl
Netherlands

Top-Level-Domain für die Niederlande.

## NL
New Line

ASCII-Steuerzeichen zum Einleiten einer neuen Zeile, beispielsweise bei Druckern.

## NLBS
Network Load Balancing Service

Dienst des Betriebssystems Windows 2000 Server, der für die Verteilung der Netzwerklast auf mehrere virtuelle Netzwerkkarten (VNIC) innerhalb von Cluster-Systemen verantwortlich ist.

## NLM
NetWare Loadable Module

Bezeichnung für ausführbare Programme innerhalb des Betriebssystems Novell »NetWare«. Diese Module können im laufenden Betrieb geladen oder entfernt werden.

## NLQ
Near Letter Quality

Mit 9-Nadel-Druckern aufgekommene Bezeichnung für ein hochwertigeres, wenig von einer Schreibmaschine zu unterscheidendes Druckbild. Bei NLQ sind die einzelnen Punkte der zugrunde liegenden Matrix jedoch immer noch gut zu erkennen.

## NLS
NetWare Language Support

Dateien zur Unterstützung verschiedener Sprachen durch das Netzwerkbetriebssystem »NetWare« von Novell.

## NMI
Non Maskable Interrupt

Spezielle Unterbrechungsanforderung an den Mikroprozessor, die nicht maskiert, also nicht verhindert werden kann, da sie zwingend erforderlich ist.

## NMS
Netscape Messaging Server

Von der Firma Netscape (heute im Besitz von AOL) entwickelter webbasierter Messaging-Server.

## NNTP
Network News Transport Protocol

Protokoll im Internet, das zur Kommunikation mit News-Servern eingesetzt wird.

## .no
Norway

Top-Level-Domain für Norwegen.

## NOC
Network Operations Center

Kontrollzentrum zur Steuerung und Überwachung eines Weitverkehrsnetzwerks (WAN).

## NOP
No operation

Maschinenbefehl, der nichts tut, eben »No Operation«.

## NOR
Not or

Boolesche Operation, die immer dann wahr (»true«) ergibt, wenn alle Teilaussagen des Ausdrucks falsch (»false«) sind.

## NOS
Network Operating System

Speziell auf Netzwerk-Belange optimiertes Betriebssystem zum Einsatz auf Servern. Wichtig ist neben einer guten Performance beispielsweise ein ausgereiftes Berechtigungskonzept, um Datenschutz zu gewährleisten sowie eine hohe Stabilität und Fehlersicherheit.

## .np
Nepal

Top-Level-Domain für Nepal.

## NPA
Network Printer Alliance

Zusammenschluss von Druckerherstellern, der die Einbindung von Druckern in Netzwerke standardisieren und vereinfachen will.

## NRZ
Non Return to Zero

Aufzeichnungsverfahren bei Festplatten, bei der der Schreibstrom nicht nach jeden Impuls auf null zurückkehrt. Durch diese Technik können auf gleichem Raum mehr Daten gespeichert werden.

## NSA
National Security Agency

US-amerikanische Bundesbehörde, die sich mit der Sicherung und Verschlüsselung vertraulicher Informationen befasst. Zudem liefert die NSA nachrichtendienstliche Erkenntnisse durch Abhören sämtlicher Kommunikationsdienste auch außerhalb der USA.

## NSAPI
Netscape Server Application Programmer's Interface

Softwareschnittstelle (API) der Server-Anwendungen (z.B. »Fast-Track«-Webserver) der Firma Netscape.

## NSFNET
National Science Foundation Network

1986 in Betrieb genommenes wissenschaftliches Netzwerk der US-amerikanischen National Science Foundation.

## NSP
Name Service Protocol

Für Domain Name Service (DNS) verwendetes Kommunikationsprotokoll.

## NSTL
National Software Testing Lab

Unabhängiges Testlabor in den USA, das im Herstellerauftrag Untersuchungen und Tests an Hard- und Software-Komponenten durchführt und beispielsweise die Einhaltung bestimmter Standards überprüft.

## NT
Network Termination

Abschlusswiderstand bei ISDN. Ein nicht korrekt terminierter ISDN-Bus kann zu massiven Funktionsstörungen führen.

## NT
New Technology

Von Microsoft eingeführtes Kürzel zur Benennung der »Profi-Version« von Windows, Windows NT.

## NTBA
Network Termination for Basic Access

Abschlusswiderstand zur Terminierung eines ISDN-Basisanschlusses. Am (von der Telekom gelieferten) NTBA werden dann die ISDN-Endgeräte bzw. eine Telefonanlage angeschlossen.

## NTC
Negative Temperature Coefficient

Elektronischer Widerstand, dessen Leitfähigkeit bei steigenden Temperaturen sinkt. Aufgrund dieser Eigenschaft werden NTC-Widerstände häufig als Temperaturfühler eingesetzt.

## NTFS
NT File System

Sammelbezeichnung für von Microsoft entwickelte Dateisysteme, siehe NTFS-4 bzw. NTFS-5.

## NTFS-4
NT File System 4

Von MS Windows NT4 verwendetes Dateisystem, das im Gegensatz zu FAT kleinere Cluster ermöglicht und nicht so stark zur Fragmentierung neigen soll. NTFS ermöglicht auch einen erhöhten Zugriffsschutz und bietet eine bessere Performance als der Vorgänger FAT.

## NTFS-5
NT File System 5

Mit Windows 2000 eingeführte Weiterentwicklung des Dateisystems NTFS-4.

## NTLDR
NT Loader

Ladeprogramm von Windows NT.

## NTLM
NT LAN Manager

Sammelbezeichnung für die in das Betriebssystem Windows NT und dessen Nachfolger integrierten Netzwerkkomponenten. Der NTLM baut vor allem auf herstellerspezifischen Standards von Microsoft auf und verliert zugunsten von anerkannten Standards an Bedeutung.

## NTP
Network Time Protocol

In RFC 1305 beschriebenes Protokoll, das im Internet eine gemeinsame Zeit zwischen mehreren Servern festlegt. Verzögerungen innerhalb des Netzes werden dabei ausgeglichen. Das NTP verwendet den Port 123.

## NTSC
National Television System Committee

In den USA verwendeter Fernsehstandard.

## NTT
Nippon Telephone & Telegraph

Kurzbezeichnung für einen großen, international tätigen japanischen Telekommunikationskonzern.

## NUA
Network User Address

Adresse, die einen Benutzer im Netzwerk eindeutig kennzeichnet, z.B. IP-Adresse.

## NUI
Network User Identification

Die NUI dient der Identifikation eines Nutzers im Netzwerk, meist anhand seines Benutzernamens und seines persönlichen Kennworts.

## NUL
Null, Nichts

Zeichen mit dem ASCII-Code 0. Bei einigen Computersystemen ein imaginäres Gerät (»NUL-Device«).

## NUMA
Non Uniform Memory Access

Architektur von Multiprozessorsystemen, bei der die Prozessoren sowohl einen abgeschotteten eigenen als auch einen gemeinsamen Speicherbereich nutzen können.

## NV-RAM
Non-Volatile Random Access Memory

RAM-Speicherbaustein, der seinen Inhalt nach Abschalten des Stroms behält (»non-volatile« bedeutet »nicht flüchtig«).

## .nz
New Zealand

Top-Level-Domain für Neuseeland.

## OCA
Online Crash Analysis

Möglichkeit von Windows XP, nach einem Bluescreen wegen inkompatibler Gerätetreiber online eine Mitteilung an Microsoft abzusetzen. Von dort kommt dann bei Bedarf ein entsprechender Patch zurück.

## OCI
Open Catalog Interface

Schnittstelle für die Bereiche E-Business und CRM der betriebswirtschaftlichen Software R/3 bzw. mySAP der SAP AG.

## OCR
Optical Character Recognition

Optische Zeichenerkennung versucht, aus gescannten Dokumenten wieder Texte zu erstellen. Dabei gibt es unterschiedliche Ansätze: »Pattern«-(= Muster) bzw. »Feature«-(= Merkmal)Recognition. Die Mustererkennung erkennt Zeichen, indem es die zu lesenden Grafiken mit bereits bekannten (»gelernten«) Mustern vergleicht. Bei der »Feature-Recognition« wird versucht, Zeichen anhand bestimmter Schrifttyp-unabhängiger Merkmale zu erkennen.

## OCR-A
Optical Character Recognition – A

In DIN 66008 genormter maschinenlesbarer Schrifttyp mit insgesamt 40 Zeichen (26 Buchstaben, zehn Ziffern und vier Sonderzeichen), typischerweise an den Serifen zu erkennen. Ist z.B. auf Bankformularen häufig zu finden.

## OCR-B
Optical Character Recognition – B

In DIN 66009 genormter maschinenlesbarer Schrifttyp, angenehmer zu lesen als OCR-A.

## OCW
Open Courseware

Pilotprojekt des MIT mit dem Ziel, sämtliche dort verwendeten Lehrmaterialen sukzessive online der Öffentlichkeit zur Verfügung zu stellen.

## .ocx
OLE Control Extensions

Unter den MS-Betriebssystemen verwendetes Dateiformat für Programmbibliotheken und Steuerelemente.

## ODAPI
Open Database Application Programming Interface

1992 von der Firma Borland vorgestellte, universelle Schnittstelle zwischen Datenbanken und Anwendungsprogrammen, inzwischen in IDAPI aufgegangen.

## ODBC
Open Database Connectivity

1992 von Microsoft entwickelte Software-Schnittstelle, die es Anwendungsprogrammen ermöglicht, auf die Datenbestände verschiedener Datenbanksysteme zuzugreifen.

## ODBO
OLE DB for OLAP

Von der SAP AG spezifizierte Software-Schnittstelle zur Anbindung von OLAP-Datenbanken.

## ODI
Open Device Interface

Treibermodell von Novell, das Hardware-abhängige und -unabhängige Teile voneinander trennt.

## ODP
Overdrive Processor

Namenszusatz für Intel-Prozessoren, die einen bestehenden Prozessor einer älteren Baureihe ersetzen, ohne dass ein Tausch des Mainboards notwendig ist. Durch den Einsatz eines Overdrive Processors wurde beispielsweise aus einem i486 ein Rechner mit Pentium-Prozessor.

## OE
Outlook Express

Kurzbezeichnung für den kostenlosen E-Mail-Client und Newsreader von Microsoft.

## OEM
Original Equipment Manufacturer

Produzent, der Software oder Komponenten an andere Hersteller verkauft. Diese vertreiben die Komponenten dann unter eigenem Namen (evtl. auch in Komplettsystemen).

## ‹ol›
ordered list

HTML-Tag für nummerierte Listen. Je nach zusätzlichem Parameter kann die Nummerierung sowohl numerisch als auch alphabetisch erfolgen.

## OLAP
Online Analytical Processing

Dynamische betriebswirtschaftliche Datenanalyse in einem Unternehmen, z.B. »Was-wäre-wenn«-Analysen, »Warum«-Fragestellungen.

## OLE
Object Linking and Embedding

Technik, die es seit Windows 3.1 erlaubt, Objekte zwischen unterschiedlichen Programmen auszutauschen. Eine Anwendung fungiert dabei als OLE-Server, die Zielanwendung als OLE-Client. Bei OLE kann das Objekt wahlweise verknüpft (Zielanwendung speichert nur einen Zeiger auf das Objekt) oder eingebettet werden (Zielanwendung speichert das Objekt selbst mit ab).

## OLE DB
Object Linking and Embedding Database

Von Microsoft propagierter Nachfolger der ODBC-Schnittstelle zur einheitlichen Anbindung von Datenbanksystemen.

## OLED
Organic Light Emitting Display

In der Entwicklung befindliche Displaytechnik, die auf organischen Leuchtelementen aufbaut.

## OLTP
Online Transaction Processing

Englisch für »Online-Transaktionsverarbeitung«. Unter einer Transaktion versteht man zusammengehörige Teile eines Vorgangs (z.B. Update eines Datensatzes innerhalb einer Datenbank), der nur als ordnungsgemäß abgeschlossen gilt, wenn alle Teilaufgaben korrekt erledigt wurden.

## .om
Oman

Top-Level-Domain für Oman.

## OMA
Object Management Architecture

Standard der Object Management Group (OMG) zur Verwaltung von Objekten.

## OMG
Object Management Group

Zusammenschluss von IT-Firmen, die den CORBA-Standard entwickelt haben.

## ONE
Open Net Environment

Initiative der Firma Sun, die als Antwort auf Microsofts Konzept .NET zu sehen ist.

## OO
Objektorientierung

siehe OOP.

## OOP
Objektorientierte Programmierung

Art der Programmierung, die im Gegensatz zur bekannten prozeduralen Programmierung Klassen, Objekte, Instanzen und Methoden verwendet. Objektorientierte Programmiersprachen sind z.B. C++ und Java.

## Opcode
Operation Code

Allgemeine Bezeichnung für eine Anweisung in Maschinensprache an den Prozessor.

## OPS
Operations per second

Maßeinheit für die Geschwindigkeit eines Prozessors, die angibt, wie viele Rechenoperationen er pro Sekunde ausführen kann. Dabei ist nichts über die Komplexität der Operationen ausgesagt, insofern handelt es sich hier nur um eine sehr ungenaue Messgröße.

## ORB
Object Request Broker

siehe CORBA.

## OS
Operating System

Englisch für »Betriebssystem«.

## OS/2
Operating System/2

Zunächst gemeinsam von Microsoft und IBM entwickeltes, auf Stabilität und Sicherheit optimiertes Betriebssystem. Nach einem Streit übernahm dann IBM die Weiterentwicklung, Microsoft platzierte Windows NT dagegen. OS/2 spielt heute nur noch eine untergeordnete Rolle und wird nicht mehr gezielt weiterentwickelt.

## OS/400
Operating System/400

Betriebssystem für die IBM-Midrange-Systeme der AS/400-Reihe.

## OSD
On-Screen Display

Monitortechnik, bei der die Regelung der Bildparameter (Kontrast, Helligkeit, Bildlage usw.) über ein komfortables Bildschirmmenü vorgenommen wird.

## OSGi
Open Service Gateway Initiative

Verband, der Industriestandards im Bereich der Anbindung von Embedded-Systemen an das Internet entwickelt.

## OSI
Open System Interconnection

Komitee von ISO und ITU, das das ISO/OSI-Schichtenmodell für den Datenverkehr in Netzwerken entwickelt hat.

## OSM
On-Screen Menu

Auf dem Bildschirm einblendbares Menü, das die komfortable Einstellung des Geräts erlaubt.

## OSPF
Open Shortest Path First

Dynamisches Routing-Protokoll im Internet, das die kürzeste und somit schnellste Verbindung zwischen zwei Netzen herstellen soll.

## OSS
Online Service System

Bezeichnung für ein Supportsystem, bei dem Kunden online Anfragen stellen können, die je nach Komplexität entweder automatisiert oder persönlich vom Adressaten beantwortet werden, um so Bereiche wie die Hotline zu entlasten.

## OSTA
Optical Storage Technology Association

Organisation von Herstellern im Bereich der optischen Speicher.

## OTES
Outside Thermal Exhaust System

Aufwendige Technik zur Kühlung von Grafikprozessoren auf Grafikkarten der Firma Abit. Die entstehende Abwärme wird dabei durch eine Kombination aus Kühlkörper, Heatpipe, Lüfter und einem Kunststoffkanal über ein zweites Slotblech nach außen geführt.

## OTP
One-Time Password

Eventuell automatisch generiertes Passwort, das einmal gültig ist und vom Nutzer sofort gegen ein eigenes ausgetauscht werden muss.

## OU
Organizational Unit

Hierarchieebene bei Verzeichnisdiensten wie dem Active Directory von Microsoft bzw. den NDS von Novell. OU stellt eine Organisationseinheit einer Firma dar, z.B. eine Abteilung oder eine Filiale.

## OVL
Overlay

Bezeichnung für eine Technik, ein Signal, z.B. ein Bild, mit anderen Informationen zu überlagern.

## OVST
Ortsvermittlungsstelle

Knotenpunkt bei der Telekom, von dem die einzelnen Leitungen zu den Endabnehmern geschaltet werden.

## OWA
Outlook Web Access

Zugriff auf den PIM-Client »Outlook« bzw. den dahinter stehenden Exchange-Server von Microsoft mittels gängiger Webstandards wie HTTP und eines einfachen Browsers.

## p
pico

Vorsilbe bei Maßeinheiten für ein Billionstel ($10^{-12}$).

## P
Program

Programmautomatik bei Digitalkameras. In diesem Modus legt die Kamera automatisch eine passende Kombination aus Blende und Belichtungszeit fest, um ein korrekt belichtetes Foto zu erhalten.

## <p>
Paragraph

HTML-Tag zur Auszeichnung eines Textabschnitts (Absatz).

## P2P
Peer to (2) Peer

In etwa »Verbindung unter Gleichen«, bezeichnet eine Verbindung zwischen gleichgestellten Rechnersystemen, beispielsweise in Netzwerken ohne zentralen Server. Die angeschlossenen Systeme kommunizieren dabei direkt miteinander, ohne eine übergeordnete steuernde Instanz.

## P2P
Point to (2) Point

Bezeichnung für eine direkte Verbindung zwischen zwei Knotenpunkten innerhalb eines Netzwerks.

### .pa
Panama

Top-Level-Domain für Panama.

### PABX
Private Automatic Branch Exchange

siehe PBX.

### PACE
Priority Access Control Enabled

Netzwerktechnologie der Firma 3COM, bei der Ethernet-Pakete mit Prioritäten versehen werden können.

### PAD
Portable Application Description

Von der Association of Shareware-Professionals geschaffener Standard, der in einer XML-codierten Datei umfangreiche Informationen zu einem Programm enthält.

### PAE
Physical Address Extension

In Intel-Prozessoren integrierte Methode zur Adressierung großer Hauptspeicher bis zu 64 Gbyte.

### PAL
Phase Alternation Line

In Europa übliche Fernsehnorm, bei der das Bild aus 625 Zeilen besteht und 50 Halbbilder pro Sekunde (= effektiv 25 Bilder pro Sekunde) dargestellt werden.

### PAL
Programmable Array Logic

Programmierbarer Logikbaustein.

## PAM
Paging Area Memory

Speicherbereich, der ausschließlich zum Auslagern von gerade nicht benötigten Seiten aus dem Hauptspeicher genutzt wird.

## PAML
Publicly Accessible Mailing Lists

Verzeichnis von öffentlich zugänglichen Mailinglisten im Internet.

## PAN
Personal Area Network

Bluetooth-Profil zum Aufbau eines komplett drahtlosen TCP/IP-Netzwerks.

## PAP
Programmablaufplan

Grafische Darstellung einer Programmlogik mit Hilfe von Symbolen nach DIN 66001.

## PAP
Password Authentication Protocol

Protokoll, das beim Verbindungsaufbau über PPP Benutzer und Passwort überprüft. Im Gegensatz zu CHAP werden hier die Daten unverschlüsselt übertragen.

## PARC
Palo Alto Research Center

Seit über 30 Jahren bestehendes US-amerikanisches IT-Forschungszentrum mit Sitz in Palo Alto, Kalifornien. Am PARC wurde unter anderem die Maus als Zeigegerät entwickelt.

## PA-RISC
Precision Architecture – Reduced Instruction Set Computer

Bezeichnung für Highend-Workstation-CPUs der Firma Hewlett-Packard.

## .PAS
Pascal

Dateiendung für den Quellcode eines Pascal-Programms.

## PASV
Passive Open

Im PASV-Modus wird bei der Datenübertragung per FTP der Port für den Datenkanal vom Rechner des FTP-Users festgelegt statt vom FTP-Server. Dieses Verfahren ermöglicht eine FTP-Verbindung durch eine eventuell vorhandene Firewall.

## PAT
Port and Address Translation

Network Address Translation (NAT) mit zusätzlicher Übersetzung der verwendeten Ports zwischen zwei Netzwerken.

## PB
Pipeline Burst

Zugriffsverfahren auf Cache-Speicher, bei der nur einmalig eine Adresse angegeben wird und dann mehrere, aufeinander folgende Daten gelesen werden.

## PBB
Polybromierte Biphenyle

Unter anderem bei Gehäusen verwendeter Kunststoff, der durch den Zusatz von Brom flammhemmend wirkt. So behandelte Kunststoffe gelten inzwischen als gesundheitsschädlich.

## PBP
Picture-by-Picture

Technik von Samsung zur parallelen Anzeige von Video- und PC-Grafiksignal auf einem TFT-Bildschirm.

## PBX
Private Branch Exchange

Kurzbezeichnung für eine private Telefon-Nebenstellenanlage.

## PC
Punched Card

Englische Abkürzung für »Lochkarte«.

## PC
Personal Computer

Aus den frühen 80ern stammender Begriff, der einen auch für Privatpersonen bezahlbaren Mikrocomputer bezeichnet. Heute meist synonym für IBM-PC-kompatible Rechner verwendet.

## PC
Program Counter

Zähler innerhalb des Mikroprozessors, der jeweils auf den nächsten auszuführenden Befehl zeigt.

## PCA
Power Calibration Area

Nicht beschreibbarer Bereich einer CD-R oder CD-RW, in dem der Brenner die Stärke des Lasers zum Schreiben von Informationen kalibrieren und so dem jeweiligen Medium anpassen kann.

## PCB
Printed Circuit Board

Platine mit maschinell aufgedruckten Leiterbahnen.

## .PCD
Photo Compact Disc

Von Kodak auf der hauseigenen Photo-CD verwendetes Dateiformat.

## PCD
PhotoCD

Von Kodak entwickelter CD-R-Standard, der speziell auf das Speichern von bis zu 100 Fotos zugeschnitten ist. Die Fotos liegen dabei in verschiedenen Auflösungen vor und können vom Fotolabor nach der Entwicklung des Films gescannt und auf die CD geschrieben werden.

## PC-DOS
Personal Computer – Disk Operating System

IBM-Variante des Betriebssystems DOS von Microsoft mit nur marginalen Unterschieden.

## PCI
Peripheral Components Interconnect

Von Intel entwickelter 32 Bit breiter Bus für Steckkarten, der mit 33 MHz getaktet wird. Wesentlicher Vorteil gegenüber dem VLB ist die Entkopplung des Busses vom Prozessor.

## PCIPB
The President's Critical Infrastructure Protection Board

US-amerikanische Kommission mit dem Auftrag, technische Infrastrukturen wie z.B. Telefon- und Datennetze auf ihre Ausfallsicherheit hin zu überprüfen.

## PCI-X
PCI-Extended

Abwärtskompatible Weiterentwicklung des PCI-Bus mit Datenübertragungsraten von bis zu 1 Gbit/s.

## PCL
Printer Control Language

siehe HP-PCL.

## PCL
Perspective control lens

Objektiv für (digitale) Kameras, das »stürzende« vertikale Linien z.B. in der Architekturfotografie ausgleichen kann. Auch als Shift-Objektiv bezeichnet.

## PCM
Pulse Code Modulation

Verfahren zur Umwandlung analoger Signale in digitale.

## PCMCIA
Personal Computer Memory Card International Association

Zusammenschluss von Herstellern, die eine Industrienorm für Notebook-Steckkarten festgelegt hat. Die so genannten PCMCIA-Karten wurden später umbenannt in »PC-Cards«.

## PCMCIA
People Can't Memorize Computer Industries Acronyms

Englisch für »Menschen können sich Akronyme aus der Computerindustrie nicht merken«. Ironische Bezeichnung für die sehr schlecht zu merkende, lange Abkürzung PCMCIA.

## P-Code
Pseudo-Code

Vorstufe zur Maschinensprache. Da der Pseudo-Code noch nicht prozessorabhängig ist, ist eine einfache Portierung auf andere Systeme an dieser Stelle möglich.

## PCR
Platform Configuration Register

Speicherbereich einer Smartcard für TCPA-konforme Rechner, die einen 160 Bit langen Hashwert aufnimmt und so die Integrität des »Trusted Mode« sicherstellt.

## PC-RW
Phase Change Rewritable

Bezeichnung für nach dem Phase-Change-Verfahren zu beschreibende Datenträger.

## PD
Public Domain

Englisch für »öffentlicher Besitz«. Software, die der Entwickler vollkommen unentgeltlich allen Nutzern zur Verfügung stellt. PD-Programme dürfen auch kostenfrei erweitert oder in eigene Produkte eingebunden werden.

## PDA
Personal Digital Assistant

Bezeichnung für tragbare Minicomputer im Westentaschenformat, die ursprünglich nur einen Terminplaner (Stichwort »Personal Information Manager«, PIM) ersetzen sollen. Verbreitet sind zurzeit Geräte mit den Betriebssystemen PalmOS und einer speziellen Windows-Variante für Pocket-PCs.

## PDC
Primary Domain Controller

Unter Windows-NT/2000-Server ein Rechner, der die komplette Domänenstruktur verwaltet.

## .PDF
Portable Document Format

Von Adobe entwickeltes Dateiformat zum problemlosen Austausch von Dokumenten zwischen verschiedenen Plattformen, unabhängig vom Quellprogramm. PDF-Dateien können für bestimmte Ausgabegeräte optimiert werden, lassen sich auf Wunsch verschlüsseln und haben sich inzwischen etabliert.

## PDL
Page Description Language

Allgemeine Bezeichnung für eine Seitenbeschreibungssprache, wie beispielsweise PostScript von Adobe oder auch HTML.

## PDP
Programmable Data Processor

Bezeichnung eines frühen Rechners der Firma DEC.

## .pe
Peru

Top-Level-Domain für Peru.

## PEA
Pocket Ethernet Adapter

Sehr kompakter, externer Ethernet-Adapter, der beispielsweise an den Parallelport angeschlossen wird.

## PEARL
Process and Experiment Automation Real Time Language

Programmiersprache für Echtzeitanwendungen im Bereich Prozessautomation.

## PEP
Packetized Ensemble Protocol

Herstellerspezifisches Modemprotokoll des Herstellers Telebit (»Trailblazer«-Modems).

## PERL
Practical Extraction and Report Tool

Besonders unter Unix verbreitete Skriptsprache, in der häufig CGI-Programme auf Webservern erstellt werden.

## PET
Personal Electronic Transactor

Offizielle Bezeichnung des PET-Computers der Firma Commodore, einem Vorläufer der heutigen PCs.

## PET
Privacy Enhancing Technologies

Sammelbezeichnung für Technologien, die der Wahrung und Sicherung des Datenschutzes dienen, wie z.B. Verschlüsselung.

## PFE
Page Fault Error

In MS Windows auftretende Meldung bei fehlerhaften Zugriffen auf ausgelagerte Speicherseiten.

### .PFM
Printer Font Metrics

Dateiformat der Firma Adobe, das Informationen zur Abmessung und zum Aufbau von Schriftarten speichert, um so auch auf verschiedenen Ausgabegeräten ein optimales Ergebnis zu erzielen.

### PFS
Perfect Forward Secrecy

Sicherheitseinstellung unter Windows 2000, mit der ein Sitzungsschlüssel abgesichert ist.

### .pg
Papua New Guinea

Top-Level-Domain für Papua Neuguinea.

### PGA
Pin Grid Array

Bauform für Mikroprozessoren, bei der alle Kontakte als Pins auf der Unterseite matrixförmig angeordnet sind.

### PGP
Pretty Good Privacy

Weit verbreitetes, als sehr sicher geltendes Verschlüsselungsprogramm des Amerikaners Phil Zimmerman. Das zunächst von der Firma Network Associates aufgekaufte Programm wird heute in der freien Version OpenPGP fortgeführt.

### .ph
Philippines

Top-Level-Domain für die Philippinen.

## PHP
PHP Hypertext Preprocessor

Sehr leistungsfähige Skriptsprache, die in HTML eingebettet werden kann und die Gestaltung dynamischer Webseiten gestattet. Üblich ist besonders die Kombination mit einem Linux-basierten Server mit Apache und der Datenbank MySQL (sog. »LAMP«-System).

## PIC
Programmable Interrupt Controller

In PCs verwendeter elektronischer Baustein zur Steuerung und Verwaltung der Interrupt Requests. Die Interrupts unterbrechen kurz die momentane Arbeit des Prozessors, damit andere Geräte wie z.B. die Tastatur regelmäßig von der CPU bedient werden können.

## PID
Process-Identification Number

Eindeutige Nummer eines unter Unix oder MS Windows ausgeführten Prozesses. Mit Hilfe der PID kann beispielsweise ein Prozess beendet werden.

## .PIF
Programm Information File

Datei, die für ältere Windows-Versionen wichtige Informationen zum Ausführen externer (DOS-)Programme enthält.

## PILOT
Programmed Inquiry Learning or Teaching

Insbesondere für die Entwicklung von Lernprogrammen geeignete Programmiersprache.

## PIM
Print Image Matching

Von der Firma Epson vorgestellte Technik, die eine bessere Übereinstimmung von ausgedruckten Bildern mit Digitalfotos erzielen soll. Der PIM-Standard muss dazu sowohl von der Digitalkamera als auch vom Drucker unterstützt werden.

## PIM
Personal Information Manager

Soft- und/oder Hardware zur Verwaltung von Terminen, Kontakten usw.

## PIMA
Photographic and Imaging Manufacturers Association

Organisation von Firmen aus den Bereichen Fotografie und Imaging. Heute aufgegangen in der I3A.

## PIN
Personal Identification Number

Englisch für »Persönliche Identifizierungsnummer«. Kennung aus einer bestimmten Anzahl von Ziffern, die nur dem Eigentümer selbst bekannt sein sollte und ihn so eindeutig identifizieren kann. Wird beispielsweise bei Geldautomaten eingesetzt (»Geheimzahl«).

## PING
Packet Internet Groper

Programm, mit dem man die Antwortzeiten und Erreichbarkeit eines anderen Rechners im Internet bzw. innerhalb eines TCP/IP-Netzes testen kann. Dazu wird hinter dem Ping-Befehl der Name oder die IP-Adresse des entfernten Rechners angegeben, z.B. »ping www.mitp.de«.

## PIO
Programmed Input/Output

Betriebsmodus von PC-Erweiterungskarten, bei der im Gegensatz zum Direct Memory Access (DMA) der Mikroprozessor den Datentransfer zwischen Speicher und Karte steuert. Dies führt zu einer sehr hohen CPU-Belastung.

## Pixel
Picture (»Pix«) Element

Kunstwort aus dem Englischen für »Bildpunkt«.

## .pk
Pakistan

Top-Level-Domain für Pakistan.

## PK
Public Key

Englisch für »Öffentlicher Schlüssel«, also den Teil eines Schlüssels, der im Gegensatz zum »private key« veröffentlicht wird und von Dritten zur Verschlüsselung von Informationen, die an den Besitzer des PK gerichtet sind, verwendet werden kann.

## PKCS
Public Key Cryptographic Standards

Gemeinsame Standards für Verschlüsselungsalgorithmen, die mit öffentlichen und privaten Schlüsseln arbeiten. Die PKCS definieren z.B. Regeln für das digitale Signieren von Daten sowie für den Austausch von Schlüsseln.

## PKE
Public Key Encryption

Sammelbezeichnung für asymmetrische Verschlüsselungsverfahren, die mit einem öffentlichen und einem privaten Schlüssel arbeiten, wie z.B. PGP.

## PKI
Public Key Infrastructure

Infrastruktur zur Verwaltung öffentlicher Schlüssel, um so die Nutzung von Verschlüsselung insbesondere im Mailverkehr zu erleichtern.

## .pl
Poland

Top-Level-Domain für Polen.

## PLC
Powerline Communication

Technik zur Datenübertragung über Stromleitungen. Einst als breitbandige Alternative zu DSL und TV-Kabel gehandelt, wurden inzwischen aufgrund der aufwendigen Technik die meisten Pilotprojekte wieder eingestellt.

## PLCC
Plastic-leaded chip carrier

Spezieller Sockel zur Aufnahme von ICs.

## PLD
Programmable Logic Device

Form eines benutzerspezifischen ASIC-Bausteins.

## PL/I
Programming Language/I (Number One)

Problemorientierte Programmiersprache.

## PLONK
Please Leave Our Newsgroup, Kid

Unsanfte Aufforderung an einen Nutzer im Usenet, die aktuelle Newsgroup zu verlassen.

## PM
Protected Mode

Betriebsart moderner Prozessoren, bei der einzelne Anwendungen in voneinander getrennten, »geschützten« Speicherbereichen laufen und sich so nicht gegenseitig beeinflussen können. Die Nutzung des PM erhöht die Stabilität des Systems wesentlich.

## PM
Presentation Manager

Bezeichnung für die grafische Oberfläche des Betriebssystems OS/2 von IBM.

## PM
Projektmanagement

Allgemeine Bezeichnung für die komplette Verwaltung eines Projekts. Dies beinhaltet sowohl die Termin- und Ressourcenplanung, die Finanzierung sowie die permanente Überwachung und Kostenkontrolle.

## PME
Pattern Matching Engine

Programmteil einer OCR-Software zur Schrifterkennung anhand von Mustervergleichen mit bereits bekannten Schriften.

## P/N
Part Number

Interne Nummer eines Herstellers für ein bestimmtes Produkt bzw. eine Produktserie.

## .PNG
Portable Network Graphic

Speziell für das Internet entwickeltes Grafikformat, das die besten Eigenschaften der bisher vorherrschenden Formate JPG (z.B. Farbtiefe) und GIF (z.B. Transparenz) vereint. Da bei heutigen Browsern immer noch PlugIns zur Darstellung von PNG-Grafiken benötigt werden, ist die Verbreitung nur gering.

## PnP
Plug and Play

Etwa »Einstecken und loslegen«. Konzept, nach dem PC-Erweiterungen vom Betriebssystem erkannt werden und sich weitgehend selbst konfigurieren sollen. Dazu fordert das Betriebssystem nur noch den passenden Gerätetreiber auf einem Datenträger an und das neue Gerät ist konfiguriert und einsatzbereit, ein weiterer Eingriff des Nutzers ist nicht mehr erforderlich.

## PNS
Perceptual Noise Substitution

Technik bei der Audiocodierung mittels AAC, die ähnliche Rauschsignale platzsparend umwandelt.

## .POL
Policy

Dateiformat des »Policy Editors« von Microsoft, mit dem nutzerspezifische Einstellungen und Einschränkungen festgelegt werden können.

### PoP
Point of Presence

Einwahlpunkt eines Internet Service Providers (ISPs).

### POP
Postoffice Protocol

Protokoll zum Abrufen von eMails, siehe POP3.

### POP3
Postoffice Protocol 3

Häufig verwendetes Übertragungsprotokoll für E-Mails im Internet, das den Port 110 benutzt. POP3 erfordert eine Authentifizierung beim Server, überträgt die Mails selbst aber unverschlüsselt.

### POR
Power-On Reset

Bezeichnung für den Kaltstart eines PC, bei dem auch sämtliche BIOS-Parameter neu geladen werden. So benannt, da er exakt dem Startvorgang des Rechners nach dem Einschalten entspricht.

### POS
Point of Sales

Terminal, an dem ein Verkaufsvorgang stattfindet, z.B. ein Kassensystem, das direkt mit der Warenwirtschaft gekoppelt ist.

### POSE
Palm Operating System Emulator

Emulationssoftware zum Testen von Software für PalmOS-basierte PDAs auf dem PC. Erstellte Programme können also direkt auf dem Entwicklungs-PC getestet werden.

## POSIX
Portable Operating System for Unix

Einheitliche Spezifikation für Unix-Betriebssysteme, die den Austausch von Programmen und Befehlen auch zwischen verschiedenen POSIX-konformen Systemen ermöglicht.

## POST
Power On Self Test

Vor dem eigentlich Boot-Vorgang testet der PC beim POST die angeschlossenen Systemkomponenten wie z.B. Arbeitsspeicher, Festplatten, Tastatur usw. Erst nach erfolgreichem Test wird das Betriebssystem geladen.

## POTS
Plain old telephone system

Englische Bezeichnung für das herkömmliche, analoge Telefonnetz.

## POV
Persistance of Vision

Weit verbreitetes Raytracing-Programm zur Berechnung realistischer 3D-Grafiken, das als Freeware frei erhältlich ist.

## POWER
Power Optimization With Enhanced RISC

Workstation-CPU von IBM, Apple und Motorola, auch bekannt als »PowerPC«.

## PPC
PowerPC

Workstation mit Power-CPU von IBM/Motorola/Apple.

## PPC
Palm PC

Englisch »palm« = »Handfläche«. Tragbarer Mini-Computer, meist als Ergänzung zu einem stationären PC.

## .PPD
PostScript Printer Description

Datei, die die spezifischen PostScript-Eigenschaften eines Druckers enthält und eine präzisere Steuerung des jeweiligen Ausgabegeräts gestattet.

## PPGA
Plastic Pin Grid Array

Bauform für ICs, bei der sämtliche Kontakte in Form einer Pin-Matrix auf der Unterseite des Gehäuses angeordnet sind. Hauptbestandteil des Gehäuses ist preisgünstiger Kunststoff.

## ppi
pixel per inch

Englisch für »Pixel pro Zoll«. Maßeinheit für die Auflösung von Geräten, z.B. Bildschirmen.

## PPID
Parent Process Identification number

Eindeutige Nummer eines direkt übergeordneten Prozesses beim Betriebssystem Unix.

## ppm
pages per minute

Englisch für »Seiten pro Minute«. Geschwindigkeitsangabe bei Druckern.

## P-POP
Plain Paper Optimized Printing

Technik von Canon, um mit Tintenstrahldruckern eine höhere Druckqualität auch auf einfachem, nicht beschichtetem Papier zu erreichen.

## PPP
Point-to-Point Protocol

Protokoll für die Verbindung zum Internet über eine Wählleitung, Nachfolger von SLIP.

## PPPoE
PPP over Ethernet

Verfahren zum Übertragen von PPP-Datenpaketen über Ethernet-Netzwerke. PPPoE wird beispielsweise beim Anschluss eines DSL-Modems an eine Netzwerkkarte genutzt.

## PPS
Packets per second

Geschwindigkeitsangabe für Netzwerkkomponenten wie Router, Switches usw., die angibt, wie viele Datenpakete pro Sekunde durchgeleitet werden können.

## PPS
Produktionsplanung und -steuerung

Bezeichnung für die EDV-gesteuerte Entwicklung, Planung, Steuerung und Überwachung von kompletten Produktionsprozessen, insbesondere im industriellen Bereich. PPS umfasst Techniken wie CAD, CIM, CNC bis hin zur Qualitätssicherung.

## .PPT
PowerPoint

Dateiformat der Präsentationssoftware »PowerPoint« von Microsoft.

## PPTP
Point-to-Point Tunneling Protocol

Erweiterung des Point-to-Point-Protokolls zur Bildung von VPNs und zur Verschlüsselung des gesamten Datenverkehrs. Kommt häufig beim Zugriff auf Firmennetze via Internet zum Einsatz.

## PPV
Pay per View

Für Pay-TV oder per Internet übertragene Filme geeignete Abrechnungsmethode, bei der der Zuschauer nur für Inhalte zahlt, die er auch tatsächlich angefordert hat.

## PQET
Print Quality Enhancement Technology

Kantenglättungsverfahren bei Lexmark-Seitendruckern, um eine bessere Druckqualität bei gleicher Auflösung zu erreichen.

## PQFP
Plastic Quad Flat Package

Quadratische, aus preisgünstigem Kunststoff bestehende Bauform für CPUs.

## .pr
Puerto Rico

Top-Level-Domain für Puerto Rico.

## PRAM
Parameter RAM

Speicherbaustein in Apple-Rechnern, der auch bei abgeschaltetem Rechner durch eine Lithium-Batterie mit Strom versorgt wird und beispielsweise Uhrzeit und Datum sowie weitere wichtige Systemparameter speichert.

### ‹pre›
preformatted

HTML-Tag zur Auszeichnung von Textabschnitten, die bereits formatiert sind. Der Browser interpretiert in diesen Bereichen auch Zeilenumbrüche und mehrfache Leerzeichen im Quelltext.

### PReP
PowerPC Reference Platform

Referenzentwurf für Rechner mit PowerPC-Prozessoren.

### PRML
Partial Response Maximum Likelyhood

Modernes Aufzeichnungsverfahren bei Festplatten, das eine sehr hohe Datendichte ermöglicht. Mit Hilfe bestimmter Rechenverfahren ist bei PRML die einwandfreie Erkennung auch von schwach magnetisierten Bereichen noch möglich.

### PRN
Printer

Unter dem Betriebssystem MS DOS übliche Kurzbezeichnung für den an der ersten parallelen Schnittstelle des Systems angeschlossenen Drucker.

### PROFS
Professional Office System

Ältere Software für IBM-Großrechner, die unter dem Betriebssystem VM/VMS Groupware-Funktionalitäten wie Nachrichtenaustausch, Terminplanung u.a. zur Verfügung stellte.

## PROLOG
Programming in Logic

Programmiersprache für Anwendungen im Bereich der künstlichen Intelligenz.

## PROM
Programmable Read Only Memory

ROM-Baustein, der vom Hersteller einmal programmiert werden kann. Danach ist der Inhalt nicht mehr veränderbar.

## PS
Playstation

Kurzbezeichnung für die Spielkonsole »Playstation« der Firma Sony. Als Datenträger dienen bei der Playstation normale CDs.

## PS
Printserver

Komponente, die den direkten Anschluss von Druckern an Netzwerke ermöglicht und Druckaufträge priorisiert, Warteschlangen für Druckaufträge verwaltet und den eigentlich Druckvorgang steuert.

## PS
PostScript

Von der Firma Adobe entwickelte, leistungsstarke Seitenbeschreibungssprache, die insbesondere im Druckbereich sehr weit verbreitet ist. PostScript arbeitet primär vektororientiert und ist daher angefangen vom einfachen Laserdrucker bis hin zum Satzbelichter einsetzbar.

## PS2
Playstation 2

Nachfolger der Spielkonsole »Playstation« der Firma Sony. Als Datenträger kommen bei der PS2 DVDs zum Einsatz.

## PS/2
Personal System/2

IBM-Baureihe von Personal Computern, die erstmals mit dem Betriebssystem OS/2 ausgestattet wurden.

## PS/2-SIMM
PS/2 – Single In-Line Memory Module

Bauform von SIMM-Speichermodulen mit 72 Polen, die von IBM für die Rechner der PS/2-Serie entwickelt wurde.

## PSC
Print Server Command

Kommandos beim Netzwerkbetriebssystem »NetWare« der Firma Novell zur Steuerung des integrierten Druckservers.

## .PSD
Photoshop Data

Programmeigenes Dateiformat des Bildbearbeitungsprogramms »Photoshop« der Firma Adobe.

## PSM
Persistent Storage Manager

Software-Tool von Intel, um eine bessere Speichernutzung und -verwaltung bei Mobilgeräten zu erreichen. Im Gegensatz zu früher werden dabei ausführbare Programme und Nutzerdaten gemeinsam in einem einzigen Flash-Speicherbaustein gespeichert.

## PSN
Processor Serial Number

Eindeutige Seriennummer eines Mikroprozessors, die seit Einführung von Intel Pentium III von Datenschützern kritisiert wird, da so eine eindeutige Identifikation eines Users möglich wird. Die PSN kann inzwischen meist im BIOS des Rechners abgeschaltet werden.

## PSOP
Plastic Small Outline Package

Besonders kompakte Bauform von Mikrochips.

## PSP
Projektstrukturplan

Methode zur grafischen Planung und Darstellung eines Projektablaufs. Je nach Sichtweise kann der PSP die einzelnen Phasen, Funktionen oder Objekte hierarchisch darstellen.

## PSP
Paintshop Pro

Kurzbezeichnung für ein Bildbearbeitungsprogramm der Firma JASC Software.

## .pt
Portugal

Top-Level-Domain für Portugal.

## PT
Payload Type

Teil des ATM-Headers, der die Art der zu transportierenden Informationen spezifiziert.

## PTB
Physikalisch Technische Bundesanstalt

Forschungsinstitut mit Sitz in Braunschweig, das z.B. das DCF77-Signal der dort installierten Atomuhr ausstrahlt.

## PTO
Patent and Trademark Office

Dem Handelsministerium unterstelltes US-amerikanisches Patentamt, das auch die Eintragung und Verwaltung von Warenzeichen vornimmt.

## PTP
Picture Transfer Protocol

Relativ neues Protokoll für die Übertragung von Bildern zwischen Digitalkameras und PC.

## PU
Physical Unit

Physische Adresse eines Geräts.

## PUK
PIN Unblocking Key

Zum Handy mitgelieferter Code, um ein Gerät trotz vergessener PIN wieder aktivieren zu können.

## PVD
Primary Volume Descriptor

Startbereich einer CD, die Informationen über den Inhalt, Copyrights sowie einen Zeiger auf das eigentliche Inhaltsverzeichnis enthält.

## PXE
Pre-Boot Execution Environment

Funktion auf einem Client-PC, vor dem Start des Betriebssystems bereits Programme auf dem Netzwerkserver auszuführen.

## .py
Paraguay

Top-Level-Domain für Paraguay.

# Q

**.qa**
Qatar

Top-Level-Domain für Katar.

**QA**
Quality Assurance

Englischer Begriff für Qualitätssicherung (QS).

**Q&A**
Questions & Answers

Häufig auf Internetseiten eines Herstellers integrierte Rubrik, in der typische Fragen zu einem Produkt beantwortet werden, ähnlich den FAQs.

**QAM**
Quadrature Amplitude Modulation

Zum Beispiel in WLANs nach dem Standard IEEE 802.11a verwendetes Modulationsverfahren.

**QBASIC**
Quick BASIC

Einfacher, DOS-basierter BASIC-Interpreter der Firma Microsoft.

**QBE**
Query by example

Abfrageform, die z.B. bei einigen Datenbanken angewendet wird. Die gesuchten Daten werden dabei durch Angabe eines Beispiels selektiert.

## QCIF
Quarter Common Intermediate Format

Videoformat mit einer Auflösung von 176 x 144 Pixeln, das im H.323-Standard festgeschrieben ist.

## QEMM
Quarterdeck Expanded Memory Manager

Für MS DOS entwickelte Speichermanagement-Software der Firma Quarterdeck, die den Arbeitsspeicherbereich oberhalb von 640 MB für Treiber und TSR-Programme nutzbar machte.

## QIC
Quarter Inch Cartridge

Englisch für »Viertel-Zoll-Cassette«. Bezeichnung für eine Familie von Magnetbandkassetten. Der Name gibt dabei die Breite des verwendeten Magnetbands an, eben 0,25 Zoll (0,635 cm).

## QL
Query Language

Allgemeine Bezeichnung für eine Abfragesprache, z.B. SQL bei Datenbanken.

## QM
Qualitätsmanagement

Bezeichnung für sämtliche Maßnahmen, die der Sicherstellung und Verbesserung der Qualität eines Produktionsprozesses (auch Programmierung, Entwicklung) dienen.

## QoS
Quality of Service

Güte bzw. Qualität eines Dienstes innerhalb von Netzwerken. Dies beinhaltet sowohl hohe Paketlaufzeiten als auch Paketverluste und beeinflusst somit direkt den Datendurchsatz.

## QPSK
Quadrature Phase Shift Keying

Für UMTS-Netze verwendete Modulationsart bei der Datenübertragung.

## QS
Qualitätssicherung

Allgemeine Bezeichnung für Maßnahmen, die die Sicherstellung der Qualität eines Produktes oder einer Software zum Ziel haben.

## &quot;
quotation marks

HMTL-Entity zur Darstellung von Anführungszeichen.

## QVGA
Quarter VGA

Bezeichnung für eine häufig für Filmsequenzen verwendete Videoauflösung mit 320 x 240 Pixeln.

## QWERTY
Reihenfolge der obersten Buchstabenreihe auf Tastaturen im englischen Sprachraum. Wird häufig synonym für eine englische/amerikanische Tastatur verwendet.

## QWERTZ
Reihenfolge der obersten Buchstabenreihe auf Tastaturen im deutschen Sprachraum. Wird häufig synonym für eine deutsche Tastatur verwendet.

## QXGA
Quad Extended Graphics Array

Bezeichnung für eine Grafikauflösung mit 2.048 x 1.536 Pixeln.

# R

### R&D
Research & Development

Englische Bezeichnung für »Forschung und Entwicklung«.

### R6
US-amerikanische Bezeichnung für eine Mignon-Batterie (AA).

### RA
Remote Access

Zugriff und Steuerung eines Computersystems von einem entfernten Ort mittels eines anderen Rechners und geeigneter Software.

### RAD
Rapid Application Development

Verfahren schneller Programmentwicklung, bei dem viele vorgefertigte Komponenten eingesetzt werden. Beispiele für RAD-Entwicklungsumgebungen sind z.B. Visual Basic und Delphi.

### RADIUS
Remote Authentication Dial In User Service

Systemunabhängiges Sicherheitsprotokoll zur Benutzerauthentifizierung und -autorisierung (RFC 2138).

### RADSL
Rate Adaptive DSL

Datenübertragung per DSL, bei der die Übertragungsrate dynamisch an die zur Verfügung stehende Leitungsqualität und Entfernung zum Knotenpunkt angepasst wird.

## RAID
Redundant Array of Independant Disks

Verbund von einzelnen, physisch unabhängigen Festplatten, die nach außen eine Einheit bilden. Je nach Version werden unterschiedliche Ziele verfolgt. Die RAID-Steuerung übernimmt ein entsprechend ausgerüsteter Festplattencontroller, RAID-0 und RAID-1 lassen sich auch mittels einer ins Betriebssystem integrierten Software realisieren.

## RAID-0
Redundant Array of Independant Disks Level 0

RAID-Level. Beim »Striping« wird abwechselnd auf mehreren Festplatten gespeichert, um so die Geschwindigkeit bei Lese- und Schreibvorgängen zu erhöhen. Für den Anwender erscheinen die Festplatten als ein einziger zusammenhängender Datenträger.

## RAID-1
Redundant Array of Independant Disks Level 1

RAID-Level. Die Plattenspiegelung (»Mirroring«) dient in erster Linie der Datensicherheit. Sämtliche Daten werden gleichzeitig auf zwei Festplatten gespeichert, damit im Falle einer Beschädigung sämtliche Informationen noch auf einer zweiten Platte zur Verfügung stehen.

## RAID-5
Redundant Array of Independant Disks Level 5

RAID-Level. Für RAID-5 sind mindestens drei Festplatten erforderlich. Die Daten werden beim Schreiben auf sämtliche angeschlossenen Platten des Arrays verteilt. Zusätzlich werden Paritätsinformationen gespeichert, die es ermöglichen, beim Ausfall einer Platte sämtliche Daten anhand eines mathematischen Algorithmus mit Hilfe der noch vorhandenen Daten und der Paritätsinformationen wiederherzustellen. Üblicherweise können defekte Datenträger während des laufenden Betriebs getauscht werden (sog. »Hot-Swap«), die Wiederherstellung setzt automatisch ein, sobald ein neuer Datenträger eingeschoben wird.

## RAIN
Redundant Array of Independent Nodes

Technik für festplattenbasierte Speichersysteme von EMC. Mehrere Platten und die notwendige Steuerelektronik werden zu autonomen Gruppen zusammengefasst, um Ausfälle des Systems zu minimieren.

## .RAM
Real Audio Media

Streaming-Audi-Format der Firma Real Networks, das im Internet häufig zum Einsatz kommt und auch bei langsamen Verbindungen eine akzeptable Qualität ermöglicht.

## RAM
Random Access Memory

Bedeutet so viel wie »Speicher mit wahlfreiem Zugriff«. RAM ist die Bezeichnung für den Arbeitsspeicher eines Rechners. Der Arbeitsspeicher besteht aus einzelnen Speicher-ICs. bzw. Speicher-Modulen und kann Daten nur speichern, solange er mit Strom versorgt wird.

## RAMDAC
Random Access Memory Digital Analog Converter

Baustein auf Grafikkarten, der für die Aufbereitung eines analogen Bildsignals zuständig ist. Der integrierte Speicher dient zum Puffern der Bildinformationen.

## RAS
Row Address Strobe

Steuersignal für den Arbeitsspeicher eines Rechners, das die Zeile der zu adressierenden Zelle innerhalb der Speichermatrix übermittelt.

## RAS
Remote Access Service

Fernzugriff, der beispielsweise die Wartung oder Administration von Rechneranlagen über DFÜ-Verbindungen oder Netzwerke ermöglicht.

## RAT
Remote Access Trojan(er)

Computerprogramm, das die unbemerkte Fernsteuerung und -überwachung eines Rechners ermöglicht.

## RAW
engl. »roh«

Spezielles, gerätespezifisches Datenformat z.B. bei Digitalkameras, das die Daten unbearbeitet, also »roh« speichert.

## RC
Region Code

siehe Regional Protection Code (RPC)

## RC
Rivest Cipher

siehe RC5.

## RC
Release Candidate

Bezeichnung für einen Entwicklungsstand einer neuen Software. Der Release Candidate entspricht schon sehr genau der endgültigen Version und wird kurz vor der Freigabe der Software herausgegeben, um noch letzte abschließende Tests zu ermöglichen.

## RC5
Rivest Cipher 5

In RFC 2040 beschriebenes Verschlüsselungsverfahren des amerikanischen Verschlüsselungsspezialisten Ronald Rivest.

## RCONSOLE
Remote Console

Client-Programm zur Fernsteuerung eines Server-Systems.

## rd
remove directory

DOS/Unix-Befehl zum Löschen von Ordnern innerhalb des Verzeichnisbaums.

## RD
Receive Data

Meist per LED ausgeführtes Modemsignal zur Anzeige, dass gerade Daten empfangen werden.

## RDBMS
Relational DBMS

Kurzbezeichnung für ein relationales Datenbankmanagementsystem (DBMS).

## RDF
Resource Description Framework

Format für die Codierung und den Austausch von Metadaten in XML.

## RDH
RSA-DES-Hybridverschlüsselung

Bei HBCI verwendetes Verschlüsselungsverfahren.

## RDRAM
Rambus DRAM

Spezieller Speichertyp mit sehr hoher Performance der US-amerikanischen Firma Rambus, der aber entsprechend angepasste Mainboards und Chipsätze benötigt.

## RegTP
Regulierungsbehörde für Telekommunikation und Post

Bundesbehörde mit der Aufgabe, den herrschenden Wettbewerb in den Bereich Post und Telekommunikation zu fördern und gegebenenfalls auch zu regulieren, um Monopolbildungen zu vermeiden.

## REM
Remark

Befehl in verschiedenen Programmiersprachen, um einen Kommentar innerhalb eines Programms einzufügen. Dieser dient ausschließlich Dokumentationszwecken und wird vom Compiler/Interpreter nicht beachtet.

## RET
Resolution Enhancement Technology

Bei Druckern von Hewlett-Packard angewendetes Verfahren, um die Druckqualität zu erhöhen. Der Druckkopf kann dabei die Tintenmenge pro Tropfen bzw. die Tonermenge variieren, was zu unterschiedlich großen Punkten führt.

## REXX
Restructured Extended Executor

Prozedurale Programmiersprache, die z.B. bei Großrechnern von IBM verwendet wird. REXX ist ein Interpreter und weist eine ähnliche Syntax wie BASIC auf.

## RFC
Request for Comments

Sammlung von Richtlinien für die Kommunikation im Internet. RFCs sind zunächst keine fest definierten Standards, sondern werden von Entwicklern veröffentlicht und stellen lediglich Vorschläge dar, mit der Bitte, sie zu kommentieren, woher sich auch der Name ableitet. Mit steigender Verbreitung entwickeln sich RFCs dann oft zu weltweit akzeptierten Standards.

## RFC 791
Request for Comments 791

Definition des IP-Protokolls.

## RFC 793
Request for Comments 793

Definition des TCP-Protokolls.

## RFC 822
Request for Comments 822

Definition von Namensformaten, z.B. einer typischen Internet-Mail-Adresse in der Form »name@anbieter.domain«.

## RFC 892
Request for Comments 892

Beschreibung des Protokolls ICMP.

## RFC 1779
Request for Comments 1779

Spezielles Namensformat, z.B. für eine Mail-Adresse in der Form »CN = name, O = anbieter, C = domain«.

## RFC 1939
Request for Comments 1939

RFC für das POP3-Protokoll.

## RFC 2440
Request for Comments 2440

Beschreibung des Open-Source-Verschlüsselungsstandards OpenPGP.

## RF-ID
Radio Frequency Identification

System zur Identifikation von Gegenständen durch Radiowellen. Dabei kann berührungslos ein beispielsweise in einem Etikett integrierter Speicher ausgelesen oder beschrieben werden.

## RGB
Rot, Grün, Blau

Farbmodell, auf dem die Darstellung eines Fernsehbilds (additive Farbmischung) beruht. Ein »Bildpunkt« besteht aus je einem roten, einem grünen und einem blauen Bestandteil. Bei PCs, die mit einer Farbtiefe von 8 Bit arbeiten, können die jeweiligen Farbwerte für Rot, Grün und Blau von 0 (kein Anteil) bis 255 (maximale Intensität) reichen. Schwarz hat dann beispielsweise den Wert »0,0,0«, Weiß entspricht »255,255,255«.

## RGP
Raster Graphics Processor

Prozessor, der speziell zur Aufbereitung von Rastergrafiken konzipiert ist und daher gut in Seitendruckern eingesetzt werden kann.

## RI
Ring Indicator

Modemsignal zur Anzeige eines ankommenden Anrufs.

## RIFF
Resource Interchange File Format

Von IBM und Microsoft entwickeltes Austauschformat für Multimediadateien, z.B. Filme im von RIFF abgeleiteten AVI-Format.

## RIM
Research in Motion

Kanadischer Hersteller von GSM-basierten Handheld-Lösungen.

## RIMM
Rambus In-Line Memory Module

Spezielle PC-Speichermodule des Herstellers Rambus, die eine besonders hohe Geschwindigkeit aufweisen. Durch den anderen Aufbau benötigen RIMM-Speichermodule aber einen entsprechend angepassten Chipsatz und sind aufgrund der geringeren Verbreitung deutlich teurer als andere Technologien wie DDR-SDRAM.

## RIP
Raster Image Processor

Prozessor, der optische Informationen beispielsweise zum Drucken aufbereitet, im Speicher des Druckers ablegt und den eigentlichen Druckvorgang steuert. Häufig wird diese Aufgabe nicht mehr von einem dedizierten Prozessor, sondern von entsprechender Software vorgenommen.

## RIP
Routing Information Protocol

Protokoll zum Informationsaustausch zwischen Routern im Netzwerk.

### RIPE
Réseaux IP Européens

Gemeinschaft von Organisationen, die IP-basierte Weitverkehrsnetze betreiben. RIPE sorgt für die notwendige Koordination und reibungslose Zusammenarbeit der einzelnen Netze in Europa.

### RISC
Reduced Instruction Set Computer

Mikroprozessor-Typ, der nur sehr wenige, einfache Maschinen-Befehle beherrscht. Aufwendigere Funktionen müssen daher aus mehreren Befehlen zusammengesetzt werden (dies wird meist vom Compiler erledigt). Vorteil des RISC-Prozessors ist, dass er die einfachen Maschinen-Befehle sehr schnell ausführen kann.

### RJ
Registered Jack

Würfelförmiger Stecker, der bei Telefon- oder LAN-Verbindungen benutzt wird.

### RJ 11
Registered Jack 11

6-poliger RJ-Stecker.

### RJ 45
Registered Jack 45

8-poliger RJ-Stecker, z.B. für Ethernet.

### RJE
Remote Job Entry

In RFC 407 beschriebenes Protokoll, um auf entfernten Systemen Arbeitsprozesse, z.B. Batchabläufe, anzustoßen.

## RLE
Run-Length Encoding

Verlustfreies Verfahren zur Datenkompression. Dabei wird der zu sichernde Wert und die Anzahl der direkten Wiederholungen gespeichert.

## RLL
Run-Lenght Limited

Aufzeichnungsverfahren bei Festplatten, das auf RLE-Kompression basiert.

## .RM
Real Media

Von der Firma Real entwickeltes Streaming-Mediaformat für das Internet.

## RM
Retention Module

Auf Mainboards angebrachte Halterung für Intel-Pentium-4-Prozessoren mit Kühlkörper.

## RMA
Return Merchandise Authorization

Bei vielen Firmen notwendige Nummer für Rücksendungen z.B. bei Reparaturen. Die RMA wird auf Anfrage erteilt und muss vom Absender gut sichtbar vermerkt werden, da sonst eventuell die Annahme verweigert wird. Die RMA dient häufig gleichzeitig als Auftragsnummer.

## RMON
Remote Monitoring

Überwachen entfernter Geräte.

## RMP4
RealMagic MPEG-4 Codec

MPEG-4 kompatibler Video-Codec der Firma Sigma.

## .ro
Romania

Top-Level-Domain für Rumänien.

## RO
Read-only

Daten, auf die nur lesend zugegriffen werden darf. Häufig dient dies dem Verhindern von Manipulationen oder dem Schutz vor Löschvorgängen.

## ROHS
Restriction of the use of certain hazardous substances in electrical and electronic equipment

EU-Umwelt-Richtlinie, die die Verwendung bestimmter gefährlicher Materialien für Elektro- und Elektronikgeräte regelt. Siehe auch WEEE.

## ROM
Read Only Memory

Bedeutet so viel wie »Nur-Lese-Speicher«, d.h., diese Speicherbausteine können nicht beschrieben werden. Die für die enthaltenen Daten/Programme notwendigen Schaltkreise werden vom Hersteller bei der Produktion direkt in Silizium erstellt.

## ROT13
Rotation 13

Einfaches Verschlüsselungsverfahren, das die zu codierenden Buchstaben nach dem Alphabet um 13 Zeichen verschiebt. So wird beispielsweise aus dem Buchstaben »A« der codierte Wert »N«. Nach dem »Z« wird wieder vorn bei »A« angefangen.

## RPC
Region Playback Control

Kontrollmechanismus bei DVD-Abspielgeräten, die nur das Abspielen von DVDs mit zum Gerät identischem Ländercode erlaubt.

## RPC
Regional Protection Code

Ländercode auf einer DVD. Das Abspielen einer DVD ist nur möglich, wenn das Abspielgerät einen übereinstimmenden Ländercode hat. Dies soll Importe von Filmen verhindern, die in bestimmten Regionen der Welt noch gar nicht erschienen sind. Japan und Europa haben den Ländercode 2.

## RPC
Remote Procedure Call

Aufruf einer Programmfunktion, die dann auf einem entfernten System abgearbeitet wird und eventuell Ergebnisse an das aufrufende Programm zurückliefert.

## RPG
Report (Routine) Program Generator

Noch aus der Lochkarten-Ära stammende Programmiersprache, die durch die IBM-Rechner der AS/400-Serie auch heute noch eine hohe Verbreitung hat.

## .RPM
RedHat Package Manager

Für Linux zusammengestellte Programmpakete im auch bei anderen Distributionen weit verbreiteten RedHat-Format.

## RPM
Rotations per minute

Maßeinheit für die Rotationsgeschwindigkeit, z.B. bei rotierenden Datenträgern wie Festplatten. Je höher diese Geschwindigkeit, desto schneller können theoretisch die darauf befindlichen Daten gelesen werden.

## RPN
Reverse Polish Notation

Englisch für »Umgekehrte Polnische Notation«. Siehe UPN.

## RS232
Serieller Schnittstellenstandard, später in EIA232 umbenannt.

## RSA
Rivest, Shamir, Adleman

1977 am Massachusetts Institute of Technology (MIT) von den Forschern Rivest, Shamir und Adleman entwickeltes Verschlüsselungsverfahren.

## RSAC
Recreational Software Advisory Council

Verband, der sich für eine freiwillige, altersgerechte Klassifikation von Internet-Inhalten einsetzt. Heute aktiv unter dem Namen »Internet Content Rating Association« (ICRA).

## RSH
Remote Shell

Unix-Dienstprogramm zur Fernsteuerung von Rechnern.

## RSI
Repetitive Strain Injury

Im deutschen Sprachraum als »Karpaltunnelsyndrom« bekannte Erkrankung. Die abnormale Haltung der Handgelenke (leicht nach außen geknickt) beim Schreiben auf einer Standardtastatur kann dabei u.a. zu Sehnenscheidenentzündungen führen. Gegenmaßnahmen sind geteilte, im Winkel verstellbare Tastaturen, Handballenauflagen etc.

## RS-PC
Reed-Solomon Product Code

Gegenüber dem üblichen CIRC verbessertes Fehlerkorrekturverfahren, das auf HD-CDs von Sanyo zum Einsatz kommt.

## .RSS
Resource Description Framework Site Summary

XML-basierendes Format zur Weitergabe von Texten.

## RTC
Realtime Clock

Englisch für »Echtzeituhr«. Meist ist hiermit der entsprechende Baustein auf dem Mainboard von PCs gemeint.

## .RTF
Rich Text Format

Dateiformat, das sich zum Austausch von Texten zwischen verschiedenen Rechnersystemen und/oder Textverarbeitungen eignet.

## RTFM
Read the fucking manual

»Freundlicher« Hinweis, vor Support-Anrufen oder Ähnlichem doch erst mal einen Blick in das Handbuch zu werfen.

## RTP
Real Time Processing
Allgemeine Bezeichnung für die Verarbeitung von Daten in Echtzeit.

## RTP
Realtime Transport Protocol
Internet-Protokoll zur Übertragung von Daten in Echtzeit, beispielsweise zum Transfer von Audio-Daten.

## RTS
Ready to Send
Modemsignal, das die Sendebereitschaft des Geräts anzeigt.

## .ru
Russia
Top-Level-Domain für Russland.

## RUELPS
Randomly Urbanized Effectivly Loaded Planning Systems
DIN-Norm gestütztes Verfahren zur Messung von thermisch aufgeheizter Luft in IT-Räumen. Das Verfahren gewährleistet eine kontrollierbare Raumtemperatur.

## RW
Rewritable
Bezeichnung für Speichermedien, die vom Benutzer gelöscht und erneut beschrieben werden können, beispielsweise CD-RWs.

## .rw
Rwanda
Top-Level-Domain für Ruanda.

## RZ
Rechenzentrum
EDV-Unternehmen, das neben der reinen Bereitstellung von Rechenkapazitäten meist auch Dienstleistungen im IT-Bereich anbietet.

## $S_0$
Bezeichnung für einen Standard-ISDN-Anschluss bestehend aus zwei B-Kanälen mit je 64 Kbit/s und einem D-Kanal mit 16 Kbit/s.

## $S_2M$
Bezeichnung für einen ISDN-Primärmultiplexanschluss bestehend aus 30 B-Kanälen mit je 64 Kbit/s und einem D-Kanal mit 64 Kbit/s.

## S3
ACPI-Stromsparmodus, der auch als »Suspend-to-RAM« bezeichnet wird. Der Rechner wird hierbei nicht vollständig abgeschaltet, damit der Speicherinhalt erhalten bleibt. Beim Start des Rechners entfällt dann der langwierige Bootvorgang, der Benutzer kann sofort weiterarbeiten.

## .sa
Saudi Arabia

Top-Level-Domain für Saudi-Arabien.

## SA
Spare Area

Bereich einer CD-MRW, der Reservesektoren für defekte und in der MTA verzeichnete Datensektoren enthält.

## SAA
System Applications Architecture

Initiative von IBM zur einheitlichen Gestaltung von Betriebssystemen, Anwendungsprogrammen und Programmierschnittstellen.

## SAC
Strict Avalanche Criterion

Sicherheitskriterium für Verschlüsselungsalgorithmen.

## SAG
Software AG

Kurzbezeichnung des deutschen Software-Herstellers »Software AG«.

## SAG
SQL Access Group

1989 gegründeter Zusammenschluss von Datenbank- und Hardware-Herstellern. Aufgabe der SAG ist die Definition von Standards für Datenbank-Portabilität und die Verbesserung der Zusammenarbeit verschiedener Datenbanken.

## SAK
Server Appliance Kit

Software von Microsoft für OEMs, mit der diese Lösungen für Webserver und NAS-Geräte erstellen können. Basis des SAK ist das Betriebssystem Windows 2000.

## SAM
Sequential Access Method

Datenzugriffsmethode, bei der die einzelnen Datensätze hintereinander abgelegt sind und auch nur so gelesen werden können. Der direkte Zugriff auf einen bestimmten Datensatz ist nicht möglich.

## SAN
Storage Area Network(ing)

Integration von zentralisierten Speichermanagement-Lösungen in Netzwerke. Das SAN selbst besteht aus hochverfügbaren, untereinander vernetzten Massenspeichern.

## SAP
Service Access Point

Definierter Übergabepunkt, der den Zugriff auf Dienste innerhalb des OSI-Schichtenmodells ermöglicht.

## SAP
Server Advertising Protocol

Mittels des SAP melden sich Geräte wie Server, Printserver usw. in regelmäßigen Abständen innerhalb von Novell-Netzen, damit alle Geräte eine Gesamtübersicht über alle angeschlossenen Komponenten innerhalb des Netzes haben.

## SAP AG
Software, Anwendungen, Produkte in der Datenverarbeitung AG

1972 gegründeter deutscher Software-Hersteller mit Sitz in Walldorf, der die gleichnamige betriebswirtschaftliche Branchenanwendung entwickelt und vertreibt. Heute ist die SAP AG weltweit tätig und beschäftigt über 29.000 Mitarbeiter.

## SAPI
Speech Application Programming Interface

Software-Schnittstelle für Microsoft Windows für Anwendungen, die Spracheingabe oder Ähnliches verwenden.

## SAR
Segmentation and Reassembly

Methode zur Teilung und zum erneuten Zusammenfügen von ATM-Paketen innerhalb von Netzwerkkomponenten wie Switches.

## SASI
Shugart Associates System Interface

Vorgänger von SCSI, benannt nach der Firma des Entwicklers, Al Shugart. Das ANSI entwickelte auf der Grundlage von SASI das später genormte SCSI-Protokoll.

## SASL
Simple Authentication and Security Layer

Software-Bibliothek, die eine Implementierung von Authentifizierungsfunktionen für Mail-Clients und -Server ermöglicht.

## S-ATA
Serial AT Attachment

Neuer, an ATA angelehnter Standard zum Anschluss von Massenspeichern wie Festplatten. S-ATA arbeitet im Gegensatz zu ATA seriell, verwendet Rundkabel und ermöglicht Datenübertragungsraten von bis zu 150 Mbyte/s.

## SATAN
Security Administrator Tool for Analyzing Networks

Programm zur Überprüfung von Rechnernetzen, das Schwachstellen und Sicherheitslücken aufdecken kann. Satan besteht aus einer Reihe von PERL-Skripts und C-Programmen.

## S.A.V.E.
Shareware-Autorenvereinigung

Zusammenschluss deutscher Shareware-Autoren.

## SB
Soundblaster

Handelsname für Soundkarten der Firma Creative Labs.

## SBE
System Builder Edition

Neuere Bezeichnung für OEM-Betriebssysteme von Microsoft, die ausschließlich beim Neukauf eines Rechners mitverkauft werden dürfen.

## SBR
Spectral Band Replication

Verfahren bei MP3Pro, mit dem fehlende Höhen beim Abspielen rekonstruiert werden.

## SBS
Siemens Business Services

Geschäftsbereich von Siemens mit dem Schwerpunkt IT-Beratung für Unternehmen.

## SBS
Small Business Server

Auf kleine Unternehmen zugeschnittenes Serversoftware-Paket von Microsoft.

## .sc
Seychelles

Top-Level-Domain für die Seychellen.

## SCA
Single Connection Attach

Spezieller 80-poliger SCSI-Anschluss, der zusätzlich zu den Signalleitungen auch die Stromversorgung integriert. Mittels Adaptersteckern können SCA-Geräte auch an normalen SCSI-Anschlüssen betrieben werden.

## SCAM
SCSI Configured Automatically

Zusatz zum SCSI-Protokoll, der ein automatisches Erkennen von Geräten ermöglicht und dem Benutzer eine aufwendige Konfiguration von SCSI-Geräten erspart.

## SCART
Syndicat des Constructeurs d'Appareils Radiorécepteurs et Téléviseurs

Verband von Radio- und Fernsehgeräteherstellern, der unter anderem den gleichnamigen Anschluss von TV- und Videogeräten entwickelt hat.

## SCF
Selective Call-Forwarding

Selektives Weiterleiten von Anrufern mit bestimmten, vorher festzulegenden Rufnummern.

## SCI
Scalable Coherent Interface

Standard (IEEE/ISO/ANSI) zur modularen Erweiterung von Serversystemen durch Komponenten auch unterschiedlicher Hersteller.

## SCL
Serial Clock Line

Leitung zur Übertragung von Taktinformationen beim I2C-Bus.

## SCLT
SuSE-Certified Linux Trainer

Von der Firma SuSE autorisierte Person, die offizielle Schulungen zu deren Linux-Distribution vornehmen darf.

## SCM
Supply Chain Management

Umfassender Begriff für Software-Lösungen im Logistikbereich, die alle Abläufe von der Beschaffung bis zur Abwicklung integrieren und mit vorhandenen betriebswirtschaftlichen Systemen verknüpfen.

## SCMS
Serial Copy Management System

Kopierschutz bei DAT-Bändern und MDs, der lediglich eine digitale Kopie des Tonträgers gestattet. Medien der 2. Generation können nur noch analog kopiert werden.

## SCO
Santa Cruz Operation

Amerikanischer Hersteller von Unix-Betriebssystemen. Große Teile der Firma wurden inzwischen an den Konkurrenten Caldera Systems veräußert.

## SCP
Secure Cryptographic Co-Processor

Einzelner Chip oder in die CPU integrierte Funktionseinheit zur Überwachung der Sicherheit und Integrität eines Systems. Der von Datenschützern vielfach kritisierte Chip wird nach dem US-Senator Fritz Hollings auch als »Fritz-Chip« bezeichnet.

## SCP
Secure Copy

Unix-Kommando zum verschlüsselten Kopieren von Dateien.

## SCSI
Small Computer System Interface

SCSI ist eine universelle Schnittstelle zum Anschluss verschiedener Geräte (beispielsweise Festplatten, Scanner, Streamer, CD-Laufwerke). Vorteil der SCSI-Technik gegenüber von IDE/EIDE ist die Unterstützung von mehr Geräten und die niedrige Prozessorlast, da nur ein einfacher Host-Adapter erforderlich ist, die eigentliche Steuerungselektronik beherbergen die Geräte selbst.

### SCSI-1
Small Computer System Interface-1

Erster SCSI-Standard mit 8 Bit breiter Datenübertragung und max. 5 MB pro Sekunde bei 5 MHz Bustakt.

### SCSI-2
Small Computer System Interface-2

Nachfolger von SCSI-1 mit erweitertem Befehlssatz, 8 Bit breiter Datenübertragung und max. 5 MB pro Sekunde. Die Weiterentwicklung Fast-SCSI-2 kann dank Verdopplung des Bustakts auf 10 MHz bis zu 10 MB pro Sekunde übertragen. Ultra-SCSI verdoppelt den Bustakt nochmals auf 20 MHz und erreicht so bis zu 20 MB pro Sekunde. Daneben existieren noch Wide-SCSI (16 Bit, 5 MHz, 10 MB/s), Fast-Wide-SCSI (16 Bit, 10 MHz, 20 MB/s), Ultra-Wide-SCSI (16 Bit, 20 MHz, 40 MB/s).

### SCSI-3
Small Computer System Interface-3

Neuestes, noch nicht endgültig verabschiedetes SCSI-Protokoll.

### .sd
Sudan

Top-Level-Domain für den Sudan.

## SD
Secure Digital

Kompakter Flash-Speicherkartentyp, der in vielen Digitalkameras und MP3-Playern verwendet wird. Als abwärtskompatible Weiterentwicklung der MultiMedia-Card unterstützen SD-Karten zusätzlich Funktionen für digitales Rechtemanagement (DRM).

## SD
Sales and Distribution

Modul der R/3-Software von SAP für den Bereich Vertrieb.

## SDA
Serial Data Line

Leitung zur Datenübertragung beim I2C-Bus.

## SDH
Synchronous Digital Hierarchy

Auf Glasfaserleitungen basierendes Hochgeschwindigkeits-Netz mit einer Übertragungsrate von über 155 Mbit/s.

## SDI
Single Document Interface

Benutzerinterface, das im Gegensatz zu MDI innerhalb einer Anwendung nur das Öffnen eines einzigen Dokuments ermöglicht.

## SDK
Software Development Kit

Hilfsmittel und Werkzeuge, die ein Hersteller zur Erleichterung der Programmentwicklung für sein Betriebssystem oder seine Anwendungen herausgibt.

## SDMI
Security Digital Music Initiative

Zusammenschluss von mehr als 160 Firmen aus dem IT- und Musikbereich. Ziel der SDMI ist unter anderem die Entwicklung geeigneter Technologien für den sicheren Vertrieb von Musik über das Internet.

## SDMS
SCSI Device Management System

Häufig in das BIOS eines PC integrierte Komponente zur Unterstützung von SCSI-Geräten.

## SDRAM
Synchronous Dynamic Random Access Memory

Bauart von Speicherbausteinen.

## SDSL
Symmetrical Digital Subscriber Line

Digitale Datenverbindung, bei der in beiden Richtungen mit der gleichen Datenübertragungsrate, also synchron, gearbeitet wird. SDSL eignet sich daher besonders für Anwendungen, bei der sowohl viele Daten gesendet als auch empfangen werden, z.B. für die Anbindung von Mail- oder Webservern.

## SE
Second Edition

Namenszusatz für die Weiterentwicklung von Windows 98.

## .se
Sweden

Top-Level-Domain für Schweden.

## Sea-Me-We 2
Southeast Asia-Middle East-Western Europe 2

1994 in Betrieb genommenes Kabelsystem zur Daten- und Telefonübertragung zur Erhöhung der Leitungskapazitäten zwischen Südostasien, dem Mittleren Osten und Westeuropa.

## SEC
Single Edge Contact

IC-Bauform, bei der sich nur auf einer einzigen Seite des Gehäuses Kontakte befinden.

## SEC
Securities and Exchange Commission

Aufsichtsbehörde der US-Börse und der dort notierten Firmen.

## SECAM
Sequential Couleur Avec Mémoire

Fernsehnorm, die z.B. in Frankreich verwendet wird.

## SECC
Single Edge Contact Cartridge

Von Intel eingeführte modulartige Bauform für CPUs, bei der sämtliche Kontakte an einer Seite des Chips untergebracht sind.

## sed
stream editor

Batchorientierter Editor unter Unix, mit dem Dateien sequentiell, also zeilenweise bearbeitet werden können. Sed kann auch als Filter verwendet werden.

## SEPP
Single Edge Processor Package

Gehäusebauform von CPUs, ähnlich zu SECC. Ältere Celeron-Prozessoren wurden im SEPP-Gehäuse ausgeliefert.

## SEQUEL
Structured English Query Language

Abfragesprache für Datenbanken, Vorläufer von SQL.

## SET
Secure Electronic Transactions

Verschlüsselungsverfahren zur Sicherung von Zahlungsinformationen bei der Übertragung über offene Netzwerke.

## SETI@Home
Search for Extraterrestrial Intelligence at (@) Home

Wissenschaftliches Projekt der Universität in Berkeley, das nach intelligentem Leben außerhalb der Erde sucht. Dazu werden u.a. aufgefangene Radiosignale ausgewertet. Um die Rechenkapazität zu erhöhen, kann jeder User per Internet zu untersuchende Pakete anfordern, auf seinem PC verarbeiten lassen und die Ergebnisse wiederum per Internet zurücksenden.

## SFM
Synthetic Ferromagnetic Media

Aufbau von HD-Plattern, bei denen sich magnetisches und nichtmagnetisches Material abwechselt. Dieser von Fujitsu entwickelte Aufbau soll für eine verringerte Hitzeentwicklung sorgen.

## SFT I
System Fault Tolerance Level I

System zur Verhinderung von Festplattenfehlern unter Novell »NetWare«. Alle Daten werden nach dem Schreibvorgang sofort überprüft, ist das Ergebnis des Lesevorgangs abweichend, wird der Sektor der Festplatte als defekt gekennzeichnet. Ein zuvor reservierter Bereich der Festplatte (»Hot-Fix«) nimmt dann die Daten auf.

## SFT II
System Fault Tolerance Level II

System zur sicheren Speicherung von Daten auf Netzwerkservern. SFT II sieht dazu entweder die Plattenspiegelung (ein Controller, zwei Festplatten) oder das Disk-Duplexing (zwei Controller, zwei Festplatten) vor. Kritische Komponenten werden also redundant ausgelegt.

## SFT III
System Fault Tolerance Level III

System zur Absicherung gegen Serverausfälle bei Novells »NetWare«. Bei SFT III wird der gesamte Server redundant ausgelegt, so dass bei einem Ausfall des Hauptsystems der zweite, ebenfalls ständig aktive Server die Aufgaben übernehmen kann.

## .sg
Singapore

Top-Level-Domain für Singapur.

## SGI
Silicon Graphics Incorporated

Amerikanischer Anbieter von Hochleistungsrechnern und -systemen. SGI-Rechner werden aufgrund der hohen Rechenleistung besonders häufig für CAD-Anwendungen und in der Filmindustrie verwendet.

## SGML
Standard Generalized Markup Language

1986 von der ISO standardisierte Vorschrift für die Definition von universellen Auszeichnungssprachen (ISO 8879). Abgeleitet von SGML ist beispielsweise die im WWW verwendete Auszeichnungssprache HTML.

## SH3
SuperH 3

Mikroprozessor-Familie von Hitachi (SH770x), die z.B. in älteren PDAs verwendet wird.

## SHA
Secure Hash Algorithm

Verschlüsselungsalgorithmus, der von der amerikanischen NSA und dem National Institute of Standards in Technology (NIST) entwickelt wurde. SHA wird besonders im Regierungsbereich verwendet und gilt auch heute noch als sehr sicher.

## SHQ
Super High Quality

Ungenaue Qualitätsangabe, beispielsweise für Auflösung von Druckern oder Digitalkameras.

## .si
Slovenia

Top-Level-Domain für Slowenien.

## SI
System Information

Tool der »Norton Utilities« zum Anzeigen wichtiger Systemparameter.

## SIA
Semiconductor Industry Association

Verband von Halbleiterherstellern.

## SID
Sound Interface Device

Soundchip mit Digitalisierungsmöglichkeiten, der im Commodore-C64- und Commodore-C128-Heimcomputer verwendet wurde.

## SIG
Special Interest Group

Allgemeine Bezeichnung für einen Zusammenschluss von Firmen, Organisationen usw. zu einem Interessenverband.

## SIM
Subscriber Identity Module

Chipkarte für Mobiltelefone, die sämtliche Angaben zur Benutzerberechtigung enthält. Ohne eine eingesetzte SIM-Karte kann meist nur ein Notruf abgesetzt werden.

## SIMD
Single Instruction Multiple Data

Fähigkeit einer CPU, einen Befehl gleichzeitig auf mehrere Daten anzuwenden. Dieses Konzept wurde beispielsweise von Intel beim Pentium III mit den erweiterten ISSE-Befehlen eingeführt.

## SIMM
Single In-Line Memory Module

Bauform für Speichermodule, bei der die Speicherbausteine auf einer kleinen Platine aufgelötet sind. SIMMs erkennt man am Platinenstecker.

## SIO
System I/O

Schnittstelle zur Anbindung einer ISA- bzw. EISA-Schnittstelle an den PCI-Bus, um auch weiterhin vorhandene Steckkarten verwenden zu können, die nicht die volle Geschwindigkeit des PCI-Bus benötigen.

## SIP
Single In-Line Package

Heute nicht mehr gebräuchliche Bauform von Speichermodulen. Im Gegensatz zu SIMMs verfügen SIPs über eine Stiftleiste.

## SIP
Session Initiation Protocol

Von der IETF 1999 genormter Protokoll-Standard für Multimediaverbindungen, ähnlich H.323.

## SIR
Serial Infrared

Allgemeine Bezeichnung für eine Infrarotschnittstelle wie beispielsweise IrDA.

## SiS
Silicon Integrated Systems

1987 gegründeter, in Taiwan ansässiger Chiphersteller, der unter anderem CPUs, Grafik- und andere Bausteine herstellt.

## .SIT
Stuff-it

Dateiformat eines weit verbreiteten Datenkompressionsprogramms für Mac OS.

### .sk
Slovak Republic

Top-Level-Domain für die Slowakei.

### .sl
Sierra Leone

Top-Level-Domain für Sierra Leone.

### SL
Slave

Kennzeichnung für die Slave-Platte in einem IDE-Festplattenverbund. Die Codierung wird durch eine auf der Festplatte befindliche Steckbrücke (Jumper) vorgenommen.

### SLA
Service Level Agreement

Vertragliche Vereinbarung über Serviceleistungen zwischen zwei Vertragspartnern.

### SLES
SuSE Linux Enterprise Server

Speziell für IBM-Server entwickelte Linux-Distribution der SuSE AG, die als Plattform für Unternehmenslösungen wie z.B. SAP dienen kann.

### SLIP
Serial Line Internet Protocol

Einfaches Protokoll für die Verbindung zum Internet über eine Wählleitung, Vorgänger von PPP.

### SLR
Single Lense Reflex

(Digital-)Fotoapparat mit Spiegelreflex-System.

## SLR
Scalable Linear Recording

Von der Firma Tandberg entwickelte Aufzeichnungstechnik für Streamer mit Kapazitäten bis zu 50 GB (unkomprimiert).

## .sm
San Marino

Top-Level-Domain für San Marino.

## SM
Smartmedia

Speicherkartentyp, der unter anderem in Digitalkameras, MP3-Playern und weiteren kompakten Geräten zum Einsatz kommt. SM-Karten gibt es nur bis zu einer Kapazität von 128 MB. Durch die offen liegenden Kontaktflächen sind die Karten (Breite 45 mm x Höhe 37 mm x Tiefe 0,76 mm) recht empfindlich.

## SMART
Self-Monitoring Analysis and Reporting Technology

Feature bei Festplatten, die den eigenen Betrieb ständig überwachen. Etwaige Abweichungen können von geeigneten Programmen bzw. vom BIOS des Rechners ausgelesen werden. Die Festplatte soll durch SMART vor einem drohenden Defekt rechtzeitig »warnen« können.

## SMB
Server Message Blocks

Netzwerkprotokoll von Microsoft zur Implementierung von Dateisharing- und Druckdiensten. Inzwischen in »Common Internet File System« (CIFS) umbenannt.

## SMC
Standard Microsystems Corporation

Hersteller von Netzwerkkomponenten und -chips.

## SMD
Surface Mounted Device

Elektronische Bauteile, die auf der Platinenoberfläche aufgelötet werden statt Löcher in die Platine zu bohren und sie auf der Unterseite mit den Leiterbahnen zu verbinden.

## SMF
Service Management Framework

Software-Sammlung von IBM zur Entwicklung von Embedded-Internet-Anwendungen.

## SMIL
Synchronized Multimedia Integration Language

Von SGML abgeleitete Beschreibungssprache für Multimediaobjekte. Mit SMIL erstellte Präsentationen können auch Audio- und Videoobjekte umfassen und erlauben eine zeitgenaue Steuerung.

## S/MIME
Secure/Multipurpose Internet Mail Extensions

Auf dem MIME-Format aufbauendes, verschlüsseltes Nachrichtenformat.

## SMP
Symmetrical Multi-Processing

Multiprozessorsystem, bei dem die parallel arbeitenden Prozessoren im Gegensatz zu MPP-Systemen einen gemeinsamen Speicher verwenden.

## SMPTE
Society of Motion Picture and Television Engineers

US-Organisation, die wichtige Normen im Bereich Fernsehen entwickelt hat, so z.B. HDTV.

## SMPTE-240M
Society of Motion Picture and Television Engineers 240M

Von der SMPTE entwickelter Farbraum für HDTV.

## SMS
Short Message Service

Kurznachrichten im Textformat, die innerhalb von Telefonnetzen versendet werden können. SMS-Nachrichten sind auf 160 Zeichen beschränkt.

## SMS
Systems Management Server

Hilfsmittel zur zentralen Netzwerkverwaltung von Microsoft.

## SMT
Surface-Mount Technology

Bestückungstechnik für Platinen, siehe SMD.

## SMTP
Simple Mail Transfer Protocol

Übertragungsprotokoll für E-Mails via TCP/IP (Port 25). Der SMTP-Server sorgt für den korrekten, unverschlüsselten Versand der E-Mails.

## .sn
Senegal

Top-Level-Domain für den Senegal.

## S/N
Serial Number

Englisch für »Seriennummer«.

## SNA
Systems Network Architecture

Mehrschichtiges Netzwerkkonzept von IBM. Der Aufbau ist ähnlich dem ISO/OSI-Schichtenmodell.

## SNI
Siemens Nixdorf Informationssysteme

Geschäftsbereich der Firmen Siemens und Nixdorf Informationssysteme, der hauptsächlich Kassensysteme produziert hat. Inzwischen verkauft an einen amerikanischen Investor.

## SNIA
Storage Network Industry Association

1997 gegründeter Zusammenschluss von IT-Herstellern, der die Weiterentwicklung von Storage Networks fördert und vereinheitlicht.

## SNMP
Simple Network Management Protocol

Auf UDP aufbauendes Protokoll zur Verwaltung und Administration von Netzwerkkomponenten in TCP/IP-Netzwerken.

## SNOBOL
String Oriented Symbolic Language

Im Bereich der künstlichen Intelligenz (KI) angesiedelte Programmiersprache. Eine Stärke von SNOBOL sind die leistungsfähigen Funktionen zur Manipulation von Zeichenketten.

## SNR
Signal to Noise Ratio

Verhältnis zwischen den reinen Bilddaten einer Digitalkamera und dem typischen »Rauschen« elektronischer Bauteile und sonstiger Störungen. Je höher der Wert, desto besser ist die Bildqualität der Kamera.

## SNTP
Simple Network Time Protocol

Protokoll zur einfachen Abfrage eines NTP-Servers zum Abgleichen der Uhrzeit des eigenen Clients, beschrieben in RFC 2030.

## .so
Somalia

Top-Level-Domain für Somalia.

## So478
Socket 478

Sockel zur Aufnahme von CPUs mit 478 Pins, der z.B. beim Pentium 4 von Intel verwendet wird.

## SoA
SocketA

Stecksockel für die AMD-Prozessoren Athlon und Duron.

## SOAP
Simple Object Access Protocol

Protokoll zum Zugriff auf Objekte und zur Steuerung des Nachrichtenaustausches und von Funktionsaufrufen verschiedener Objekte mittels XML.

## SOC
System On a Chip

Bezeichnung für einen Prozessor, der alle wichtigen Systemkomponenten auf einem Chip vereint. Dazu gehören die CPU selbst, eine Grafik- und Soundeinheit usw. SOC-Systeme sind besonders für Industrie-Lösungen oder z.B. Set-Top-Boxen gut geeignet.

## SO-DIMM
Small Outline Dual In-Line Memory Module

Besonders kompaktes DIMM-Speichermodul, das meist in Notebooks zum Einsatz kommt.

## SOH
Start of Heading

Drucker-Steuersignal mit dem ASCII-Code 01 zur Einleitung einer Überschrift.

## SOHO
Small Office Home Office

Bezeichnung für ein kleines Büro bzw. ein Heimbüro.

## SOI
Silicon On Insulator

Fertigungstechnik für Mikrochips von IBM, bei dem die Transistoren nicht direkt auf den Wafer, sondern auf eine Glasschicht aufgebracht werden.

## SOM
System Object Model

Zu CORBA kompatible Software-Architektur.

## SONET
Synchronous Optical Network

ANSI-standardisierte Netzwerke auf Glasfaserbasis mit Übertragungsgeschwindigkeiten im Gigabit-Bereich.

## SOP
Small Outline Package

Bauform für ICs.

## SOT
Small Outline Transistor

Rechteckige Transistoren in SMD-Technik. Kontakte werden an zwei gegenüberliegenden Seiten des Gehäuses herausgeführt.

## SP
Stored Procedure

Zusammenfassung von Befehlen zur Manipulation einer Datenbank, die direkt auf dem DB-System gespeichert und ausgeführt wird. Mit Stored Procedures lassen sich immer wiederkehrende Aufgaben bequem und schnell abwickeln.

## SP
Stack Pointer

CPU-Register, das auf einen bestimmten Eintrag des Stack-Speichers verweist.

## SP
Service Pack

Bezeichnung für größere Updatepakete bei Microsoft, z.B. für die Betriebssysteme oder das Office-Paket.

## SPARC
Scalable Processor Architecture

Von Sun entwickelter und von Texas Instruments gefertigter RISC-Mikroprozessor, der in den Rechnern der Firma Sun zum Einsatz kommt.

## SPC
Specific Protocol Layer

SCSI-3-Spezifikation, die unter anderem den Befehlssatz zur Ansteuerung verschiedener Geräteklassen regelt.

## SPD
Serial Presence Detect

Auf Speicherbausteinen angebrachtes EEPROM, das detaillierte Informationen zu den technischen Parametern des Speichermoduls enthält. Die SPD-Informationen können vom BIOS ausgelesen werden.

## SPDIF
Sony/Philips – Digital Interface Format

Häufig auf Soundkarten anzutreffende Schnittstelle, die die Audiosignale digital zur Verfügung stellt.

## SPEC
Standard Performance Evaluation Corporation

Unabhängige Gesellschaft, die sich mit der Entwicklung von Benchmarks befasst, um so Rechnersysteme vergleichbar zu machen. Die Mitgliedschaft steht allen interessierten Herstellern offen.

## SPI
Stateful Packet Inspection

Häufig in Firewalls angewendetes Verfahren, bei dem die Datenpakete auf Bitebene analysiert werden. Nur Pakete, die bestimmten Regeln entsprechen und auf dem richtigen Port innerhalb einer bestimmten Zeitspanne ankommen, werden zum Rechner durchgelassen.

## SPP
System Platform Processor

Bezeichnung für die Northbridge des nForce-Chipsatzes der Firma nVidia, die über keine integrierte Grafikeinheit verfügt.

## SPP
Standard Parallel Port

Unidirektionale Schnittstelle zwischen PC und Drucker. Statusmeldungen des Druckers können aufgrund der nicht vorhandenen Rückkanalfähigkeit nicht an den PC übermittelt werden.

## SPSS
Statistical Package of the Social Sciences

Anwendung zur Analyse von Daten und zum Erzeugen von Statistiken.

## SPX
Sequenced Packet Exchange

Teil des Protokolls (entspricht der Transportschicht im ISO/OSI-Modell) von Novells Netzwerkbetriebssystem »NetWare«.

## SQ
Standard Quality

Ungenaue Qualitätsangabe, beispielsweise für Auflösung von Druckern oder Digitalkameras.

## SQL
Structured Query Language

Standardisierte, komplexe Abfragesprache für Datenbanken, die sowohl DDL- als auch DML-Elemente enthält. Vom ANSI genormt wurde die Variante SQL-92.

## SQR
Square

Englisch für »Quadrat«. Funktion zum Quadrieren von Zahlen in einigen Programmiersprachen.

## SQRT
Square Root

Englisch für »Quadratwurzel«. Funktion zum Bilden der Quadratwurzel von Zahlen in einigen Programmiersprachen.

## .sr
Suriname

Top-Level-Domain für Surinam.

## SRAM
Static Random Access Memory

RAM-Baustein, dessen Inhalt im Gegensatz zu DRAMs nicht aufgefrischt werden muss und somit eine wesentlich geringere Zugriffszeit erlaubt. Nachteilig ist jedoch die Baugröße und der höhere Preis. Hauptsächliches Anwendungsgebiet ist daher ein Cache-Speicher.

## SRB
Source Routing Bridging

In Token-Ring-Netzen verwendetes Verfahren, bei dem die Arbeitsstation selbstständig mittels Broadcast-Meldungen einen Übertragungsweg in andere Netzsegmente sucht.

## SRC
Source

Englisch für »Quelle«, beispielsweise für den Quelltext eines Programms.

## <...src=...>
source

Parameter des HTML-Tags <img> zur Einbindung von Bildern. Source gibt den relativen oder absoluten Pfad zur gewünschten Bilddatei an.

## sRGB
Standardized Red Green Blue

Standardisierter RGB-Farbraum, der von vielen Scannern, Digitalkameras und Bildbearbeitungsprogrammen verwendet wird.

## SRI
Stanford Research Institute

Forschungsinstitut in den USA mit Sitz in Menlo Park, Kalifornien.

## SSA
Serial Storage Architecture

An SCSI angelehnte, sehr schnelle Schnittstelle zur Anbindung von Speichersubsystemen mit einem Datendurchsatz von bis zu 80 Mbyte/s.

**SSD**
Solid State Disk

Aus schnellen RAM-Bausteinen aufgebauter Datenträger, der analog einer Festplatte verwendet wird. Wird aus Kostengründen nur selten verwendet. SSDs müssen ständig mit Strom versorgt werden, da sie sonst ihren Inhalt verlieren.

**SSE**
Streaming SIMD Extensions

siehe ISSE.

**SSFDC**
Solid State Floppy Disk Card

Alte Bezeichnung für Smartmedia-Karten (siehe SM).

**SSH**
Secure Shell

Protokoll bzw. Programm, das eine verschlüsselte Kommunikation über eine unsichere Verbindung, z.B. das Internet, ermöglicht. SSH ist sehr gut für die Fernwartung geeignet und dient häufig als Ersatz für das unsichere Telnet.

**SSI**
Server Side Includes

Spezielle in HTML-Seiten eingebettete Befehle, die vom Webserver interpretiert werden. Sie ermöglichen das Erstellen dynamischer Seiten, da sich beispielsweise CGI-Skripts mit SSI-Befehlen aufrufen lassen. Typische Dateiendung für Seiten mit SSI-Inhalten ist ».shtml«.

## SSID
System Set Identifier

Netzwerkname eines Wireless-LAN. Dieser wird von Administrator vergeben und dient auch der Absicherung des Netzes gegen Eindringlinge.

## SSL
Secure Socket Layer

»Sichere« Erweiterung des HTTP-Übertragungsprotokolls im Internet, am der URL vorangestellten »https://« zu erkennen. SSL soll die sichere Übermittlung von vertraulichen Informationen durch Verschlüsselung gewährleisten und arbeitet im Allgemeinen mit einem 128-Bit-Schlüssel.

## SSOP
Shrink Small Outline Package

Besonders kompakte Bauform für ICs.

## S/STP
Shielded/Shielded Twisted Pair

TP-Kabeltyp, bei dem sowohl die einzelnen Adernpaare als auch das gesamte Kabel gegen Störstrahlungen abgesichert sind. Die geschieht meist in Form einer metallisierten Folie, die um die zu schützenden Adern gelegt wird.

## ST
Seagate Technology

Kurzbezeichnung für den US-amerikanischen Hersteller von Festplatten und Speicherlösungen Seagate. Festplatten dieses Herstellers sind am »ST« in der Typenbezeichnung zu erkennen.

## STA
SCSI Trade Association

Zusammenschluss führender Hersteller von Chips und SCSI-Adaptern. Ziel der STA ist die konsequente Weiterentwicklung des SCSI-Standards.

## STM
Synchronous Transfer Mode

Netzwerkprotokoll zur synchronen Übertragung von Daten.

## STP
Shielded Twisted Pair

Netzwerk-Kabeltyp, der aus verdrillten (»twisted«) Adern besteht und zusätzlich nach außen abgeschirmt ist.

## STPCLK
Stop Clock

Steuersignal, mit dem bei Intel-Mikroprozessoren die Taktfrequenz gesenkt werden kann, um beispielsweise eine überhitzte CPU abzukühlen.

## STR
Suspend to RAM

Stromsparmodus (ACPI S3), bei dem der gesamte Speicherinhalt im Speicher verbleibt. Dazu muss dieser mit einem geringen Strom versorgt werden, der PC kann aber dafür entsprechend schnell wieder aktiviert werden.

## StrongARM
Strong Advanced RISC Machine

Mikroprozessorfamilie mit RISC-Kern von Intel, die besonders in PDAs mit Windows-Betriebssystemen zum Einsatz kommt.

## STS
Sharepoint Team Services

Auf Webtechnologien aufbauende, webbasierte Software von Microsoft, die eine Arbeitsplattform für Mitarbeiter eines Projekts bildet. Die Team Services stellen beispielsweise Dokumente zur Verfügung und verbessern die Kommunikation.

## STX
Start of Text

Drucker-Steuersignal mit dem ASCII-Code 02 zur Einleitung des eigentlichen Texts.

## ‹sub›
subscript

HTML-Tag für tiefgestellten Text wie Indizes und Ähnliches.

## SunOS
Sun Operating System

Auf Unix basierendes Betriebssystem für Workstations und Server der Firma Sun. SunOS gilt als sehr stabiles, sicheres Betriebssystem mit hoher Performance und wird daher oft in kritischen Bereichen verwendet.

## SunVIEW
Sun's Visual Integrated Environment for Workstations

Von der Firma Sun für ihre Workstations entwickelte grafische Benutzeroberfläche.

## ‹sup›
superscript

HTML-Tag für hochgestellten Text.

## SuSE AG
Software- und Systementwicklung AG

Durch seine Linux-Distribution bekannt gewordenes, deutsches Software-Haus. Schwerpunkt der SuSE AG ist die Entwicklung von Lösungen auf Basis des Betriebssystems Linux sowie Beratung in diesem Umfeld. SuSE-Linux ist neben RedHat eine der am meisten verbreiteten Distributionen.

## .sv
El Salvador

Top-Level-Domain für El Salvador.

## Sv
Shutter Speed Value

Bei Digitalkameras anzutreffende Beschriftung des Kameraprogramm-Wahlrads. Die Einstellung Sv erlaubt die Einstellung der Verschlusszeit, die Kamera wählt dann die für eine korrekte Belichtung erforderliche passende Blende.

## SVCD
Super Video CD

CD-Format zur Speicherung von Videofilmen mit einer Auflösung von 480 x 576 Pixeln. Die MPEG-2-codierten Informationen können auch von vielen DVD-Playern und mittels geeigneter Software auch auf PCs wiedergegeben werden.

## .SVG
Scalable Vector Graphics

Dateiformat für Vektorgrafiken im Internet. Zurzeit ist für das Betrachten entsprechender Dateien noch ein PlugIn für den Browser erforderlich.

## SVR4
System V Release 4

Einheitlicher, herstellerunabhängiger Standard, der eine gemeinsame Basis für den Funktionsumfang von Unix-Derivaten festlegt.

## .SWF
Shockwave Flash

Dateiendung für Animationen, die mit den Programmen »Shockwave« oder »Flash« der Firma Macromedia erstellt wurden.

## SX
Single Word External

Namensergänzung für den 386SX-Prozessor von Intel, der intern mit einem 32-Bit-Bus arbeitet, extern aber lediglich mit 16 Bit.

## SXGA
Super XGA

Bezeichnung für eine Grafikauflösung mit 1.280 x 1.024 Pixeln.

## .sy
Syria

Top-Level-Domain für Syrien.

## SYSOP
System Operator

Kurzbezeichnung für den Betreuer eines Rechnersystems, oft auch Administrator genannt. Die Bezeichnung SYSOP wurde früher besonders für Betreiber von Mailboxen verwendet.

## .sz
Swaziland

Top-Level-Domain für Swasiland.

## T
Tera

Vorsilbe bei Maßeinheiten für »Billion« (=$10^{12}$). In der EDV meint Tera allerdings die Zahl $2^{40}$, was 1.099.511.627.776 entspricht.

## $T_1$
Transmission Link 1

Weitverkehrsverbindung, die aus insgesamt 28 Leitungen mit je 56 Kbit/s besteht. Eine T1-Verbindung kann somit 1,568 Mbps übertragen.

## $T_2$
Transmission Link 2

Weitverkehrsverbindung mit einer Übertragungsrate von 6,312 Mbps.

## $T_3$
Transmission Link 3

Weitverkehrsverbindung, die aus 28 parallel geschalteten T1-Leitungen besteht und 44,736 Mbps übertragen kann.

## $T_4$
Transmission Link 4

Weitverkehrsverbindung mit einer Übertragungsrate von 274,176 Mbps.

## TA
Thermal Autochrome

Spezielles Papier, in dem drei Farbschichten enthalten sind. Die Farbpartikel schmelzen nur bei einer genau definierten Temperatur und kommen so an die Oberfläche.

## TAE
Telekommunikations-Anschlusseinheit

Bezeichnung für den heute üblichen, 6-poligen analogen Telefonanschluss. In der Ausführung TAE-F (für »Fernsprechen«) ist er für Telefone geeignet, TAE-N (für »Nichtfernsprechen«) dagegen ist für Zusatzgeräte wie Telefax, Anrufbeantworter, Modem u.a. vorgesehen. Die Codierung erfolgt dabei über kleine Plastikstege am Stecker.

## TAE-F
siehe TAE.

## TAE-N
siehe TAE.

## TAMINO
Transaction Architecture for Managing Internet Objects

Objektorientiertes, insbesondere für Internetanwendungen entwickeltes Datenbankmanagementsystem der Software AG (SAG).

## TAN
Transaktionsnummer

Geheimzahl, die beim Online-Banking als Ersatz für die Unterschrift dient. Die TANs werden vom Kreditinstitut vergeben und dürfen nur für einen Vorgang verwendet werden. Zusätzlich ist meist auch noch eine PIN bei der Anmeldung notwendig.

## TAO
Track-at-once

Aufzeichnungsverfahren bei CD-Brennern, bei der jede Datenspur einzeln geschrieben wird. Dies führt zu einer Lücke von etwa drei Sekunden zwischen den einzelnen Teilen und ist daher nicht für alle Audio-CDs geeignet.

## TAPI
Telephone Application Programming Interface

Software-Schnittstelle von Microsoft Windows, die Programmen den einfachen Zugriff auf DFÜ-Funktionen (Modem, ISDN) erlaubt.

## .TAR
Tape Archiver

Weit verbreitetes Archivdatenformat unter Unix/Linux.

## TASM
Turbo Assembler

Assembler der Firma Borland.

## TB
Terabyte

Vielfaches von Byte, entspricht $2^{40}$ = 1.099.511.627.776 Byte.

## ‹tbody›
table body

HTML-Tag zur Kennzeichnung des Hauptbereichs einer Tabelle.

## Tcl
Tool Command Language

Im Unix-Umfeld verbreitete, interpretative Programmiersprache.

## Tcl/Tk
Tool Command Language/Toolkit

Kombination aus der Programmiersprache Tcl und der grafischen, XWindows-basierten Benutzeroberfläche Tk.

## TCM
Trellis Coded Modulation

Bei analogen Modems verwendetes Modulationsverfahren zur Codierung der zu übertragenden Daten.

## TCO
Total Cost of Ownership

Aus der Betriebswirtschaft stammende Rechengröße, die alle Kosten zusammenfasst, die für den Besitz eines Gegenstands aufgebracht werden müssen. Dazu gehören neben den Anschaffungskosten auch regelmäßige Wartungskosten, Personalkosten usw.

## TCO
Tjänstermännens Central-Organisation

Schwedischer Verband von 20 Angestelltengewerkschaften, die zahlreiche, weltweit anerkannte Empfehlungen im Bereich von strahlungsarmen Bildschirmen entwickelt hat.

## TCP
Tape Carrier Packaging

Bauform für ICs, die Intel beispielsweise für die Notebook-Variante des Pentium-Prozessors (Codename »Tillamook«) einsetzt.

## TCPA
Trusted Computing Platform Alliance

Zusammenschluss von Microsoft, Intel und weiteren Branchengrößen mit der Aufgabe der Entwicklung einer Sicherheitsplattform auf

## TCP/IP
Transmission Control Protocol/Internet Protocol

Kommunikationsprotokoll, das unter anderem im Internet, aber auch in vielen LANs verwendet wird. Es besteht aus dem ungesicherten IP und dem sichernden TCP, das die fehlerfreie Übertragung der Datenpakete sicherstellt.

## TCSEC
Trusted Computer System Evaluation Criteria

Im so genannten »Orange Book« sind Kriterien für die Sicherheitseinstufung von IT-Systemen festgelegt.

## .td
Chad

Top-Level-Domain für den Tschad.

## TD
Transmit Data

Modem-Statussignal, das die Übertragung von Daten anzeigt. Alternativ auch als »TxD« bezeichnet.

## ‹td...›
table data

HTML-Tag zur Auszeichnung einzelner Tabellenzellen.

## TDDSG
Teledienste-Datenschutzgesetz

Erweiterte Rechtsvorschrift, basierend auf dem Bundesdatenschutzgesetz. Das TDDSG regelt speziell den Datenschutz von Diensten, die unter das Teledienstegesetz (TDG) fallen.

## TDG
Teledienstegesetz

Deutsche Rechtsvorschrift, die am 1. August 1997 in Kraft getreten ist und einheitliche Rahmenbedingungen für elektronische Kommunikationsdienste schafft.

## TDM
Time Division Multiplexing

siehe TDMA.

## TDMA
Time Division Multiple Access

Technik in Funknetzen, bei der der nutzbare Frequenzbereich für mehrere Teilnehmer in Zeitscheiben aufgeteilt wird.

## TDMS
Transition Minimized Differential Signaling

Von der VESA standardisiertes Protokoll zur Steuerung von Notebook-LC-Displays.

## TDP
Thermal Design Power

Angabe von Mikroprozessorherstellern zum Leistungsverbrauch einer CPU. Dies beeinflusst direkt den notwendigen Kühlkörper sowie Lüfter, damit die CPU nicht überhitzt wird.

## T-DSL
Telekom – Digital Subscriber Line

Von der Deutschen Telekom verwendete Markenbezeichnung für die Datenübertragung per ADSL.

## Tech-C
Technical-Contact

Technischer Ansprechpartner einer Domain. Dies ist häufig nicht der Besitzer (Admin-C) einer Domain, sondern das entsprechende Hosting-Unternehmen.

## TEI
Terminal Endpoint Identifier

Adressfeld des ISDN-Protokolls, das ein konkretes Endgerät adressiert.

## Telex
Teleprinter Exchange

Kurzbezeichnung für einen Fernschreiber.

## TELNET
Telephone Network

In RFC 854 beschriebenes Protokoll für den Zugriff und die Steuerung entfernter Clients. TELNET-Verbindungen sind ungesichert und somit inzwischen ein Sicherheitsrisiko. Alternativ wird häufig SSH eingesetzt.

## TELNETD
Telephone Network Daemon

Serverdienst (DAEMON) unter Unix, der die Verwaltung von Telnet-Sessions übernimmt.

## <tfoot>
table foot

HTML-Tag zur Kennzeichnung des Fußbereichs einer Tabelle.

## TFT
Thin Film Transistor

Bauform von LC-Displays mit besonders brillanter Farbdarstellung und sehr kurzem Reaktionsverhalten.

## TFTP
Trivial FTP

In RFC 1350 beschriebenes Protokoll zum Lesen und Schreiben von Dateien auf Netzwerkrechnern. TFTP verwendet den Port 69 und gilt als sehr unsicher, da keine Authentifizierung des Benutzers erfolgt.

## .tg
Togo

Top-Level-Domain für Togo.

## TGT
Ticket granting Ticket

Eigenschaft des Kerberos-Protokolls. Der Benutzer muss sich dank des TGT-Mechanismus nur ein einziges Mal innerhalb des Netzes authentifizieren, eine wiederholte Passwortabfrage erfolgt nicht.

## .th
Thailand

Top-Level-Domain für Thailand.

## ‹th...›
table header

HTML-Tag zur Kennzeichnung des Kopfbereichs einer Tabelle.

## TI
Texas Instruments

US-amerikanischer Hersteller von Halbleitern. TI ist heute führend bei DLP-Chips und digitalen Signalprozessoren (DSPs).

## TID
Touch Interactive Display

Berührungsempfindliches interaktives Display, gut geeignet für öffentliche Informationsstände (Fahrplanauskunft usw.).

## .TIF(F)
Tagged Image File (Format)

Grafikformat aus dem Mac/PC-Bereich für Pixelgrafiken mit bis zu 24 Bit Farbtiefe. Das TIFF-Format kennt unterschiedliche, verlustfreie Kompressionsverfahren, um die Dateigröße zu minimieren.

## TIGA
Texas Instruments Graphics Array / Architecture

Von Texas Instruments Anfang der 90er vorgestellte PC-Grafikkarten, die über einen eigenen Grafikprozessor (TMS 340x0) verfügten und so nach damaligen Maßstäben sehr hohe Leistungen erreichten.

## TIM
Thermal Interface Material

Material zwischen CPU-Oberfläche und Kühlkörper, das möglichst viel Wärme an den Kühlkörper weiterleiten muss, um die Temperatur des Prozessors in einem unkritischen Bereich zu halten.

## .tj
Tadjikistan

Top-Level-Domain für Tadschikistan.

## Tk
Toolkit

Grafische Oberfläche für die unter Unix verbreitete Programmiersprache Tcl.

## TK
Telekommunikation

Abkürzung für »Telekommunikation«, z.B. bei Begriffen wie »TK-Anlage«.

## TKA
TK-Anlage

Bezeichnung für eine Telefonanlage. Diese kann dabei über das einfache Telefonieren hinausgehen und auch erweiterte Möglichkeiten wie PC-Integration und anderes bieten.

## TKP
Tausend Kontakte-Preis

Abrechnungsverfahren für Werbebanner im Internet.

## TKÜV
Telekommunikations-Überwachungsverordnung

Deutsche Rechtsvorschrift, die die Überwachung jeglicher Datenkommunikation sowie die Errichtung von technischen Einrichtungen für diesen Zweck bei Providern regelt.

## T&L
Transform & Lighting

Komplexe Geometrieeinheit in aktuellen Grafikprozessoren. Die T&L-Einheit übernimmt aufwendige Berechnungen, um Objekte im dreidimensionalen Raum möglichst realistisch darzustellen.

## TLA
Three Letter Acronym

Englisch für »Drei-Buchstaben-Abküzung«. Ironische Bezeichnung der häufig drei Buchstaben umfassenden Abkürzungen im IT-Bereich.

## TLB
Translation Look-aside Buffer

Andere Bezeichnung für einen Address Translation Cache (ATC).

## TLD
Top-Level Domain

Letzter Teil der URL, der entweder die geografische Lage oder die Art des Anbieters kennzeichnet. So steht z.B. ».com« für »Commercial«, ».gov« für »Government«, ».mil« für »Military« und ».de« für Deutschland.

## TLS
Transport Layer Security

Von der IETF entwickeltes Protokoll, das Daten auf der Transportebene (TCP) verschlüsselt und die SSL-Verschlüsselung ablösen soll.

## .tm
Turkmenistan

Top-Level-Domain für Turkmenistan.

## TM
Trademark

Englisch für »Warenzeichen«, also den Schutz einer Bezeichnung/ eines Namens für ein bestimmtes Einsatzgebiet.

## TMA
Transparent Material Adapter

In einigen Scannern von Hewlett-Packard integrierter Adapter zum Einscannen transparenter Vorlagen wie Dias oder Negative.

## TMDB
Tivoli Management Database

Datenbank als Grundlage der Netzwerkverwaltungs- und Steuerungssoftware »Tivoli« von IBM.

## TME
Tivoli Management Environment

Komplexe Netzwerkverwaltungs- und Steuerungssoftware von IBM, in die auch Fremdkomponenten über standardisierte Protokolle wie SNMP eingebunden werden können.

## .tn
Tunisia

Top-Level-Domain für Tunesien.

## TN
Twisted Nematic

Zentrales Bauteil für passive LC-Displays, das Lichtwellen drehen und polarisieren kann.

## TNI
Trusted Network Interpretation

Auch »Red Book« genannte Erweiterung des Orange Book, das IT-Systeme in Sicherheitsstufen einteilt. Siehe auch TCSEC.

## .to
Tonga

Top-Level-Domain für Tonga.

## TOC
Table of contents

Allgemeine Bezeichnung für ein Inhaltsverzeichnis, beispielsweise eines Datenträgers.

## TOE
TCP/IP Offload Engine

Chip des Herstellers Adaptec, der den IP-Stack verwaltet und so den PC entlastet.

## TOR
Trusted Operating Root

Sicherheitsfunktion bei Rechnern nach der Trusted Computing Platform Alliance (TCPA), die nur das Ausführen sicheren Codes in einem völlig abgeschotteten Adressraum des Rechners ermöglicht.

## ToS
Type of Service

Feld innerhalb des IP-Headers, der die Art des IP-Pakets näher spezifiziert und beispielsweise festlegt, ob ein möglichst hoher Datendurchsatz oder eine maximale Datensicherheit gewünscht wird.

## TOS
Tramiels Operating System/The Operating System

Betriebssystem der Atari-ST-Rechner, ursprünglich benannt nach dem damaligen Geschäftsführer Jack Tramiel.

## TOT
Totally Off-Topic

Kommentar zu Beiträgen im IRC und in Newsgroups, die völlig am eigentlichen Thema vorbei gehen.

## .tp
East Timor

Top-Level-Domain für Osttimor.

## TP
Twisted Pair

Kabeltyp, bei dem die Adernpaare miteinander verdrillt sind. TP-Kabel werden häufig im Telefon- und Netzwerkbereich verwendet.

## TP
Turbo Pascal

Bekannter Pascal-Compiler der Firma Borland für das Betriebssystem MS DOS. Die Windows-Version ging auf im heutigen »Delphi«-Compiler.

## TPA
Third Party Applications

Allgemeine Bezeichnung für Anwendungen, die von einer außenstehenden Firma kommen und mit bestehenden eigenen und fremden Lösungen integriert werden sollen.

## TPD
Two-page Display

Großer Monitor, der zwei DIN-A4-Seiten nebeneinander anzeigen kann. Insbesondere im DTP-Bereich verbreitet.

## TPE
Twisted Pair Ethernet

Modernes Ethernet mit Twisted-Pair-Verkabelung. Über die verdrillten Kupferadern werden Geschwindigkeiten von bis zu 1 Gbit/s erreicht.

## tpi
tracks per inch

Englisch für »Spuren pro Zoll«. Maßeinheit für die Aufzeichnungsdichte bei Datenträgern. Sie gibt an, wie viele Datenspuren auf einem Zoll nebeneinander liegen.

## TPM
Transactions per minute

Geschwindigkeitsangabe für transaktionsorientierte Anwendungssysteme wie beispielsweise Datenbanken.

## TPQ
True Phone Quality

Bezeichnung für die einer normalen Telefonleitung entsprechende Qualität bei der Echtzeit-Übertragung von Audiodaten über Netzwerke.

## TPS
Transaction Processing System

Transaktionsorientiert arbeitendes System, d.h., zusammengehörige Aufgaben werden zu Transaktionen zusammengefasst. Diese müssen unbedingt komplett abgearbeitet werden, um das gewünschte Ergebnis zu erreichen. Ein TTS-System kann diesen Prozess überwachen.

## TPS
Transactions per second

Geschwindigkeitsangabe für Datenbanksysteme.

## TPS
Trimmed Page Size

Endgültige Größe eines Dokuments unter Beachtung der Schnittmarken.

## TPU
Turbo Pascal Unit

Format für Programmbibliotheken des »Turbo Pascal«-Compilers von Borland, die mittels der »uses«-Anweisung in Programme eingebunden werden können.

## .tr
Turkey

Top-Level-Domain für die Türkei.

## TR
Token-Ring

Netzwerk-Topolgie von IBM, bei der Rechner zu einem logischen Ring verbunden werden. Als Zugriffsverfahren kommt das Token-Passing-Verfahren zum Einsatz.

### ‹tr...›
table row

HTML-Tag zur Kennzeichnung einer Tabellenzeile. Die Inhalte werden innerhalb der einzelnen Zellen (siehe <td...>) angegeben.

## TRIP
Telephony Routing over IP

Von einer Arbeitsgruppe der IETF entwickeltes Protokoll (RFC 3219) zur Weiterleitung von Routing-Informationen für den Aufbau von Telefonverbindungen über IP-Netze (VoIP).

## TSAC
Terminal Services Advanced Client

ActiveX-Control von Microsoft, das in den MS Internet Explorer integriert werden und Terminal-Server-Sessions ausführen kann.

## TSAPI
Telephony Server Application Programmer Interface

Von den Firmen AT&T und Novell entwickelte Software-Schnittstelle zur Steuerung von Telekommunikationsgeräten als Konkurrenz zu TAPI von Microsoft.

## TSE
Terminal Server Edition

Spezielle Version des Betriebssystems Windows NT, die das zentrale Ausführen von Programmen auf dem Server erlaubt. Der Zugriff der

Arbeitsstationen erfolgt über eine einfache Client-Software. Vorteil ist die zentrale Wartung und Steuerung sämtlicher verfügbarer Anwendungen.

## TSO
Time Sharing Option

Zusatz für IBM-Großrechnerbetriebssysteme wie MVS, der es erlaubt, Rechenzeit auf verschiedene Programme und Benutzer zu verteilen. TSO realisiert also den Multiuser-/Multitasking-Zugriff.

## TSOP
Thin Small Outline Package

Bautyp von ICs, bei dem die Kontakte seitlich abstehen.

## TSP
Time Synchronization Protocol

Protokoll zur Synchronisation der Uhrzeit auf unterschiedlichen Systemen innerhalb von Netzwerken.

## TSPI
TAPI Service Provider Interface

Software-Schnittstelle von MS Windows zur Ankopplung und Steuerung von Telekommunikationsgeräten.

## TSR
Terminate and stay resident

Programme, die nach dem Aufruf sofort wieder beendet werden (»terminate«), aber »im Hintergrund« im Speicher des Rechners aktiv (»resident«) bleiben, z.B. zum Anfertigen von Hardcopies, Snapshots oder zu Überwachungs- und Protokollierungszwecken.

## TSTN
Triple Super Twisted Nematic

Passive Displaytechnik, bei der drei TN-Module für die korrekte Drehung und Polarisierung des Lichts verwendet werden.

## .tt
Trinidad and Tobago

Top-Level-Domain für Trinidad und Tobago.

## TT
TrueType

Von Microsoft mit Windows eingeführte, stufenlos skalierbare Schriften.

## ‹tt›
teletype

HTML-Tag zur Auszeichnung eines schreibmaschinenähnlichen Textbereichs, der eine Schriftart mit fester Zeichenbreite verwendet. Wird häufig zur Kennzeichnung von Listings innerhalb von Webseiten verwendet.

## .TTF
TrueType Font

Dateiformat von Microsoft zur Speicherung stufenlos skalierbarer Schriften. Das TTF-Format ist somit in Konkurrenz zum bisherigen Standard von Adobe, den PostScript-Typ-1-Schriften zu sehen.

## TTL
Transistor-Transistor-Logik

Elektronischer Baustein zum Aufbau logischer Verknüpfungen. TTL-Bausteine beginnen mit der Typenbezeichnung »74...«.

## TTL
Through the lens

Kameratyp, bei der die Belichtungsmessung direkt durch das Objektiv erfolgt.

## TTL
Time to live

Ein Byte großes Feld im IP-Header, das die Lebensdauer der Datenpakete begrenzt. In jedem Router, den das Paket passiert, wird eine Sekunde abgezogen. Ist der Wert 0 erreicht, muss das Paket verworfen werden.

## TTS
Text-to-Speech System

Software und/oder Computersysteme, die Textdokumente in Sprache umsetzen und somit »vorlesen« können.

## TTS
Transaction Tracking System

Englisch für »Transaktions-Verfolgungssystem«. Software, die verhindert, dass Daten z.B. aufgrund eines Stromausfalls nicht vollständig bearbeitet werden. Mittels eines TTS ist der Rechner in der Lage, unvollständige Arbeitsvorgänge zurückzunehmen und somit den Zustand vor dem Auftreten des Fehlers wiederherzustellen.

## TTS
Trouble Ticketing System

System zur Verwaltung von Fehlermeldungen. Dabei sind Eingang der Meldung, aktueller Status und Abschluss der Bearbeitung jederzeit nachvollziehbar.

## TTY
Teletype

Englische Kurzbezeichnung für »Fernschreiber«.

## .tv
Tuvalu

Top-Level-Domain für Tuvalu.

## .tw
Taiwan

Top-Level-Domain für Taiwan.

## TWAIN
Technology Without An Interesting Name

Software-Schnittstelle zwischen Scannern und Anwendungsprogrammen. Letztere können über einen herstellerspezifischen Treiber mit den genormten TWAIN-Befehlen auf jeden beliebigen Scanner zugreifen und müssen nicht mehr direkt die Hardware des Scanners unterstützen.

## TWIP
Twentieth of a Point

Maßeinheit aus dem DTP-Bereich. Ein Zoll (2,54 cm) entspricht dabei 72 Punkt, ein TWIP einem Zwanzigstel eines Punkts.

## .tz
Tanzania

Top-Level-Domain für Tansania.

# U

### ⟨u⟩
underline

HTML-Tag zur Auszeichnung von unterstrichenem Text.

### U160
Ultra 160

SCSI-Standard mit einer Übertragungsrate von bis zu 160 MB/s.

### .ua
Ukraine

Top-Level-Domain für die Ukraine.

### UA
User Agent

Programm, mit dem die E-Mails eines Users an den Mail Transport Agent (MTA) übermittelt werden.

### UAC
User Agent Client

Client-Software für IP-Telefonie mittels Session Initiation Protocol (SIP), die ausgehende Anrufe einleitet.

### UAE
Unrecoverable Application Error

Englische Bezeichnung für die »Allgemeine Schutzverletzung«, eine Fehlermeldung, die zum Absturz von Programmen unter Windows führt.

## UAMS
User Access Management System

Software zur Verwaltung von Zugriffsrechten für Benutzer.

## UART
Universal Asynchronous Receiver/Transmitter

Baustein zur Umwandlung von Datenströmen. Im PC-Bereich bekannt als Steuerbaustein für die serielle Schnittstelle (8250 bzw. 16450 ohne FIFO-Puffer oder 16550 mit FIFO-Puffer).

## UAS
User Agent Server

Serverbasierte Software für IP-Telefonie mittels Session Initiation Protocol (SIP), die eingehende Anrufe entgegennimmt.

## UAWG
Universal ADSL Working Group

Arbeitsgruppe zur Weiterentwicklung des ADSL-Standards.

## UBE
Unsolicited Bulk Email

Andere Bezeichnung für UCE, also ungefragt zugestellte Werbemails.

## UC
Update Center

Zentrale Webseite von Microsoft, speziell für Updates.

## UCC
Uniform Code Council

Organisation mit Sitz im US-Bundesstaat New Jersey, die den amerikanischen Barcode-Standard UPC entwickelt hat und heute noch verwaltet.

## UCE
Unsolicited Commercial Email

Englisch für »unerwünschte kommerzielle E-Mail«. Bezeichnung für Werbemails, die ungewollt im Postfach vieler E-Mail-Nutzer landen. Aufgrund ständig wechselnder Absender lässt sich UCE (auch als Spam-Mail bezeichnet) nur schwierig herausfiltern und stellt für den Empfänger eine zum Teil nicht unerhebliche Belästigung dar.

## UCLA
University of California at Los Angeles

Bekannte US-Universität.

## UCR
Under Color Removal

In der Druckindustrie angewendetes Verfahren bei der Umwandlung von RGB-Farbinformationen in den CMYK-Farbraum des Vierfarbdrucks. Dabei werden die Farben CMY in neutralen Bereichen durch Schwarz ersetzt.

## UCS
Universal Character Set

16-Bit-Zeichensatz, der somit maximal $2^{16}$ = 65.536 verschiedene Zeichen codieren kann.

## UCSD
University of California at San Diego

Amerikanische Universität, die schon diverse Standards im IT-Bereich geschaffen hat, so z.B. die Pascal-Variante UCSD Pascal.

## UDDI
Universal Service Description, Discovery and Integration

Verzeichnis von Webservices, damit die einzelnen, verteilten Module auch gefunden werden können.

## UDF
Universal Disc Format

Von der OSTA entwickeltes Dateisystem für optische Datenträger (z.B. DVD) als Alternative zu ISO 9660. Mittels Packet-Writing können bei Verwendung von UDF auch einzelne Dateien auf den Datenträger geschrieben werden.

## UDF
User Defined Function

Englisch für »benutzerdefinierte Funktion«.

## UDMA
Ultra Direct Memory Access

Verbesserter, direkter Zugriff auf den Arbeitsspeicher (DMA), der bei der Anbindung von IDE-Festplatten im PC-Bereich verwendet wird, um die Datenübertragungsrate zu erhöhen.

## UDP
User Datagram Protocol

Auf dem IP-Protokoll aufbauendes, verbindungsloses und ungesichertes Protokoll auf der Transportschicht des OSI-Modells (RFC 768).

## UFS
Unix File System

Dateisystem für Unix-Rechner.

## .ug
Uganda

Top-Level-Domain für Uganda.

## UHF
Ultrahochfrequenz

Bezeichnung für den Frequenzbereich von Radiowellen, der von etwa 300 MHz bis 3 GHz reicht.

## UID
User Identification

Eindeutige Nummer eines Benutzeraccounts mit entsprechenden Rechten unter Unix/Linux.

## .uk
United Kingdom

Top-Level-Domain für England.

## <ul>
unordered list

HTML-Tag zur Auszeichnung unsortierter Listen. Die einzelnen Punkte werden mit Bullets gekennzeichnet. Siehe auch <li>.

## ULSI
Ultra Large Scale Integration

Größenangabe für die Packungsdichte der Transistoren bei modernen ICs mit mehr als einer Million Transistoren.

## ULV
Ultra-Low Voltage

Eigenschaft des mobilen Pentium-III-Prozessors von Intel, der mit einer besonders niedrigen Spannung arbeitet, um die gerade bei Notebooks kritische Abwärme möglichst gering zu halten.

### UMA
Upper Memory Access

Unter MS DOS der Speicherbereich von 640 KB bis 1.024 KB, der nur durch einen speziellen Treiber (»himem.sys«) angesprochen werden kann.

### UMA
Unified Memory Architecture

Verfahren, bei dem Teile des Arbeitsspeicher für andere Zwecke, z.B. als Speicher für eine onBoard-Grafikkarte reserviert und verwendet werden.

### UMB
Upper Memory Blocks

Freie Speicherblöcke zwischen 640 KB und 1.024 KB, in die mit Hilfe des Treibers »emm386.exe« bei MS DOS Treiberprogramme ausgelagert werden können, die somit den konventionellen Speicher (bis 640 KB) nicht belasten.

### UML
Unified Modelling Language

Einheitliche Sprache zum Beschreiben von Software-Systemen. Durch das universelle Konzept eignet sich UML z.B. für die Darstellung von Datenbankanwendungen genauso wie zur Darstellung eines Workflows.

### UMS
Unified Messaging Service

Dienst, der verschiedene Kommunikationsarten wie Sprache, Daten, Fax, Mail usw. integriert und unter einer gemeinsamen Oberfläche zur Verfügung stellt.

## UMTS
Universal Mobile Telecommunications System

Zukünftiger Mobilfunkstandard, der das vorhandene GSM-Netz mittelfristig ablösen soll. UMTS erlaubt aufgrund seiner wesentlich höheren Bandbreite auch die Übertragung von Multimediainformationen. Die ersten Netze in Europa werden etwa 2003 in Betrieb gehen.

## UNC
Universal Naming Convention

Standardisierte Angabe von Pfaden und Verzeichnissen in Netzwerken. UNC-Pfadangaben beginnen mit einem doppelten Backslash, gefolgt vom Rechnernamen oder der IP-Adresse. Danach wird der genaue Pfad bzw. der Freigabename angegeben, z.B. »\\Server1\pfad\unterverz\unterverz2«.

## UNI
User Network Interface

Bezeichnung für die Schnittstelle und das zugehörige Protokoll zwischen einem Switch und ATM-Endgeräten.

## UPN
Umgekehrte Polnische Notation

Vom polnischen Mathematiker Jan Lukasiewicz entwickelte Eingabelogik, die früher bei anspruchsvollen Taschenrechnern häufig anzutreffen war. Die UPN arbeitet nach dem LIFO-Prinzip und verwendet einen Stack-Speicher. Dem Taschenrechner fehlt die =-Taste, die Rechnung »3 x 4« muss beispielsweise folgendermaßen erfasst werden: »3 [Enter] 4 x«.

## UPC
Universal Product Code

Amerikanisches Gegenstück zum europäischen EAN-Barcode.

## UPM
Umdrehungen pro Minute

Angabe zur Rotationsgeschwindigkeit von Datenträgern wie CD-Laufwerken und Festplatten.

## UPnP
Universal Plug and Play

Initiative zur einfachen Installation und Integration von Peer-to-Peer-Netzwerken im Heimbereich auf TCP/IP-Basis.

## UPS
Unix Print Services

Zusatzsoftware von Novell, mit der auch heterogene Netzwerke mit Unix-Clients die Druckdienste des Netzwerkbetriebssystems »NetWare« nutzen können.

## UPS
Uninterruptable Power Supply

Englische Bezeichnung für eine unterbrechungsfreie Stromversorgung (USV).

## U-R2
Spezifikation für die Schnittstelle zwischen DSL-Modem und Vermittlungsstelle (DSLAM) von der Deutschen Telekom. U-R2 soll gewährleisten, dass Geräte, die dieser Vorschrift entsprechen, problemlos an allen DSL-Anschlüssen betrieben werden können.

## URL
Uniform Resource Locator

Eindeutige Internet-Adresse, im Allgemeinen gebildet aus Dienstbezeichnung, Rechnername (Domain) und Top-Level-Domain, also z.B. »www.mitp.de«. Der DNS-Service setzt die URL in eindeutige IP-Adressen um.

## URN
Unified Resource Name

Information zur dauerhaften und eindeutigen Identifikation von Dokumenten im Internet, die auch nach einem Verschieben an eine andere Adresse auffindbar bleiben.

## .us
United States

Top-Level-Domain für die Vereinigten Staaten von Amerika.

## USB
Universal Serial Bus

Serielle Schnittstelle für Peripheriegeräte, wie z.B. Tastaturen, Scanner, externe Laufwerke usw. Bis zu 127 Geräte können angeschlossen werden, als Verteiler fungieren USB-Hubs, die auch kaskadiert werden können. USB 1.1 bietet eine Datenübertragungsrate von 12 Mbit/s.

## USB 2.0
Universal Serial Bus 2.0

Erweiterung der USB-Spezifikation, die eine Datenübertragungsrate von bis zu 480 Mbit/s ermöglicht und damit in direkter Konkurrenz zur Firewire-Schnittstelle (IEEE 1394) steht.

## USB-DDK
Universal Serial Bus Driver Development Kit

Software-Entwicklungstools zum Erstellen von Treibern für Geräte mit USB-Anschluss.

## USENET
Users' Network

Hierarchisch gegliedertes, weltweites System von Diskussionsforen (auch Newsgroups genannt).

## USK
Unterhaltungssoftware Selbstkontrolle

Die USK ist eine unabhängige Stelle mit Sitz in Berlin, die Herstellern von Unterhaltungssoftware die gutachterliche Prüfung von entsprechender Software auf Antrag anbietet.

## USM
Ultrasonic Motor

Geräuschloser Motor, der bei sehr teuren Objektiven für (digitale) Kameras zum Einsatz kommt. Das Scharfstellen erfolgt hier mittels besonders schneller Ultraschallmotoren.

## USM
Unsharp Masking

Aus Bildbearbeitungsprogrammen als »Unscharf maskieren« bekannte Option zum Schärfen bestimmter Bereiche eines digitalen Bilds.

## USR
US Robotics

US-amerikanischer Hersteller von Modems, ISDN- und Netzwerkkomponenten.

## USV
Unterbrechungsfreie Stromversorgung

Mit Akkus ausgerüstete Einrichtung, die den Betrieb einer EDV-Anlage bei kurzen Stromausfällen überbrücken kann. Mittels geeigneter Steuersoftware ist eine USV in der Lage, bei sinkender Akku-Kapazität die angeschlossenen Komponenten gezielt herunterzufahren und so Datenverluste zu verhindern.

## UTP
Unshielded Twisted Pair

Netzwerk-Kabeltyp mit nicht abgeschirmten, verdrillten Adern.

## UUCP
Unix to Unix Copy (Program)

Verfahren zum Kopieren von Daten über serielle Verbindungen, das ursprünglich für Unix entwickelt wurde, inzwischen aber auch auf anderen Plattformen verfügbar ist. UUCP verwendet den TCP-Port 540 und kommt auch beim Übertragen von Mail und News zum Einsatz.

## UUDecode
Verfahren zum problemlosen Austausch von Binärdateien z.B. per Mail. Das Programm UUDecode wandelt auf der Empfängerseite eine Text- in eine Binärdatei um. Gegenstück zu UUEncode.

## UUEncode
Verfahren zum problemlosen Austausch von Binärdateien z.B. per Mail. Das Programm UUEncode wandelt vor dem Senden eine Binär- in eine Textdatei um. Gegenstück zu UUDecode.

## UUID
Universal Unique Identifier

Andere Bezeichnung für die GUID.

## UXGA
Ultra XGA

Bildschirmauflösung mit 1.600 x 1.200 Bildpunkten.

**.uy**
Uruguay

Top-Level-Domain für Uruguay.

**.uz**
Uzbekistan

Top-Level-Domain für Usbekistan.

# V

**V**
Volt

Maßeinheit für die elektrische Spannung (Formelzeichen U), benannt nach dem italienischen Physiker Alessandro Volta.

**V.90**
ITU-Standard für die Datenübertragung zwischen zwei Modems mit einer Geschwindigkeit von bis zu 56 kBit/s.

**.va**
Vatican City State

Top-Level-Domain für den Vatikan.

**VAIO**
Video Audio Integrated Operation

Markenname für Notebooks der Firma Sony.

**VAR**
Value Added Reseller

Unternehmen, das Komponenten/Anwendungen bei Fremdfirmen einkauft, diese weiterentwickelt und in eigenen Produkten verwendet bzw. zusätzliche Dienstleistungen dazu anbietet.

**VAT**
Value Added Tax

Bezeichnung für die Umsatzsteuer im englischen/amerikanischen Sprachraum.

## VAT
Virtual Allocation Table

Inhaltsverzeichnis von CDs, die im UDF-Format beschrieben sind.

## VATM
Verband der Anbieter von Telekommunikations- und Mehrwertdiensten e. V.

Verband privater deutscher Telekommunikations- und Multimediaunternehmen, die in direkter Konkurrenz zur Deutschen Telekom stehen.

## VAX
Virtual Adress Extension

Rechnerfamilie des amerikanischen Herstellers Digital Equipment Corporation.

## VB
Visual Basic

An BASIC angelehnte Programmierumgebung von Microsoft, die ein einfaches Entwickeln von Programmen für das Betriebssystem Windows erlaubt.

## VBA
Visual Basic for Applications

Programmübergreifende Makrosprache des Microsoft-Office-Pakets, die auf Visual Basic aufbaut.

## VBE
VGA Standard BIOS Extensions

Von der VESA standardisierte Erweiterung des VGA-BIOS von Grafikkarten.

## VBR
Variable Bit Rate

Im Gegensatz zu Constant Bit Rate ist bei VBR die Datenübertragungsrate variabel, d.h., es wird nur die tatsächlich erforderliche Bandbreite verwendet.

## VBS
Visual Basic Script

An Visual Basic angelehnte Skriptsprache, mit der das komplette Betriebssystem Microsoft Windows gesteuert werden kann. Die dazu erforderliche Komponente, der Windows Scripting Host, muss dazu installiert sein. VBS ist prinzipiell sehr nützlich, wird aber häufig auch von Viren verwendet.

## VCD
Video-CD

CD-Datenformat, das MPEG-1-codierte Videoinformationen mit 352 x 288 Pixeln enthält. Video-CDs können mittels geeigneter Software auf dem PC bzw. in vielen stationären DVD-Playern abgespielt werden. Die Qualität entspricht etwa der von VHS-Videos.

## VCL
Visual Component Library

Windows-Klassenbibliothek der Firma Borland für Delphi- und C++-Builder-Programme.

## VCPI
Virtual Control Program Interface

Schnittstelle von MS DOS-Speichermanagern, z.B. EMM386.

## VDC
Volt Direct Current

Englisch für »Volt Gleichstrom«. Gibt zusätzlich zur Spannung an, dass es sich um Gleichstrom handelt.

## VDD
Virtual Display Driver

Treibermodell für Grafikkarten unter Windows, das direkte Zugriffe auf die Hardware unterbindet.

## VDE
Verband der Elektrotechnik, Elektronik, Informationstechnik e. V.

Deutscher Interessenverband, der sich unter anderem mit der Erarbeitung von Normen beschäftigt.

## VDI
Verein Deutscher Ingenieure

Gemeinnütziger, technisch-wissenschaftlicher Verein mit Sitz in Düsseldorf. Der VDI hat über 120.000 Mitglieder und vertritt die Interessen von Ingenieuren/Ingenieurstudenten und berät Politik, Unternehmen und die Öffentlichkeit.

## VDIF
VESA Display Information File

Standardisierte Beschreibung der technischen Daten eines Monitors, um Grafikkarten eine optimale Ansteuerung des Geräts mit entsprechend abgestimmten Timing-Parametern zu ermöglichen.

## VDM
Virtual DOS Machine

Innerhalb eines Betriebssystems wie OS/2, Windows NT u.a. laufender virtueller Prozess, der sich wie ein alter DOS-Rechner verhält.

VDM gewährleistet die Kompatibilität moderner Betriebssysteme mit älteren DOS-Anwendungen.

### VDPN
Virtual Dial-up Private Network

Virtuelles Netzwerk, das über öffentliche Verbindungen wie das Internet mittels einer Wählleitung hergestellt wird.

### VDSL
Very High Bit Rate DSL

DSL-Technologie mit Übertragungsraten bis zu 52 Mbps beim Downstream bzw. 16 Mbps beim Upstream. Wie ADSL verwendet auch VDSL Kupferkabel, kann allerdings nur sehr kurze Entfernungen bis etwa 1 km überbrücken, da sonst die erforderliche Signalqualität nicht gewährleistet ist.

### VDT
Video Display Terminal

Seltener verwendete englische Bezeichnung für »Monitor«.

### VDU
Video Display Unit

Seltener verwendete englische Bezeichnung für »Monitor«.

### .ve
Venezuela

Top-Level-Domain für Venezuela.

### VESA
Video Electronics Standards Association

Zusammenschluss von Grafikkartenherstellern, der bereits mehrere Industriestandards im Bereich PC-Grafik geschaffen hat, u.a. auch den VESA-Local Bus.

## VFAT
Virtual File Allocation Table

Mit Windows für Workgroups eingeführtes 32-Bit-Dateisystem, das auch die Speicherung langer Dateinamen (mehr als 8+3 Zeichen) ermöglicht und kleinere Clustergrößen erlaubt.

## V.FC
V. Fast Class

Herstellerspezifischer Vorgänger des V.34-Standards bei Modems, entwickelt von der Firma Rockwell. Mit V.FC lassen sich bis zu 28.800 Bit/s übertragen, es ist allerdings nicht zum späteren Standard V.34 kompatibel und kann somit diese Geschwindigkeit nur mit baugleichen Gegenstellen erreichen.

## VFW
Video for Windows

In das Betriebssystem Windows integrierte Software-Schnittstelle von Microsoft zur Integration von Videosequenzen.

## VFWDK
Video for Windows Development Kit

Toolkit für Software-Entwickler zum Erstellen von Anwendungen, die auf die Funktionalität von VFW zurückgreifen.

## .vg
Virgin Islands (British)

Top-Level-Domain für den englischen Teil der Jungferninseln.

## VG Wort
Verwertungsgesellschaft Wort

1958 gegründete Gemeinschaft, die den Schutz der Urheberrechte von Autoren wahrnimmt.

## VGA
Video Graphics Array

Bezeichnung für einen Videomodus bei PCs. Der Standard-VGA-Modus ist 640 x 480 Pixel bei 16 Farben. Da VGA $2^{24}$ Farben bietet, war erstmals ein analoger Monitor erforderlich.

## VHF
Very High Frequency

Bezeichnung für den Frequenzbereich von Radiowellen, der von etwa 30 bis 300 MHz reicht.

## VHS
Video Home System

Weltweit verbreiteter Standard zur Videoaufzeichnung.

## .vi
Virgin Islands (USA)

Top-Level-Domain für den US-amerikanischen Teil der Jungferninseln.

## vi
Visual editor

Bekannter, sehr komplexer und leistungsstarker Editor unter Unix/Linux.

## VIC
Video Interface Chip

Grafikchip-Familie der Firma MOS, die beispielsweise in den Rechnern VC20, C64 und C128 der Firma Commodore eingesetzt wurde.

## VIM
Vendor Independent Messaging

Software-Protokoll zur Kommunikation zwischen E-Mail- und Groupware-Applikationen, das von Lotus cc:Mail bzw. Lotus Notes verwendet wird. VIM ist eine direkte Konkurrenz zur Schnittstelle MAPI von Microsoft.

## VINES
Virtual Network Software

Netzwerkbetriebssystem der Firma Banyan.

## VIP
Virtual IP

Eine virtuelle IP-Adresse kann mehrfach innerhalb eines Netzes vorkommen und ist beispielsweise für die Funktion von Loadbalancing-Systemen wichtig, wenn die Last auf mehrere Server verteilt wird.

## VLA
Volume Licence Agreement

Lizenzprogramm der Firma Novell für Abnehmer einer größeren Anzahl von Lizenzen, beispielsweise Unternehmen.

## VLAN
Virtual LAN

Zu einem logischen Netzwerk zusammengefasste Komponenten. Obwohl eventuell sogar an die gleichen Switches angeschlossen, bilden die Komponenten eines VLANs nach außen hin ein vollkommen abgeschirmtes Netzsegment. Insbesondere für Testzwecke innerhalb komplexer Netzwerke interessant.

## VLB
VESA Local Bus

Vom VESA-Komitee vorgestellte Alternative zum EISA- bzw. MCA-Bus. Für den VL-Bus (32 Bit, bis max. 40 MHz Takt) wurden hauptsächlich Grafikkarten und Festplattencontroller entwickelt. Mit Erscheinen des PCI-Bus verlor der häufig mit Kompatibilitätsproblemen behaftete VL-Bus jedoch schnell an Bedeutung.

## VLF
Very Low Frequency

Bezeichnung für den Frequenzbereich von Radiowellen, der von etwa 3 bis 30 kHz reicht.

## ‹...vlink=...›
visited link

Option innerhalb des <body>-Tags von HTML, mit der die Farbe eines bereits besuchten Links festgelegt wird.

## VLIW
Very Long Instruction Word

Mikroprozessoren, die mit sehr langen Befehlen (über 32 bzw. 64 Bit) arbeiten können, bezeichnet man als VLIW-Prozessoren.

## VLM
Virtual Loadable Module

Netzwerktreiber von Novell, der unter MS DOS in den virtuellen Speicher geladen werden konnte.

## VLSI
Very Large Scale Integration

Angabe für die Packungsdichte der Transistoren bei modernen ICs. VLSI-Bausteine weisen mehr als 100.000 Transistoren auf.

## VM
Virtual Machine

Systemnahe Software, die auf einem Rechnersystem eine plattformunabhängige Laufzeitumgebung zur Verfügung stellt. Eine VM wird beispielsweise für das Ausführen von Java-Programmen benötigt.

## VMC
VESA Media Channel

Von der VESA entwickelter Bus zum Austausch unkomprimierter Grafikdaten zwischen verschiedenen Grafikadaptern bzw. Multimediakarten.

## VM/CMS
Virtual Machine/Conversational Monitor System

Betriebssystem für IBM-Großrechner, CMS ist die dazugehörige Dialogkomponente.

## VME-Bus
Versa Module Europe-Bus

Spezielles Hochgeschwindigkeits-Bussystem, das sich auch für Multiprozessorsysteme (MPP, SMP) eignet.

## VMS
Virtual Memory System

Betriebssystem der VAX-Rechner von DEC.

## VMS
Voice Mail System

IT-gestütztes System zur Übertragung von Sprachnachrichten, beispielsweise bei so genannten Voiceboxen, die Anrufe in Abwesenheit des Teilnehmers entgegennehmen, entsprechend digital verarbeiten und evtl. weiterleiten.

### .vn
Vietnam

Top-Level-Domain für Vietnam.

### VNIC
Virtual Network Interface Card

Virtuelle Netzwerkkarte bei auf Windows 2000 basierenden Clusterlösungen, die eine Lastverteilung (NLBS) ermöglicht.

### VOB
Video Object

Auf DVDs verwendetes Format, das die verschlüsselten Audio- und Videoinformationen enthält.

### VoD
Video on Demand

Übertragung von Videodateien, z.B. Filmen über ein öffentliches Netz wie das Internet auf konkrete Anforderung des einzelnen Nutzers hin. Gegen Gebühr hat der Nutzer dann jederzeit Zugriff auf eine riesige Auswahl von Titeln, die direkt nach der Anforderung einmalig übertragen werden.

### VOFR
Voice Over Frame Relay

Technik zur Sprachübertragung über Frame-Relay-Leitungen.

### VOXEL
Vektor and Pixel

Von der Firma Novalogic für eine Simulationssoftware eingesetzte, sehr realistische Darstellungstechnik für Landschaften.

## VPE
Video Processing Engine

Integraler Bestandteil des nVidia-GeForce4-Grafikchips, der für die Verarbeitung von DVD- und TV-Daten zuständig ist.

## VPI
Virtual Path Identifier

Teil des ATM-Headers, der einen bestimmten virtuellen Kanal kennzeichnet.

## VPN
Virtual Private Network

Herstellung eines privaten, virtuellen Netzwerks zwischen verschiedenen Rechnern unter Nutzung öffentlicher Verbindungen, z.B. dem Internet. Die transportieren Daten müssen hier in besonderem Maße durch Verschlüsselung geschützt werden.

## VPP
Value Purchase Plan

Verkaufsmodell von Adobe für den Erwerb von Mehrfachlizenzen.

## VR
Virtual Reality

Möglichst realistisches Simulation der gesamten Umwelt im Computer. Für die Steuerung solcher Simulationen kommen häufig alternative Geräte wie ein Datenhandschuh zum Einsatz, der Bewegungen des Nutzers überträgt.

## VRAM
Video-RAM

Spezieller RAM-Speicherbaustein, der insbesondere für Grafikkarten geeignet ist. VRAMs können zur gleichen Zeit sowohl ausgelesen als auch beschrieben werden und werden deshalb auch als »Dual-ported RAM« bezeichnet. Diese Technik ermöglicht höhere Bildwiederholraten.

## VRM
Voltage Regulation Module

Baustein auf PC-Mainboards, der als Spannungsregler fungiert und die für den jeweils verwendeten Mikroprozessor erforderliche Spannung umwandelt.

## VRML
Virtual Reality Modelling Language

Beschreibungssprache analog zu HTML, mit der dreidimensionale, »virtuelle« Welten zusammengesetzt werden können.

## VSAM
Virtual Storage Access Method

Spezielles Zugriffsverfahren auf virtuellen Speicher von IBM.

## VSO
Variable Speed Operation

Fähigkeit von VXA-Streamern, die Bandgeschwindigkeit an die Übertragungsgeschwindigkeit des Hosts jederzeit optimal anzupassen.

## ‹...vspace=...›
vertical space

Attribut innerhalb verschiedener HTML-Tags, z.B. <img>. Der Wert hinter vspace gibt an, wie viele Pixel ober- und unterhalb des entsprechendes Objekts frei bleiben und dient sozusagen als »Abstandhalter«.

## VSS
Visual Source Safe

Tool von Microsoft zur Überwachung und Archivierung von Quelltexten und anderen Programmteilen. Im Vordergrund steht hierbei die Verwaltung verschiedener Versionsstände sowie die Bereitstellung von Funktionalitäten für das Programmieren im Team.

## VST
Virtual Studio Technology

Von der Firma Steinberg 1996 entwickelte Technik, die aus einem PC oder Macintosh ein professionelles Tonstudio macht. VST ist inzwischen ein anerkannter Industriestandard.

## VSt
Vermittlungsstelle

Schaltzentrale der Telekom, in der die Verbindungen zwischen einzelnen Telefonteilnehmern hergestellt werden.

## VT
Virtual Terminal

OSI-Anwendungsdienst, der durch Vereinheitlichung von Bildschirmdarstellung und Tastaturbelegung einen einheitlichen Zugriff auf verschiedene Systeme ermöglicht.

## VT220
Virtual Terminal 220

Ursprünglich von DEC stammendes Bildschirmterminal, das einen Standard auch für die Ansteuerung nachfolgender Geräte gesetzt hat.

## VTAM
Virtual Terminal Access Method

Software, die die Kommunikation innerhalb eines SNA-Netzwerks regelt.

## VToA
Voice and Telephony over ATM

Übertragungstechnik, die sämtliche Signale (Audio, Video, Sprache, Daten) mittels ATM überträgt.

## VTOC
Volume Table of Contents

Inhaltsverzeichnis eines Datenträgers. Alternativer Begriff: FAT.

## .vu
Vanuatu

Top-Level-Domain für Vanuatu.

## VUMA
VESA Unified Memory Architecture

Konzept der VESA, bei dem der Grafikprozessor des PCs keinen eigenen Speicher besitzt, sondern Teile des (langsameren) Hauptspeichers verwendet.

## VVIDD
VESA Video Interface for Digital Displays

Von der VESA vorgeschlagene Schnittstelle zum digitalen Anschluss von LC-Displays an entsprechend ausgerüstete Grafikkarten.

## VXA
Mit 8 mm breiten Bändern arbeitende Streamer.

## VXD
Virtual Device (x) Driver

32-Bit-Gerätetreiber für das Betriebssystem Windows.

## W
Watt

Maßeinheit für die elektrische Leistung (Formelzeichen P).

## W2K
Windows 2 Kilo

Kurzbezeichnung für Windows 2000, das K steht für Kilo, also 1.000.

## W3
WWW

Kurzform für WWW (World Wide Web).

## W3C
World Wide Web Consortium

1994 gegründeter Zusammenschluss von Firmen, Forschungseinrichtungen, Regierungen u.a., der sich mit der Weiterentwicklung und Standardisierung des World Wide Web befasst.

## WABI
Windows Application Binary Interface

Software-Schnittstelle, die es nicht-Intel-basierten Rechner-Plattformen ermöglichen soll, Windows-Programme direkt auszuführen.

## WAI
Web Accessability Initiative

Initiative des W3C, das Standards und Vorschriften für Webseiten entwickelt, um diese möglichst allen zugänglich zu machen. Dabei wird insbesondere darauf geachtet, dass Webseiten auch für Menschen mit Behinderungen zugänglich und lesbar sind.

## WAIS
Wide Area Information Service

System für die Volltextsuche innerhalb von verteilten Datenbeständen, also auch im Internet. Die Suche wird dabei von einem WAIS-Server durchgeführt, der Informationen bestimmter Sachgebiete für Recherchen zur Verfügung stellt.

## WAMP
Windows, Apache, MySQL, PHP

Bezeichnung für einen Internet-Webserver, der als Betriebssystem Windows und als Webserver-Software Apache verwendet. Als Datenbank kommt MySQL zum Einsatz, als Programmiersprache zum Gestalten dynamischer Webseiten PHP.

## WAN
Wide Area Network

Netzwerk, das im Gegensatz zum LAN räumlich weit voneinander entfernte Rechner verbindet.

## WAP
Wireless Access Protocol

Weltweiter Standard, der das Internet für Mobilfunkgeräte zugänglich macht, indem es mittels eines WAP-Browsers die Darstellung von WML-Seiten auf dem Display des Handys ermöglicht.

## .WAV
Wave

Gängiges Dateiformat für Audioinformationen.

## WB
White Balance

Englisch für »Weißabgleich«. Begriff aus der (digitalen) Fotografie. Der Weißabgleich dient dazu, die Farbdarstellung einer Kamera zu kalibrieren, da die Farbe Weiß bei unterschiedlichem Umgebungslicht (Sonne, Neonlicht o.a.) sonst nicht als reines Weiß erscheint, sondern einen deutlichen Farbstich aufweist.

## WB
Workbench

Grafische Benutzeroberfläche des Commodore Amiga.

## WBR
Wireless Broadband Router

Netzwerkrouter, der über einen Access Point (AP) für kabellosen Anschluss von Geräten sowie einen Breitbandanschluss, z.B. für xDSL, verfügt. Häufig ist in den WBR noch ein Switch zum Anschluss von kabelgebundenen Endgeräten integriert.

## ‹wbr›
word-break

HTML-Tag, das innerhalb eines Wortes eine Stelle markiert, an der ein Zeilenumbruch erfolgen darf.

## WBT
Web Based Training

Auf Webtechnologien gestütztes Lernen, z.B. Fernkurse über das Internet oder Ähnliches.

## WCB
Write Combine Buffer

Pufferspeicher innerhalb des Pentium-Pro-Prozessors von Intel, der Daten temporär aufnimmt und gesammelt in den Hauptspeicher zurückschreibt.

## WCDMA-FDD
Wavelength Code Division Multiple Access – Frequency Division Duplex

Betriebsart von UMTS, bei der mehrere Nutzer eines Frequenzbereichs durch Codes voneinander getrennt werden.

## WCDMA-TDD
Wavelength Code Division Multiple Access – Time Division Duplex

Betriebsart von UMTS, bei der mehrere Nutzer eines Frequenzbereichs durch Nutzung unterschiedlicher Zeitscheiben voneinander getrennt werden.

## WCMS
Web Content Management System

Auf die Verwaltung und einfache Überarbeitung von Webseiten spezialisiertes Software-System.

## WCT
Wipo (World Intellectual Property Organization) Copyright Treaty

Internationale Vorschrift zum Schutz von Literatur und künstlerischen Arbeiten. Der WCT regelt auch Copyrights bei digitalen Medien wie Programmcode und im Internet-Bereich.

## WDA
Wireless Digital Assistant

Bezeichnung für einen Kleincomputer (PDA) mit drahtloser Anbindung an ein vorhandenes Netzwerk.

## WDBAS
Wireless Database Access Server

Server, der den drahtlosen Zugriff auf Datenbanken mittels eines PDA/WDA ermöglicht.

## WD(C)
Western Digital (Corporation)

US-amerikanischer Hersteller von Festplatten.

## WDK
Word Developers Kit

Software-Entwicklungstools speziell zur Programmierung der Textverarbeitung »Word« von Microsoft, um nutzerspezifische Funktionen zu realisieren.

## WDM
Wave-Division Multiplexing

Technik zur Vervielfachung der Bandbreite von Glasfaserleitungen.

## WDM
Windows Driver Model

Treibermodell von Microsoft, das mit Windows 2000 eingeführt wurde, um die vereinfachte Entwicklung von Treibern sowohl für Windows 2000 als auch Windows 98 zu ermöglichen.

## WDSL
Wirelesse Digital Subscriber Line

DSL-Verbindung, die statt Kupferkabel die Daten per Funkwellen überträgt.

## WebDAV
WWW Distributed Authoring and Versioning

Von der IETF standardisierte Erweiterung des HTTP-Protokolls (RFC 2518). WebDAV ermöglicht eine koordinierte, gemeinsame Pflege von Dokumenten im Web.

## WECA
Wireless Ethernet Comaptibility Alliance

Zusammenschluss von Herstellern drahtloser Funknetzwerkkomponenten nach dem IEEE-Standard 802.11b. Die WECA stellt die Kompatibilität von Komponenten verschiedener Hersteller sicher und vergibt das »WiFi«-Logo, um dies anzuzeigen.

## WEEE
Waste from electric and electronic equipment

Richtlinie der EU zur Entsorgung von Elektronikschrott, die vermutlich Ende 2002 in Kraft tritt und bis zum Jahr 2003 in nationales Recht umgesetzt werden muss.

## WEP
Wired Equivalent Privacy

Verschlüsselung innerhalb von WLANs mit 64 oder 128 Bit zur Absicherung gegen Abhören der übertragenen, normalerweise unverschlüsselten Datenpakete.

## WfM
Wired for Management

Initiative von Intel, die eine vereinfachte Verwaltung von PCs im Netzwerk zum Ziel hat. Grundlage für WfM ist das Desktop Management Interface (DMI) und Funktionen wie Wake-on-LAN und andere.

## WfW
Windows for Workgroups

Windows-Version, die erstmals den einfachen Aufbau kleiner Peer-to-Peer-Netzwerke ermöglichte.

## WHQL
Windows Hardware Quality Labs

Bereich der Firma Microsoft, der eng mit Hardware-Herstellern zusammenarbeitet, um die Kompatibilität von Komponenten und Treibern mit dem Betriebssystem Windows sicherzustellen. Erfolgreich getestete Geräte dürfen dann das Siegel »Designed for Windows« tragen.

## WIA
Windows Image Aquisition

Mit Windows XP eingeführte Software-Schnittstelle zur standardisierten Kommunikation mit bilderzeugenden Geräten wie Scannern, Digitalkameras usw.

## WiFi
Wireless Fidelity

Kennzeichnung von WLAN-Komponenten, die nach dem IEEE-Standard 802.11b (11 Mbit/s) arbeiten. Das WiFi-Logo soll signalisieren, dass auch Komponenten unterschiedlicher Hersteller einwandfrei zusammenarbeiten, was anfangs nicht immer der Fall war.

## WIMP
Window, Icon, Menu, Pointing device

Kurzbeschreibung der Faktoren, die eine grafische Benutzeroberfläche kennzeichnen, nämlich Fenster, Menüs und ein Zeigegerät wie eine Maus.

## WIN
Wissenschaftsnetz

Ursprünglich nur zur Kommunikation zwischen deutschen Universitäten installiertes Netz, heute wichtiger Bestandteil des Internet-Backbones in Deutschland.

## WinCIM
Windows CompuServe Information Manager

Proprietäre Software des Online-Dienstes CompuServe.

## WINE
Windows Emulator/WINE is no Emulator

Open-Source-Projekt, das die Ausführung von Applikationen für MS Windows unter Linux ermöglicht.

## WinHEC
Windows Hardware Engineering Conference

Jährlich stattfindende Konferenz der Firma Microsoft, die insbesondere auf Hardware-Hersteller abzielt. Auf der WinHEC werden aktuelle und zukünftige Entwicklungen des Betriebssystems Windows aufgezeigt.

## WINS
Windows Internet Naming Service

Netzwerkdienst von MS Windows, der NetBIOS-Namen in IP-Adressen übersetzt und somit die sanfte Migration zu einem rein TCP/IP-basierten Netz ermöglicht.

## WIPO
World Intellectual Property Organization

Internationale Organisation zum Schutz geistigen Eigentums mit Sitz in Genf, Schweiz. Die Bandbreite der zu schützenden Objekte reicht dabei von Kunstwerken bis hin zu technischen Entwicklungen.

## WLAN
Wireless LAN

Netzwerk, das die Daten nicht per Kabel, sondern per Funk an den nächstgelegenen Access Point (AP) überträgt.

## WLL
Wireless Local Loop

Technik zur drahtlosen Anbindung von Telefonteilnehmern, um die »letzte Meile« bis zur Tür des Kunden zu überbrücken, ohne Leitungen anderer Unternehmen mieten zu müssen.

## WMA
Windows Media Audio

Von Microsoft entwickeltes Audioformat als Konkurrenz zu MP3 und ähnlichen Formaten.

## .WMF
Windows Metafile

Häufig unter Windows verwendetes Dateiformat zum Austausch von Grafiken. WMF-Dateien können sowohl Pixel- als auch Vektorinformationen enthalten.

## WML
Wireless Markup Language

Ableger von HTML, der zur Erstellung von WAP-Seiten für Mobiltelefone verwendet wird.

## WMP
Windows Media Player

In das Betriebssystem Windows integriertes Programm von Microsoft zur Wiedergabe von Multimediadaten, also z.B. Musik, Videos usw.

## WMRM
Windows Media Rights Manager

Bestandteil des Windows Media Player zur Implementierung der Sicherung digitaler Rechte (DRM) an Audio- und Videodateien.

## WMV
Windows Media Video

Codec für die Darstellung und Kompression von Audio- und Videoinformationen mittels des Windows Media Players.

## WoL
Wake on LAN

Mit Wake on LAN können ausgeschaltete Rechner mit einer WoL-fähigen Netzwerkkarte vom Administrator auch »ferngestartet« werden und ersparen somit den Weg zum PC, um diesen einzuschalten.

## WORM
Write Once Read Many/Write Once Read Multiple

Optischer Datenträger, der mittels Laser-Technik einmalig beschrieben, aber beliebig oft gelesen werden kann. Vorteil von WORMs ist die hohe Kapazität von 2 GB und mehr.

## WOSA
Windows Open Services Architecture

Idee von Microsoft, nach der es für Systemdienste jeweils nur eine standardisierte Schnittstelle geben soll. Dadurch sollen Entwickler einheitliche Software-Schnittstellen haben und sich nicht mit spezifischen Geräten/Systemen auseinander setzen müssen.

## WP
WordPerfect

Textverarbeitung für MS Windows, heute im Besitz der Corel Corporation. In der Vor-Windows-Zeit hatte WordPerfect in den USA eine Verbreitung von über 60 Prozent.

## WPS
Workplace Shell

Bezeichnung für die Benutzeroberfläche des Betriebssystems OS/2 von IBM.

## WPS
Windows Printing System

Hardware-Modul von Microsoft für Drucker zur einfacheren Ansteuerung und vollen Ausnutzung der Fähigkeiten des Windows-Betriebssystems. Die Aufbereitung der Druckdaten übernimmt hier nicht mehr der Drucker, sondern das Betriebssystem, das dann die Rasterdaten an das WPS übermittelt.

## WRAM
Window Random Access Memory

Von Matrox auf den eigenen, älteren Grafikkarten verwendeter Speichertyp, der besonders für die Darstellung von fensterorientierten Oberflächen optimiert wurde.

## WRT
Whitewater Resource Toolkit

Entwicklungsumgebung zur Bearbeitung von Ressourcen, die z.B. bei Borland C++ 2.0 mitgeliefert wurde.

## .ws
Samoa

Top-Level-Domain für Samoa.

## WSCI
Web Services Choreography Interface

Vorschlag von SAP und Sun für einen einheitlichen Standard bei der Implementierung von Webservices.

## WSDL
Web Services Description Language

Mit Hilfe der WSDL wird in XML-konformer Syntax die Schnittstellendefinition von Webservices festgelegt.

## WSFL
Web Services Flow Language

Vorschlag von Microsoft und IBM für einen einheitlichen Standard bei der Implementierung von Webservices.

## WSH
Windows Scripting Host

Modul innerhalb von Windows, das Programme in der Skriptsprache »Visual Basic Script« (VBS) ausführt.

## WS-I
Web Services Interoperability Organization

Industriekonsortium, unter anderem bestehend aus IBM und Microsoft, das die Standardisierung von Webservices zur Aufgabe hat.

## WSP
Wireless Session Protocol

Protokoll zum Aufbau einer WAP-Verbindung zum Gateway des Mobilfunkanbieters.

## W-UXGA
Wide Ultra XGA

An das 16:9-Format angepasstes UXGA mit einer Bildschirmauflösung von 1.920 x 1.200 Bildpunkten.

## WWW
World Wide Web

Teilbereich des Internets, der häufig mit dem eigentlich wesentlich umfangreicheren Internet gleichgesetzt wird. Wesentliches Merkmal sind die Möglichkeiten der Grafikdarstellung und der Hyperlinks, die auf andere Seiten des WWW verweisen können. Erstellt werden Seiten für das WWW mit der Beschreibungssprache HTML. Die Grundlagen für das WWW wurden vom europäischen Forschungszentrum CERN geschaffen.

## WYSIWYG
What You See Is What You Get

(Wunsch-)Beschreibung, dass Dokumente auf dem Bildschirm genau so aussehen wie später im Druck.

### X.25
Vom CCITT eingeführtes Protokoll in digitalen Weitverkehrsnetzen (WANs).

### X.500
Genormter Verzeichnisdienst zur Verwaltung von Ressourcen innerhalb von Netzwerken.

### X.509
Norm für digitale Zertifikate.

### X11
X Window System Version 11

Grafische Benutzeroberfläche für das Betriebssystem Unix/Linux.

### XA
Extended Architecture

Häufig verwendeter, allgemeiner Namenszusatz für verbesserte Versionen einer Technologie.

### xCHS
Extended Cylinder Head Sectors

Erweiterung der physikalischen Beschreibung einer Festplatte (CHS), bei der größere Werte für die einzelnen Parameter zulässig sind.

## xcopy
extended copy

Externer DOS-Befehl, der Kopieren von Dateien und Ordnern erlaubt und dabei viele weitere Optionen bietet, die vom einfachen copy-Befehl nicht unterstützt werden.

## xD
Extreme Digital

Neue, von Fuji und Olympus gemeinsam entwickelte Speicherkarte für Digitalkameras, die die Smartmedia-Karte ablösen soll. Die xD-Picture-Card ist nur 20 x 25 x 1,7 Millimeter groß und wiegt etwa 2 g.

## XDE
Extended Development Environment

Entwicklungsumgebung der Firma Rational.

## xDSL
Digital Subscriber Line

Zusammenfassender Begriff für alle auf dem DSL-Verfahren basierenden Techniken wie ADSL, SDSL usw.

## XGA
Extended Graphics Architecture

Bildschirmauflösung mit 1.024 x 768 Bildpunkten.

## XHTML
Extensible HyperText Markup Language

Spezifikation des W3C, die HTML 4.0 und XML näher zusammenbringt. XHTML besteht im Wesentlichen aus HTML 4.0, enthält aber Elemente von XML und ist wie dieses erweiterbar.

## .XLS
Excel Spreadsheet

Dateiformat für Arbeitsmappen von Microsofts Tabellenkalkulation Excel.

## XML
Extensible Markup Language

Von SGML abgeleitete Auszeichnungssprache, die von einer Arbeitsgruppe des W3C entwickelt wurde. XML kann auch sehr gut zum Austausch von Daten verwendet werden, da hier, anders als bei HTML, Struktur und Daten des Dokuments getrennt werden.

## XMM
Extended Memory Manager

Software, die den erweiterten Speicher nach der LIM-Spezifikation verwaltet.

## XMS
Extended Memory Specification

Verfahren von MS DOS, den Speicher oberhalb von 1 MB mit Hilfe des Treibers »himem.sys« anderen, darauf abgestimmten Programmen zugänglich zu machen.

## XNS
Xerox Network Systems

In den 70er und 80er Jahren von der Firma Xerox entwickeltes Netzwerkprotokoll, aus dem später IPX/SPX hervorgegangen ist.

## XOFF
Exchange Off

Signal für das Ende eines Datenaustausches mittels Modem. Die Signale XON/XOFF regeln dabei die Datenflusssteuerung auf Software-Ebene.

### XON
Exchange on

Signal für den Beginn eines Datenaustausches mittels Modem. Die Signale XON/XOFF regeln dabei die Datenflusssteuerung auf Software-Ebene.

### XOR
Exclusive Or

Englisch für »Ausschließliches Oder«. Boolesche Funktion, die nur dann wahr (»true«) ist, wenn nicht alle Variablen übereinstimmen.

### XP
Experienced

Namenszusatz bei Microsoft-Produkten, z.B. »Windows XP«.

### XSL
Extensible Stylesheet Language

Auszeichnungssprache, mit der das Erscheinungsbild von XML-Dokumenten, abhängig vom jeweils verwendeten Ausgabegerät, näher festgelegt werden kann.

### XSLT
XSL Transformations

Programmiersprache für die Transformation von XML-Dokumenten.

### XT
Extended Technology

Bezeichnung für den ersten PC von IBM mit integrierter Festplatte.

# Y

**Y2K**

Year 2 Kilo (2000)

Kurzbezeichnung für den Jahrtausendwechsel, der die Wartung und Kontrolle vieler EDV-Systeme erforderlich machte, da zahlreiche Fehlfunktionen befürchtet wurden. Aufgrund guter Vorbereitung blieb das gefürchtete Chaos aus.

**YABA**

Yet Another Bloody Acronym

Scherzhafte englische Abkürzung für die in der EDV zu oft verwendeten Abkürzungen. Wörtlich etwa: »Schon wieder ein verflixtes Akronym«.

**YACC**

Yet Another Compiler-Compiler

Compiler unter Unix, mit dem Compiler generiert werden können.

**YAST**

Yet Another Setup Tool

Installationsprogramm der SuSE-Linux-Distribution.

**YCC**

Farbmodell, das bei der PhotoCD von Kodak zum Einsatz kommt.

**.ye**

Yemen

Top-Level-Domain für den Jemen.

**.yu**
Yugoslavia

Top-Level-Domain für das ehemalige Jugoslawien.

**YUV**
Luminance, Color Difference blue, Color Difference red

In Europa verwendetes Modell zur Farbcodierung von TV-Signalen. Statt RGB wird mit 8 Bit für die Helligkeit (S/W-Bild) und 16 Bit für die Farbunterschiede von Blau und Rot gearbeitet.

# Z

**.za**

South Africa

Top-Level-Domain für Südafrika.

**ZAK**

Zero Administration Kit

Sammlung von Richtlinien und Werkzeugen, mit der Administratoren PCs mit dem Betriebssystem MS Windows NT zentral verwalten und konfigurieren können.

**ZAW**

Zero Administration Initiative for Windows

Eine von Microsoft mit Windows NT 4.0 ins Leben gerufene Initiative, die den Administrationsaufwand für Workstations im Netz so weit wie möglich senken soll. Zentraler Bestandteil ist das ZAK als entsprechendes Hilfsmittel dafür.

**ZBR**

Zone Bit Recording

Speichertechnik bei Festplatten, bei der auf den äußeren, längeren Spuren mehr Daten aufgezeichnet werden als auf den kürzeren inneren Spuren. Dieses Verfahren garantiert die optimale Speicherplatzausnutzung und war anfangs längst nicht selbstverständlich.

## ZCAV
Zone Constant Angular Velocity

Datenträger, der mit konstanter Winkelgeschwindigkeit gelesen bzw. beschrieben wird. Zusätzlich ist der Datenträger in Zonen eingeteilt, für die die Winkelgeschwindigkeit identisch ist.

## ZCLV
Zone Constant Linear Velocity

Datenträger, der mit konstanter Lineargeschwindigkeit gelesen bzw. beschrieben wird. Zusätzlich ist der Datenträger in Zonen eingeteilt, für die die lineare Geschwindigkeit identisch ist, um nicht für jede Spur einen exakten Wert bestimmen zu müssen.

## ZDS
Zenith Data Systems

US-amerikanischer Hersteller von EDV-Systemen.

## ZE
Zentraleinheit

Bei PCs ist mit Zentraleinheit meist die CPU (der Mikroprozessor) gemeint. Die Zentraleinheit eines Großrechners umfasst per Definition zusätzlich noch den Hauptspeicher und das Ein-/Ausgabe-Werk.

## ZEN
Zero Effort Networking

Initiative der Firma Novell, Arbeitsstationen mit der Managementsoftware Z.E.Nworks zentral zu verwalten und zu konfigurieren. ZEN integriert dabei die Methoden von MS Windows NT (siehe auch ZAK).

## ZfCH
Zentralstelle für das Chiffrierwesen

siehe ZSI

## ZIF
Zero Insertion Force

Stecksockel, der vorwiegend für Mikroprozessoren eingesetzt wird. Den ZIF-Sockel kennzeichnet ein Hebel, der in heruntergedrücktem Zustand die Pins des Prozessors arretiert. Im deutschsprachigen Raum wird der ZIF-Sockel selten auch als »Nullkraft-Sockel« bezeichnet.

## ZIP
Zigzag In-Line Package

Bauform von ICs, bei der die Kontakte an zwei Seiten jeweils versetzt, also zickzackförmig, herausgeführt werden.

## ZIP
Zipper

Englisch für »Reißverschluss«. Bezeichnung und auch typische Dateiendung für Programme, die Daten verlustfrei komprimieren. Durch diese Maßnahme wird Speicherplatz gespart und z.B. in der DFÜ Übertragungszeit eingespart.

## ZKA
Zentraler Kreditausschuss

Zusammenschluss von Verbänden des deutschen Kreditgewerbes, der unter anderem allgemein gültige Regelungen im Zahlungsverkehr sowie im Bereich von Kartenzahlungssystemen festlegt.

## ZKDSG
Zugangskontrolldienste-Schutzgesetz

Deutsche Rechtsvorschrift, die einer EU-Vorschrift folgend, den Besitz und die gewerbliche Verbreitung von Werkzeugen zur Entschlüsselung von Codes unter Strafe stellt.

## .zm
Zambia

Top-Level-Domain für Sambia.

## .zr
Zaire

Top-Level-Domain für Zaire.

## ZSI
Zentralstelle für Sicherheit in der Informationstechnik

Ehemalige »Zentralstelle für das Chiffrierwesen« (ZfCH) mit Sitz in Bonn. 1991 wurde aus dem ZSI das heutige »Bundesamt für Sicherheit in der Informationstechnik« (BSI).

## ZVEI
Zentralverband der Elektrotechnik und Elektronikindustrie e. V.

Verband, der die Interessen der deutschen Elektroindurstrie vertritt. Dabei berät der ZVEI auch Politik und Verwaltung und fördert die Entwicklung neuer Technologien.

## .zw
Zimbabwe

Top-Level-Domain für Zimbabwe.

## ZZF
Zentralamt für Zulassungen des Fernmeldewesens

Behörde mit Sitz in Saarbrücken, die die Aufgabe hatte, Telekommunikationsgeräte zu prüfen und zu testen. 1992 wurde aus dem ZZF das »Bundesamt für Zulassungen in der Telekommunikation« (BZT).